NEW MORNING MERCIES: A DAILY GOSPEL DEVOTIONAL

Copyright ⓒ 2014 by Paul David Tripp
Published by Crossway
a publishing ministry of Good News Publishers
Wheaton, Illinois 60187, U.S.A.

This edition published by arrangement with Crossway through rMaeng2, Seoul, Republic of Korea. All rights reserved.

This Korean Edition Copyright ⓒ 2020 by Word of Life Press, Seoul, Republic of Korea.
The Korean edition is based on pages 133-255 from New Morning Mercies.

이 한국어판의 저작권은 알맹2를 통하여
Crossway와 독점 계약한 생명의말씀사에 있습니다. 신 저작권법에 의하여
한국 내에서 보호받는 저작물이므로 무단 전재와 무단 복제를 금합니다.

이 책은 New Morning Mercies의 133-255페이지의 내용을 분권 출판한 것입니다.

폴 트립의
은혜 묵상

ⓒ 생명의말씀사 2020

2020년 11월 30일 1판 1쇄 발행

펴낸이 | 김재권
펴낸곳 | 생명의말씀사

등록 | 1962. 1. 10. No.300-1962-1
주소 | 서울시 종로구 경희궁1길 6 (03176)
전화 | 02)738-6555(본사) · 02)3159-7979(영업)
팩스 | 02)739-3824(본사) · 080-022-8585(영업)

기획편집 | 구자섭, 유영란
디자인 | 조현진, 윤보람
인쇄 | 영진문원
제본 | 정문바인텍

ISBN 978-89-04-16734-0 (04230)
ISBN 978-89-04-70058-5 (세트)

저작권자의 허락없이 이 책의 일부 또는 전체를
무단 복제, 전재, 발췌하면 저작권법에 의해 처벌을 받습니다.

일러두기
본서에 삽입된 QR코드는 (재)대한성서공회의 허락을 받고 해당 성경읽기 검색 프로그램에 링크하였습니다.

New Morning Mercies
A Daily Gospel Devotional

폴 트립의
은혜 묵상

추천사

"로버트 로빈슨의 찬송 '복의 근원 강림하사'는 언제 들어도 공감이 된다. 특히 '저는 걸핏하면 방황하고 사랑하는 하나님을 떠나기 일쑤입니다'(우리말 가사는 '우리 맘은 연약하여 범죄하기 쉬우니'-역주)라는 3절 가사가 그렇다. 하나님의 선함을 멀리하고 우리 자신의 선함을 추구하려 하고, 하나님이 은혜로이 받아주시는 것을 멀리한 채 우리에게 유리한 국면을 만들려는 힘들고 현실성 없는 짐을 지는 쪽으로 마음이 끌리는 것을 우리는 날마다 느낀다. 그런 우리를 도우려고, 로빈슨의 표현을 빌리자면, 위에 계신 하나님 어전의 인(印)을 치려고 폴이 이 묵상집을 쓴 것에 대해 하나님께 감사드린다. 길핏하면 방황하는 사람, 당신이 만약 그런 사람이라면 이 책은 바로 당신을 위한 책이다."

매트 챈들러와 로렌 챈들러, 텍사스주 댈러스 소재 빌리지 교회 대표목사,
액츠 29 교회 개척 네트워크 대표. 아내 로렌은 작가, 강연가, 가수

"이 묵상집은 복음으로 충만한 이야기와 함께, 우리 일상생활에 도전이 되고 적용점을 줄 만한 내용을 하루하루 제공해 준다. 폴이 전하는 소망 가득한 메시지와 짝을 이룬 성경 구절들은 복음의 메시지와 예수 그리스도에 관해 더 많이 알게 하는 탁월한 통로다."

페리 노블, 사우스캐롤라이나주 앤더슨 소재 뉴스프링 교회 담임목사

"생각을 자극하는 힘 있고 간결한 트윗을 통해 갓 우려낸 지혜와 격려의 말을 제공함으로써, 모든 것을 충족시키는 그리스도와 그분의 은혜를 거듭거듭 우리에게 일깨워 주는 일을 폴 트립은 매일 아침 여러 해 동안 해 왔다. 이 책은 동일한 일을 더 확장해서 하고 있다. 이 묵상집은 읽는 이의 마음을 강하게 하고, 영적 자양분을 공급해 주고, 방향을 재조정하게 하며, 날마다 하루가 새롭게 밝아오는 시간에 눈을 뜨고 하나님의 신선한 자비를 바라보게 한다."

낸시 리 드모스, 작가, 라디오 방송 "Revive Our Hearts" 사회자

"폴 트립은 여러 해 동안 상담 사역을 통해 얻은 지혜, 성경의 구속(救贖) 스토리에 대한 통찰, 그리고 우리의 대속주 그리스도에 대한 확고한 이해를 아름답게 버무려, 상처받은 이의 마음을 따뜻하게 하고 자족하는 이에게는 도전을 던지는 묵상 시리즈를 만들어냈다. 성경의 진리에 깊이 뿌리내리고 있으면서도 탁월한, 그러면서도 읽기 쉬운 책이라는 사실을 알게 될 것이다. 강력히 추천한다!"

엘리즈 M. 피츠패트릭, 상담가, 강연가, 「자녀교육, 은혜를 만나다」 저자

서론

매일 아침, 나는 복음과 관련된 세 가지 생각을 '트윗'한다. 즉, 기독교 신앙에 관한 짤막한 세 가지 생각을 소셜 미디어 사이트 트위터(tweeter)에 올린다. 트위터를 하는 나의 목적은 우리 삶에 활기를 북돋는 예수 그리스도의 복음의 진리를 사람들에게 알리며, 그 진리로 이들을 위로하려는 것이다.

나는 복음의 은혜란 단지 삶의 종교적인 측면만을 변화시키는 것이라기보다 삶의 모든 면을 규정하고 정체성을 밝히며 그 모든 면에 동기를 불어넣어 주는 것이라는 점을 사람들이 알았으면 한다.

나는 트위터를 통해 사람들에게 복음을 알고 그 복음을 창문 삼아 삶의 모든 것을 바라보라고 강조해 왔다. 주님의 은혜로 그 글들이 사람들의 호응을 얻자, 이를 바탕으로 개인 경건 시간을 위한 책을 내보라고 여러 사람이 권했다. 묵상집을 내보면 어떻겠느냐고 말이다. 여러분이 지금 들고 있는 책은 바로 그런 요청들에 대한 나의 답변이다. 복음에 관한 내용을 가볍게 설명한 하루 분량의 글은 그 트윗 내용을 상술하는 묵상으로 이어진다.

가만히 앉아 1년치 묵상을 써내려간다는 것은 힘겨운 일이다. 그런 힘든 일을 해보려는 내 의지는 글 쓰는 사람으로서의 내 능력에 대한 자부심이 아니라 예수 그리스도의 복음의 놀라운 넓이와 깊이에 대한 확신에 뿌리를 두었다.

집필을 시작하면서, 나는 어떤 영적 탐험, 즉 내가 그토록 소중히 여기는 믿음의 동굴 깊은 곳으로 모험을 떠나는 듯 기분이 들떴다. 나는 전문가라기보다는 순례자나 탐구자로서 그 탐험을 했다. 내가 복음에 통달했다고 생각한 것이 아니라, 아직 내 삶에는 사역자로서 나의 사역의 중심에 자리 잡고 있는 은혜의 메시지에 내가 아직 더 숙달되어야 함을 보여 주는 증거가 있다고 생각하면서 이 책을 썼다.

이제 이쯤에서 나는 정직해져야 한다. 내가 이 묵상집을 쓴 것은 단지 독자들만을 위해서가 아니다. 그렇다. 나는 나 자신을 위해서도 이 책을 썼다. 이 묵상집에 그 어떤 현실이나 원리 또는 관측, 진리, 명령, 격려, 권면 혹은 질책이 등장하든 나 자신에게 절실히 필요하지 않은 것은 하나도 없다.

나도 여러분과 똑같다. 예수 그리스도의 복음을 당연히 소중히 여겨야 하지만, 익히 잘 안다는 이유로 그렇게 하지 못한다. 은혜와 관련된 여러 가지 주제들이 점점 친숙해지고 흔해짐에 따라, 이 주제들은 한때 그랬던 것만큼 내 관심을 끌지도 못하고 경외의 대상이 되지도 못했다. 복음의 놀라운 현실이 내 관심, 내 경외, 내 경배를 더는 요구하지 못할 때, 내 삶의 다른 일들이 대신 나의 관심을 끌고 갔다. 은혜를 찬양하기를 그치면 내게 은혜가 얼마나 필요한지를 잊게 된다. 내게 은혜가 얼마나 필요한지 잊으면 오직 은혜만이 줄 수 있는 구원과 힘을 구하지 않게 된다. 이는 곧 자기 자신을 실제보다 더 의롭고 강하고 지혜롭게 여기기 시작한다는 의미이다. 이렇게 되면 그 사람은 마침내 곤경에 처할 수밖에 없게 된다.

그래서 이 묵상집은 여러분과 나를 향해 '기억하기'를 촉구하는 나의 외침이다. 이 책은 죄의 무시무시한 참화를 기억하라는 부름이다. 이 책은 예수님을, 우리가 서야 할 자리에 대신 서신 예수님을 기억하라는 부름이다. 이 책은 예수님의 선물인 의로움을 기억하라는 부름이다. 이 책은 우리 힘으로는 획득할 수 없는, 우리를 변화시키는 은혜의 능력을 기억하라는 부름이다. 이 책은 하나님이 피로 값 주고 사신 그분의 모든 자녀들에게 보장된 미래를 기억하라는 부름이다. 이 책은 하나님의 주권과 하나님의 영광을 기억하라는 부름이다. 이 책은 '기억하기'가 영적 전쟁임을 기억하라는 나의 외침이다. 이 전쟁을 위해서도 우리에게는 은혜가 필요하다.

이 묵상집의 영문 제목(*New Morning Mercies*)은 성경이 하나님의 은혜에 관해 어떤 식으로 말하고 있는지를 가리킨다(애 3:22-23). 그뿐 아니라 내가 생각하기에 우리가 날마다 불러 마땅한 한 유명 찬송가를 떠올리게도 한다.

오 신실하신 주 오 신실하신 주
날마다 자비를 베푸시며
일용할 모든 것 내려주시니
오 신실하신 주 나의 구주

그리스도인의 삶에서 기막히게 멋진 현실 한 가지는, 만물이 어떤 식으로든 부패한 이 세상에서도 하나님의 자비는 절대 낡아지지 않는다는 것이다. 하나님의 자비는 절대 닳아 없어지지 않는다. 하나님의 자비는 때를 못 맞추는 법이 절대 없다. 하나님의 자비는 절대 마르지 않는다. 하나님의 자비는 절대 약해지지 않는다. 하나님의 자비는 절대 싫증나지 않는다. 하나님의 자비는 우리의 필요를 채우지 못하는 법이 절대 없다. 하나님의 자비는 우리를 절대 실망시키지 않는다. 하나님의 자비는 절대, 절대 쇠하지 않는다. 그 자비가 정말 아침마다 새롭기 때문이다. 갖가지 난제, 실망스러운 일, 고난, 유혹, 우리 안팎의 죄와의 싸움에 최적화된 것이 바로 우리 주님의 자비다. 그 자비는 때와 장소에 따라,

경외감을 불러일으키는 자비
우리를 꾸짖는 자비
우리를 강건하게 하는 자비
소망을 주는 자비
우리 마음을 폭로하는 자비
우리를 구원하는 자비
변화시키는 자비
용서하는 자비
필요한 것을 공급해 주시는 자비
불편한 자비
영광을 드러내 보이는 자비
진리를 조명하는 자비
담대함을 주는 자비다.

하나님의 자비는 한 가지 색깔로 찾아오지 않는다. 그렇다. 그 자비는 하나님의 은혜의 일곱 빛깔 무지개 그 다채로운 색깔로 찾아온다. 하나님의 자비는 한 가지 악기 소리가 아니다. 그렇다. 그 자비에서는 하나님의 은혜의 모든 악기 선율이 들린다.

하나님의 자비는 보편적이어서 하나님의 자녀라면 누구나 다 그 자비에 흠뻑 잠길 수 있다. 하나님의 자비는 구체적이어서 각 자녀마다 하나님의 자비가 필요한 특정한 때를 위해 마련된 자비를 받는다.

하나님의 자비는 예측 가능하다. 이 자비는 언제나 흘러넘치는 샘이다. 하나님의 자비는 예측 불가능하다. 이 자비는 의외의 모습으로 우리를 찾아온다.

하나님의 자비는 근본적인 변혁의 신학이다. 하지만 이 자비는 신학 그 이상이다.

하나님의 자비는 모든 믿는 이에게 생명이다.

하나님의 자비는 궁극적인 위로다. 하지만 아주 새로운 삶의 방식으로 나아오라는 부름이기도 하다.

하나님의 자비는 이 자비를 받은 모든 사람을 위해 실제로 모든 것을 영원히 변화시킨다.

그러므로 아침마다 새로운 하나님의 자비를 읽고 기억하며, 자신이 그 자비의 대상임을 기뻐하라. 그 자비는 나 같은 한 낱 저자가 마음으로 납득해 말로 표현할 수 있는 영역을 초월하는 자비다.

"여호와의 인자와 긍휼이 무궁하시므로
우리가 진멸되지 아니함이니이다
이것들이 아침마다 새로우니
주의 성실하심이 크시도소이다."

_애 3:22-23

폴 트립의
은혜 묵상

New Morning Mercies
A Daily Gospel Devotional

아침마다 복음으로 새롭게 시작하는 123일

1

**자기 십자가를 지고 나를 따르라고 명령하신 예수님은
우리에게 그 짐을 감당할 힘을 주신다.**

데살로니가후서 2장 16-17절 말씀에 세심히 주의를 기울이라. 이 말씀은 복음이 내 삶에 이루는 역사를 아주 예리하고도 실제적으로 요약하고 있다. "우리 주 예수 그리스도와 우리를 사랑하시고 영원한 위로와 좋은 소망을 은혜로 주신 하나님 우리 아버지께서 너희 마음을 위로하시고 모든 선한 일과 말에 굳건하게 하시기를 원하노라." 누군가 "하나님이 바로 지금 여기 당신의 삶에서 도대체 무슨 일을 하시는가?"라고 묻는다면 뭐라고 대답하겠는가? 나는 많은 이들이 하나님께 대한 실망으로 씨름하는 이유는 하나님이 지금 무슨 일을 하시는지 오해하고 있기 때문이라고 믿는다. 바울은 하나님의 구속 사역의 두 가지 본질을 가리키며 사실상 하나님이 지금 무슨 일을 하시는지 요약해서 보여 준다.

첫째, 하나님은 우리 마음에 실질적 위로를 주시려고 은혜를 베풀어 오셨고 지금도 그렇게 하신다. 이 말은 하나님이 우리의 소망과 꿈을 확실히 이루어 주신다거나, 각종 고지서 요금을 바로 지불하게 하신다거나, 대중의 사랑을 받게 하신다거나, 고난을 피하게 하신다는 뜻이 아니다. 하나님의 위로는 그보다 근본적이며 구속적이다. 그 위로는 바로, 우리가 충족시키지 못하는 하나님의 모든 요구 조건을 예수님이 완전히 충족시키셔서 우리가 죄에도 불구하고 전능하신 주님께 반가이 맞아들여져 하나님과 영원히 지속되는 관계를 맺게 되었다는 것이다. 이제 우리는 하나님의 진노를 두려워하지 않아도 된다. 하나님께 받아들여지도록

하나님의 요구 조건을 충족시키지 않아도 된다. 더는 죄책감이나 수치심으로 우리 얼굴을 감출 필요가 없다. 우리는 언제까지나 영원히 하나님의 소유다. 하나님은 절대 우리에게 등을 돌리지 않으신다. 하나님은 결코 성난 얼굴로 우리 죄를 우리 얼굴에 던지지 않으신다. 우리가 얼마나 엉망진창이든 하나님은 절대 자신의 임재와 약속을 거두지 않으신다. 하나님 앞에서 우리의 신분은 우리의 행위가 아닌 예수님의 완전한 공로에 근거하기 때문이다. 하지만 이는 하나님의 사역의 한 단편에 지나지 않는다.

그렇다. 우리는 하나님과 영원한 화해를 이룬 것을("영원한 위로와 좋은 소망") 기뻐하는 한편, 하나님의 일에 제2부가 있음을 알아야 한다. 바로 우리를 변화시키는 일("모든 선한 일과 말에 굳건하게 하시기") 말이다. 예수 그리스도의 십자가보다 더 위로가 되는 메시지는 없으며, 그 십자가의 은혜에가 이끄는 변화보다 더 효력 있는 약속은 없다. 하나님은 은혜로 능동적으로 일하셔서 참된 수직적 차원의 위로를 우리 마음에 부으신다. 그래서 우리가 수평적 차원에서 위로를 구하지 않게 하신다. 또한 은혜로 하나님은 우리 마음을 변화시키셔서 행동이나 말에서 우리가 점차 하나님이 바라시는 대로 살게 하신다. 하나님이 우리 삶을 소유하신다는 사실은 우리와 화해를 이루시는 은혜의 그 영원한 위로를 절대 앗아가지 않는다. 우리는 은혜로 하나님의 소유가 되며, 은혜로 지금 변화되는 중이다. 그리고 이 모든 일은 우리와 화해하시고 우리를 변화시키시는 하나님의 열심 덕분이다. 오늘, 하나님이 주시는 위로에 흠뻑 잠겨 하나님의 은혜로운 부름에 화답하도록 하라.

더 깊은 묵상과 격려를 위해 고린도후서 5장 14-21절을 읽으라.

고린도후서 5장 14-21절로 연결됩니다.

2

참되고 겸손하고 기쁘고 오래 참는 사랑은
섣부른 의무감이 아닌 예배하는 마음으로 드리는 감사에서 나온다.
우리가 사랑하는 이유는 하나님이 먼저 우리를 사랑하셨기 때문이다.

"참되고 겸손하고 기쁘고 오래 참는 것"이 참 사랑의 특질이라고 써놓으니 양심의 가책에 따른 슬픔이 마음 가득 차올랐다. 내 사랑은 참되지 못할 때가 많기 때문이다. 물론 그렇다고 해서 내가 사실은 사랑하지 않는데 겉으로만 사랑하는 척한다는 것이 아니다.

내가 여기서 '참되다'고 하는 말은, 궁수(弓手)가 화살통에서 화살을 꺼내며 반드시 확인해야 할 그런 종류의 '곧음'을 뜻한다. 궁수는 휘거나 굽지 않고 곧은 화살을 찾아야 한다. 그래야 활시위를 떠난 화살이 엉뚱한 방향으로 날아가지 않기 때문이다. 여기서 '참되다'는 말은 일관성 있고, 신뢰할 만하며, 사랑이 아닌 방향으로 날아가는 경향이 없다는 뜻이다. 슬프게도 내 사랑은 여전히 일관적이지 못하다. 누군가 내 생각에 동의하지 않을 때, 누군가 내 계획에 끼어들 때, 예기치 못하게 무언가를 오래 기다려야 할 때, 마땅히 내가 받아야 한다고 생각하는 것을 다른 사람이 받을 때, 나는 사랑이 아닌 태도로 반응하고픈 유혹을 아주 강하게 받는다.

두 번째 단어 '겸손하다'는, 내 태도가 왜 그런지 이유를 설명한다. 나는 여전히 겸손이 부족하다. 나는 여전히 내 계획, 내 기분, 내 욕망, 내 기대를 중심으로 삶을 엮어가는 경향이 있다. 오늘 하루가 '바람직한' 하루였는지 평가할 때 오늘 내가 하나님을 기쁘시게 했는지, 타인을 사랑으로 대했는지를 기준으로 삼기보다 여전히 오늘 내가 기분이 좋았는지를 기준으로 평가하는 경향이 있다. 여전히 나는 내 인생의 주인이 나인 것처럼 살고 싶은 유혹을 받으며, 내가 하나님이 값 주고 사신 존재임을 기억하지 못할 때가 많다. 그리고 이 모든 이유로 사랑은, 사랑을 설명하는 세 번째 단어처럼 기쁜 일이 아니라 부담스런 일이 되어 버린다. 나 자신을 위해서 살면 타인을 사랑하라는 부르심은 늘 부담이 되는 것이 사실이다.

사랑을 설명하는 마지막 단어 '오래 참다'는 가장 높고 가장 힘든 사랑의 기준이다. 성실하지 않은 사랑은 별 가치가 없다. 바람 부는 대로 변하는 사랑은 사실 사랑이 아니다. 그런 사랑은 변덕스럽고 덧없는 속임수로서, 유익보다는 해를 더 많이 끼친다. 그것이 바로 하나님의 성실하고 영원한 사랑이 그토록 우리에게 큰 동기를 부여하는 엄청난 사랑인 이유다.

그렇다면 문제는, "그런 종류의 사랑은 도대체 어디에서 찾을 수 있느냐?"는 것이다. 글쎄, 넘어졌다가 다시 일어나면서 전보다 더 잘할 수 있다고 자기 암시를 하는 것으로는 그런 사랑을 찾을 수 없다. 내가 이런 식으로 바뀔 수 있는 사람이었다면 굳이 예수 그리스도의 십자가가 필요하지 않을 것이다. 나 자신을 향한 사랑의 자기중심적인 속박에서 벗어나 정말로 타인을 사랑하게 되는 유일한 길은, 내 죄를 사하고 나를 자유롭게 하며 내게 능력을 주는 영원한 사랑이 내 안에 자리 잡는 것이다. 그 사랑에 감사하면 할수록, 타인에게 베푸는 행위에서 더더욱 큰 기쁨을 느낄 것이다. 하나님의 사랑, 내게 기꺼이 베풀어진 그 사랑은 나 또한 누군가에게 기쁘게 사랑을 베풀 수 있으리라는 유일한 소망을 준다.

더 깊은 묵상과 격려를 위해 고린도후서 9장을 읽으라.

고린도후서 9장으로 연결됩니다.

3

**우리를 향한 하나님의 보호는 우리의 성실함이 아닌
그분의 성실함에 근거하기에 확실하다.**

"평강의 하나님이 친히 너희를 온전히 거룩하게 하시고 또 너희의 온 영과 혼과 몸이 우리 주 예수 그리스도께서 강림하실 때에 흠 없게 보전되기를 원하노라 너희를 부르시는 이는 미쁘시니 그가 또한 이루시리라" (살전 5:23-24).

우리는 '이미'와 '아직' 사이에 살고 있다. 하나님은 자신의 은혜의 계획을 이미 작동시키셨다. 선지자들은 이미 예언을 했다. 예수님은 이미 오셨다. 예수님은 이미 고난당하고 죽으셨다. 예수님은 이미 무덤에서 승리하여 일어나셨다. 성령님이 이미 오셨다. 하나님의 말씀은 이미 주어졌다. 하지만 세상에서 하나님의 일은 아직 끝나지 않았다. 우리 마음에서도 하나님의 일은 아직 끝나지 않았다. 마지막 원수도 아직 하나님의 발 아래 엎드리지 않았다. 하나님이 아직 이렇게 말씀할 때가 안 되었다. "사랑하는 자들아, 모든 일이 이제 준비되었다. 나의 최종적 나라로 들어오라."

우리는 세상에서 가장 중요한 미완의 과정, 즉 성화 과정의 한가운데 있다. 은혜가 우리를 어떤 모습으로 빚든 아직 그 모습으로 완성된 사람은 아무도 없다. 죄와의 싸움, 유혹과의 싸움은 아직도 진행 중이다. 무엇이 우리 마음을 실질적으로 다스릴 것인가를 겨루는 싸움이 아직도 한창이다. 우리는 흠이 없다고 할 만한 상태에는 아직 근접조차 못했다. 그렇다. 하나님이 우리를 변화시키는 과정인 '이미'와 '아직' 사이에서 우리 모두는 좀 어수선한 것이 현실이다. 우리는 여전히 유혹에 빠진다. 우리는 여전히 잘못된 생각과 욕망에 굴복한다. 우리는 여전히 하지 말아야 할 말을 한다. 우리는 여전히 자기 마음에 아직 존재하는 죄를 드러내는 방식으로 행동한다. 그러므로 자기 자신 안에서 자신의 개인적 안전을 확보할 길은 전혀 없다. 우리가 하나님께 얼마나 충성하든, 평강은 우리의 성실함에서 찾을 수 없다. 우리에게 하신 은혜의 약속에 대한 하나님의 성실함, 그 흔들림 없는 본질에서만 찾을 수 있다.

하나님은 절대 자신의 약속을 후회하지 않으신다. 하나님은 절대 싫증내거나 지치지 않으신다. 하나님은 우리에게 화내지 않으신다. 우리를 포기할지 말지 자신과 논쟁하지 않으신다. 하나님은 게으르고 자기중심인 하루를 보내며 어슬렁거리지 않으신다. 하나님은 결코 우리 아닌 다른 누구에게 관심을 빼앗기느라 우리에 대한 헌신을 거두지 않으신다. 하나님은 지킬 생각이 없는 약속을 하지 않으신다. 하나님의 사랑은 지나가는 환상이 아니다. 하나님은 자기 방식을 관철시키기 위해 자신의 사랑을 거둬들이겠다고 협박하지 않으신다. 하나님은 우리에게서 무언가 원하는 것을 얻어낼 때 써먹으려고 우리의 잘못을 하나하나 기록해 두지 않으신다. 하나님은 절대 등 뒤에서 우리를 배신하지 않으신다. 하나님은 이보다 더 성실할 수 없을 만큼 완전히 성실하시다. 그리고 바로 이것이 우리가 알아야 할 중요한 내용이다. 하나님의 성실함은 내가 얼마나 잘하는지를 증명하지 않는다. 그렇다. 하나님의 성실함은 하나님이 얼마나 철저히 거룩하시고, 의로우시고, 온유하시고, 선하신지를 드러낸다. 내가 가장 불충실한 날에도 하나님은 여전히 성실하시다.

더 깊은 묵상과 격려를 위해 시편 89편을 읽으라.

시편 89편으로 연결됩니다.

4

"하늘에 계신 우리 아버지여"(마 6:9).
어떤 상황, 어떤 장소든 우리는 절대 혼자 남겨지지 않는다.
하늘 아버지께서 항상 우리와 함께 계시기 때문이다.

이는 너무도 놀라운 현실이어서 그 의미를 완전히 이해하기란 불가능하다. 이 사실은 우리의 정체성에 관한 우리의 흔한 사고방식을 공격한다. 우리의 실의와 두려움에 맞선다. 우리의 자기 지향적 결핍, 타인의 인정에 중독된 우리 모습을 폭로한다. 오직 이 진리 안에서 우리는 지속적인 안전을, 변화무쌍한 사람과 상황의 롤러코스터를 타지 않는 안전을 누릴 수 있다. 이 진리는 삶을 변화시키는 주 예수 그리스도의 은혜의 가장 놀라운 선물로 손꼽힌다. 우리가 어디를 가든 늘 지니고 다닐 아주 친밀하며 마음에 충족감을 주는 진리다.

예수님이 제자들에게 본을 보이신 기도(마 6:9-13)의 첫 구절은 말로 다 할 수 없이 경이로운 이 진리를 가르친다. 즉, 내가 하나님의 자녀라면, 내게는 하늘 아버지가 계시다는 것이다!

잠시 하던 일을 멈추고 이 기도에 흠뻑 잠겨 보자. 그리스도께서는 얼마나 장엄하고 고무적인 방식으로 우리에게 기도를 시작하는 법을 가르치셨는가! 우리는 사람의 머리로는 생각해 낼 수 없는 이 충격적이며 격려가 되는 말로 기도를 시작해야 한다.

비길 데 없는 지혜와 능력을 지니셨기에 세상에 존재하는 만물을 구상하고 창조하실 수 있던 분, 그분이 바로 우리 아버지시다. 최고의 권한을 행사하심으로써 역사의 모든 사건을 주관하실 수 있고, 어떤 장소에서든 자신의 뜻을 이루실 수 있으며, 지상에 생존했던 모든 사람의 모든 생애를 완전히 주관하실 수 있는 그 신적 존재, 그분이 바로 우리 아버지시다. 엄청난 사랑으로 구속 계획을 시작하시고, 그리하여 적시에 성자께서 이 땅에 와 살다가 죽으시고 다시 살아나게 하사 우리가 새롭고 영원한 생명을 누릴 수 있게 하신 분, 그분이 바로 우리 아버지시다. 우리 안에서, 그리고 자신이 창조한 세상에서 행하고자 하신 모든 일이 완전히 이루어질 때까지 손에서 일을 놓지 않으실 왕, 그 왕이 바로 우리 아버지시다. 선생이나 모사(謀士)가 필요 없고, 별들의 이름을 다 아시며, 우주의 물을 자신의 손 안에 다 담을 수 있는 하나님, 그 하나님이 바로 우리 아버지시다.

매일 아침 잠에서 깨었을 때, 세상 만물을 창조하고 주관하시는 분께서 은혜로 내 아버지가 되셨다는 사실을 자신에게 일깨워 주라. 이보다 더 중요한 일은 없을 것이다. 그분은 순전하고 신실한 아버지의 사랑으로 나를 생각하신다. 그분은 베풀고, 공급하고, 가르치고, 인내하고, 용서하는 완벽한 아버지의 사랑으로 나를 위해 행동하신다. 그분은 언제나 나와 함께하신다. 그분의 손이 언제나 나를 안수하신다. 그분은 단 한순간도 쉬지 않고 나를 지켜보신다. 그분의 마음은 언제나 나를 향해 있다. 그분은 나를 위해, 그리고 나를 통해 자신의 계획을 이루고자 늘 일하신다. 그분은 내 짐을 들어 올리고 내 근심을 가볍게 해주신다. 그분이 내 하나님, 내 구주, 내 친구, 곧 내 아버지시다. 이제 나는 아버지의 집에, 영광스러운 은혜가 온 방을 장식하는 집에 살기에 그 무엇도 전과 같을 수 없다.

더 깊은 묵상과 격려를 위해 시편 105편을 읽으라.

시편 105편으로 연결됩니다.

5

"이름이 거룩히 여김을 받으시오며"(마 6:9).
우리는 자신의 영광과 명예보다 훨씬 더 큰 영광과 명예를 위해
일상의 모든 순간들을 살아야 한다.

고등학교 2학년 말, 아버지께서 나를 방으로 부르더니 이렇게 말씀하셨다. "앉아 봐라. 잠깐 할 얘기가 있단다." 순간 '내가 혹시 뭘 잘못했나?'라는 생각이 들었다. 그런데 아무리 생각해 봐도 잘못한 것이 없었다. 실제로 잘못한 것은 없었다. 아버지는 다만 내 인생의 다음 단계를 준비시키려고 부르셨을 뿐이었다.

아버지는 말씀하시기를, 매일 아침 일어나 무언가 할 일이 발견될 때까지 찾아보는 것이 내 일이라고 하셨다. 그리고 또 이렇게 말씀하셨다. "밖에 나가면 늘 우리 집안 이름이 너를 따라다닌다는 것을 기억해라. 옳은 행동을 해도 우리 집안 이름이 거론될 테고 나쁜 행동을 해도 우리 집안 이름이 오르내릴 거야." 아버지 말씀은 무거운 부담으로 나를 짓눌렀다. '나는 이제 겨우 열여섯 살인데 이 집안의 명성이라는 짐을 내 어깨에 짊어지고 다녀야 한다는 말인가?'라는 생각이 들었다.

의아해할까 봐 하는 말인데, 이 이야기는 우리 주님께서 모범을 보이신 기도의 두 번째 진술과 관련된 내용이 아니다. 또 우리가 하나님의 명성이라는 무거운 짐을 어깨에 지고 다녀야 한다는 말도 아니다. 타락한 인간은 제아무리 찬란하게 경건한 날에도 그런 짐을 제대로 질 수 없다. 예수님의 이 두 번째 진술은 기도와 관련된 모든 것의 뼈대를 이루며, 그리하여 예수님의 은혜가 얼마나 귀한지를 보여 준다. 기도란 하나님 앞에 그날 나의 개인적인 소원 목록을 쭉 늘어놓는 것이 아니다. 그보다 훨

씬 더 크고 아름다운 무엇에 관한 일이다. 왜냐하면 내 삶은 원래 그 소원 목록 늘어놓기보다 더 큰 어떤 일과 관련되기 때문이다. 기도란 그 자체가 바로 나보다 더 크고 더 영광스러운 무언가가 세상에 존재한다는 하나의 인식이다. 기도의 원래 의도는, 내 하찮은 계획들로 가득한 내 하찮은 세상이 궁극적인 세상은 아니라는 사실을 내게 일깨우려는 것이다. 기도는 내가 나 자신을 위해 어떤 영광을 원하든 그보다 더 큰 영광이 있다고 내게 가르친다. 기도의 원래 의도는, 호흡이 있는 모든 사람이 행동하는 가장 깊고도 중요한 동기가 하나님을 경외하는 마음이라는 사실을 기억하도록 돕는 것이다.

하나님의 장엄함과 영광에 대한 깊고도 영속적인 이 인식이 본디 내 삶의 모든 것을 구체화하고 방향을 정하게 되어 있다. 내가 행하는 모든 일, 내가 하나님께 하는 모든 요구는 나 자신을 포함해 세상에 존재하는 만물이 원래 하나님의 영광을 위해 창조되었다는 인식 가운데 행해져야 한다.

이 현실은 내 마음을 찢어 구멍을 낸 뒤 거기에 무엇이 있는지를 폭로한다. 나는 사실 더 큰 영광을 위해 살기를 원하지 않는다. 내가 정말로 원하는 것은, 내 인생의 모든 사람과 장소와 일이 나의 위로와 만족이라는 그 영광을 위해 전력 질주해 주었으면 하는 것이다. 그런데 하나님의 거룩한 이름에 내 삶을 순복시키려니 은혜를 구하는 기도를 하지 않을 수 없다. 구원하는 은혜가 아니면 우리는 계속 영광을 도적질하는 자로 살게 될 것이다. 감사하게도 그 은혜는 우리 주님 안에서 우리 것이 된다.

더 깊은 묵상과 격려를 위해 이사야 48장 1-11절을 읽으라.

이사야 48장 1-11절로 연결됩니다.

6

"나라가 임하시오며"(마 6:10).
하나님은 우리가 자기 나라를 세우도록 은혜를 주신 것이 아니다.
더 나은 나라를 위해 우리를 사로잡고자 은혜를 주셨다.

이는 예수님이 제자들에게 하신 말씀 중 가장 달콤하고 가장 소중한 말씀으로 손꼽힌다. 기억하라. 제자들은 하나같이 '나라'에 관심을 집중하고 있었다. 이는 제자들이 왕의 명예나 그 나라의 성공에 관심이 있었다는 뜻이 아니다. 그렇다. 이들이 집착한 것은 그 나라에서 자신의 위치였다. 제자들에게 그 나라는 곧 개인적 권세, 명성, 지위에 관한 일이었다. 마가복음 9장 30-37절에 기록된 사건을 기억하는가?

그 곳을 떠나 갈릴리 가운데로 지날새 예수님이 아무에게도 알리고자 아니하시니 이는 제자들을 가르치시며 또 인자가 사람들의 손에 넘겨져 죽임을 당하고 죽은 지 삼 일만에 살아나리라는 것을 말씀하셨기 때문이더라 그러나 제자들은 이 말씀을 깨닫지 못하고 묻기도 두려워하더라 가버나움에 이르러 집에 계실새 제자들에게 물으시되 너희가 길에서 서로 토론한 것이 무엇이냐 하시되 그들이 잠잠하니 이는 길에서 서로 누가 크냐 하고 쟁론하였음이라 예수님이 앉으사 열두 제자를 불러서 이르시되 누구든지 첫째가 되고자 하면 뭇 사람의 끝이 되며 뭇 사람을 섬기는 자가 되어야 하리라 하시고 어린 아이 하나를 데려다가 그들 가운데 세우시고 안으시며 제자들에게 이르시되 누구든지 내 이름으로 이런 어린 아이 하나를 영접하면 곧 나를 영접함이요 누구든지 나를 영접하면 나를 영접함이 아니요 나를 보내신 이를 영접함이니라.

자신이 잡혀서 죽임 당할 것이라고 예수님이 말씀하신 직후 제자들은 "주님, 안 됩니다, 안 돼요. 그런 일이 일어나게 해서는 안 됩니다. 주님 없이 저희들은 어떻게 하라고요?"라고 말하지 않았다. 회한에 잠기지도 않았다. 그렇다. 이들은 자기들 중에 누가 가장 큰 자인가를 두고 싸움을 벌였다. 이것이 바로 죄가 우리 모두에게 저지르는 일이다. 죄는 우리 모두를 자기 주권자로, 자칭 작은 왕으로 만든다. 사실 우리가 원하는 것은 내 나라가 임하고 내 뜻이 내 직장과 내 가정에서 바로 지금, 바로 여기에서 이뤄지는 것이다. 우리는 상황을 자기가 주장하기를 좋아한다. 우리는 자기 방식대로 하기를 좋아한다. 우리는 남들이 나를 만족스럽게 하고 섬겨 주는 것을 좋아한다. 우리는 내가 옳다고 생각하며 그 옳음을 위해 살아간다. 우리는 내 삶과 관계된 사람들을 위한 멋진 계획을 갖고 있다. 인정하고 싶지 않지만, 우리는 이 제자들과 다르다기보다는 오히려 비슷하다.

그런데 예수님은 이 자기중심적인 제자들을 보시며 "적은 무리여 무서워 말라 너희 아버지께서 그 나라를 너희에게 주시기를 기뻐하시느니라"(눅 12:32)고 말씀하셨다. 정말 아름다운 은혜의 순간이다. 예수님의 말씀은 이런 뜻이다. "무슨 말인지 모르겠느냐? 나는 내 권세를 휘둘러 변변찮은 너희의 나라를 굴리려고 온 것이 아니라, 너희 스스로는 도무지 추구할 수 없는 훨씬 더 좋은 나라로 너희를 맞아들이려고 왔다." 우리 직관에 반하는 일이겠지만, 진짜 생명은 오직 그분의 나라가 임하고 그분의 뜻이 이뤄질 때에라야 찾을 수 있다. 그리고 은혜는 바로 그곳으로 우리를 맞아들인다.

더 깊은 묵상과 격려를 위해 마태복음 13장 44-50절을 읽으라.

마태복음 13장 44-50절로 연결됩니다.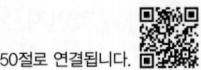

7

"뜻이… 이루어지이다"(마 6:10).
선한 삶은 나의 뜻을 성취할 때가 아니라
하나님의 뜻에 모든 것을 순복할 때 찾을 수 있다.

1950년대를 상징하는 TV 드라마 "아버지가 제일 잘 알아"(Father Knows Best)는 오늘날 방송되는 프로그램과는 전혀 다르다. 제목부터가 오늘날과 문화적으로나 정치적으로나 맞지 않다(그럼에도 매 에피소드가 지금도 방송되고 있다). 요즘 프로그램이라면 제목을 아마 "아버지 빼고는 모두 잘 알아"(Everyone but Father Knows Best)로 붙였을 것이다. 그러나 주기도문의 이 부분에 제목을 붙인다고 할 때 "아버지가 제일 잘 알아"는 그리 나쁘지 않은 제목이다.

우리 모두가 항상 마음에 담아야 할 사항이 하나 있다. 바로 이 세상을 다스리시는 분은 선하고 지혜롭고 옳고 사랑할 만하고 신실하고 참된 모든 것의 궁극적인 의미가 되신다는 사실이다. 인생의 소망은 자기 방식을 관철하기 위해 무슨 일이든 하는 것과는 상관없다. 인생의 소망은 내 모든 자원, 시간, 에너지, 은사를 다해 개인적인 꿈을 실현하는 데서 찾을 수 없다. 인생의 소망은 내 삶과 관련된 사람들과 상황을 최대한 쥐락펴락하는 자리를 차지하려고 애쓰는 데서 찾아지지 않는다. 한마디로 소망은 내 뜻이 이루어지는 데 있지 않다.

소망은 오직 한 곳에서만 찾을 수 있다. 하늘에 계신 내 아버지의 지혜롭고 성실한 다스림에서 말이다. 우리의 하늘 아버지는 이 세상의 처음과 마지막을 초월하는 분이시며, 그분이 창조하신 만물과 또 나를 위한 최선이 무엇인지 실제로 다 아신다. 기도는 하나님의 경외스러운 권세를 내 뜻과 계획에 맡겨 달라고 요청하는 문제가 절대 아니다. 기도는 언제나 옳은 하나님의 뜻에 개인적으로 순복하는 행위다.

그런데 문제는 이것이다. 살다 보면 누구나 내가 하나님보다 똑똑하다는, 즉 내가 스스로 원하는 것이 하나님이 나를 위해 원하시는 것보다 더 좋다는 생각에 빠져들 때가 있다. 우리는 하나님이 내 접시에 놓아 주신 것에 짜증을 낸다. 이렇게 저렇게 살으라는 성경 말씀에 반역한다. 내 삶은 왜 옆 사람의 삶보다 더 힘든지 그 이유를 궁금해한다. 상황을 호전시키려고 하나님의 사소한 율법 하나를 어기는 것이 왜 그리 나쁜 일인지 의아해한다.

그러므로 은혜를 부르짖으라. 하나님의 뜻과 내 뜻 사이의 전쟁은 아직 끝나지 않았다. 하나님이 권능을 발휘하여 나의 개인적인 꿈을 이루어 주셨으면 하는 욕망은 아직 사라지지 않았다. 내가 하나님보다 똑똑하다고 생각하고 싶은 유혹은 여전히 나를 사로잡을 만큼 강력하다. 그러므로 구주께서 죽으시면서까지 내게 주고자 하신 그 도움을 향해 손을 내밀라. 나를 내게서 구해 달라고 그분께 다시 요청하라. 하늘에 계신 아버지의 뜻에 순복하는 태도보다 더 안전한 곳은 없다. 이를 분별하는 마음을 달라고 기도하라. 그리고 이 아침, 담대히 하늘을 올려다보며 이렇게 말하라. "주님의 나라가 임하시며, 주님의 뜻이 하늘에서와 같이 제 삶에서도 바로 지금, 바로 여기에서 이루어지이다." 그리고 나의 행복과 구원을 위해 그분의 뜻을 행사하실 만큼 나를 돌보신 하나님께 감사하라. 바로 이런 하나님의 뜻에 즐거운 마음으로 기꺼이 순복할 때 은혜가 내 마음을 거처로 삼았음을 알게 될 것이다.

더 깊은 묵상과 격려를 위해 이사야 26장을 읽으라.

이사야 26장으로 연결됩니다.

8

"오늘 우리에게 일용할 양식을 주시옵고"(마 6:11).
우리는 독립적이거나 스스로 필요를 채우는 존재가 아니다.
우리는 하나님의 선하심을 의지한다.

다음 본문은 아주 중요하고 현실적인 경고로, 딱 알맞은 때에 이스라엘 백성에게 주어졌다.

네 하나님 여호와께서 이 사십 년 동안에 네게 광야 길을 걷게 하신 것을 기억하라 이는 너를 낮추시며 너를 시험하사 네 마음이 어떠한지 그 명령을 지키는지 지키지 않는지 알려 하심이라 너를 낮추시며 너를 주리게 하시며 또 너도 알지 못하며 네 조상들도 알지 못하던 만나를 네게 먹이신 것은 사람이 떡으로만 사는 것이 아니요 여호와의 입에서 나오는 모든 말씀으로 사는 줄을 네가 알게 하려 하심이니라 이 사십 년 동안에 네 의복이 해어지지 아니하였고 네 발이 부르트지 아니하였느니라 너는 사람이 그 아들을 징계함 같이 네 하나님 여호와께서 너를 징계하시는 줄 마음에 생각하고 네 하나님 여호와의 명령을 지켜 그의 길을 따라가며 그를 경외할지니라 네 하나님 여호와께서 너를 아름다운 땅에 이르게 하시나니 그 곳은 골짜기든지 산지든지 시내와 분천과 샘이 흐르고 밀과 보리의 소산지요 포도와 무화과와 석류와 감람나무와 꿀의 소산지라 네가 먹을 것에 모자람이 없고 네게 아무 부족함이 없는 땅이며 그 땅의 돌은 철이요 산에서는 동을 캘 것이라 네가 먹어서 배부르고 네 하나님 여호와께서 옥토를 네게 주셨음으로 말미암아 그를 찬송하리라 내가 오늘 네게 명하는 여호와의 명령과 법도와 규례를 지키지 아니하고 네 하나님 여호와를 잊어버리지 않도록 삼갈지어다(신 8:2-11).

이스라엘 자손들은 약속의 땅에 들어서고 있었다. 이제 그곳의 풍부한 자원을 손에 넣을 터였고, 따라서 이제 이들은 풍요가 주는 시험을 만나게 될 터였다. 그 시험은 어떤 시험인가?

우리는 일이 잘되어 가고 양식이 풍요로울 때면 우리가 하나님의 권능과 선함과 성실함에 인생의 모든 것을 전적으로 의존한다는 사실을 망각한다. 이것이 우리 모두가 직면하는 시험이다. 일용할 양식을 구하는 기도를 하다 보면 내가 인생의 가장 일상적인 필요에 대해서까지 하나님께 의존한다는 사실을 떠올리게 된다. 내가 살아가는 데 꼭 필요한 것들을 구비하려면 어떤 조건이나 상황, 장소, 사건, 사람들을 통제해야 하는데, 이를 통제할 능력은 오직 하나님께만 있다.

독립적인 삶은 망상이다. 가장 열렬한 무신론자도 하나님께 생명과 호흡을 의존한다. 육체가 생존하는 데 필요한 것을 자기 힘으로 손에 넣을 수 있는 사람은 아무도 없다. 어느 누구도 스스로 필요를 채우며 살지 못한다. "잘 보아라, 내가 아무런 도움 없이도 얼마나 성공적으로 내 삶을 유지해 왔는지."라고 말할 수 있는 사람은 아무도 없다. 누구도 그렇게 말하지 못한다! "온갖 좋은 은사와 온전한 선물이 다 위로부터 빛들의 아버지께로부터 내려"온다(약 1:17). 그러므로 하늘을 올려다보며 감사하라. 거기에 실로 크고 자애로우신 공급자가 계시다.

더 깊은 묵상과 격려를 위해 열왕기상 17장을 읽으라.

열왕기상 17장으로 연결됩니다.

9

"우리가… 사하여 준 것 같이 우리 죄를 사하여 주시옵고"(마 6:12).
매일 우리에게 은혜가 주어진다는 사실을 기억하라.
그리고 우리를 둘러싼 사람들에게 그 은혜를 베풀라.

우리가 사람들과의 관계에서 저지르는 가장 큰 죄 가운데 하나는 망각이다. 아래와 같은 예수님의 비유를 생각해 보라.

그러므로 천국은 그 종들과 결산하려 하던 어떤 임금과 같으니 결산할 때에 만 달란트 빚진 자 하나를 데려오매 갚을 것이 없는지라 주인이 명하여 그 몸과 아내와 자식들과 모든 소유를 다 팔아 갚게 하라 하니 그 종이 엎드려 절하며 이르되 내게 참으소서 다 갚으리이다 하거늘 그 종의 주인이 불쌍히 여겨 놓아 보내며 그 빚을 탕감하여 주었더니 그 종이 나가서 자기에게 백 데나리온 빚진 동료 한 사람을 만나 붙들어 목을 잡고 이르되 빚을 갚으라 하매 그 동료가 엎드려 간구하여 이르되 내게 참아 주소서 갚으리이다 하되 허락하지 아니하고 이에 가서 그가 빚을 갚도록 옥에 가두거늘 그 동료들이 그것을 보고 몹시 딱하게 여겨 주인에게 가서 그 일을 다 알리니 이에 주인이 그를 불러다가 말하되 악한 종아 네가 빌기에 내가 네 빚을 전부 탕감하여 주었거늘 내가 너를 불쌍히 여김과 같이 너도 네 동료를 불쌍히 여김이 마땅하지 아니하냐 하고(마 18:23-33).

우리는 모두 이렇게 망각하기 쉽다. 우리 모두는 우리에게 쏟아 부어진 엄청난 사랑과 자비를 기억하지 못할 수 있다. 우리가 누리고 있는 가장 좋은 것들을 우리 스스로는 절대 획득할 수 없었다는 사실을, 혹은 받을 자격이 없었다는 사실을 우리는 모두 잊을 수 있다. 우리는 그 좋은 것들을 오직 은혜로 얻는다.

문제는 바로 이것이다. 내게 주어진 은혜를 잊으면 그 은혜를 다른 사람에게 확장시키는 일이 그만큼 어려워진다. 내가 얼마나 많이 용서받았는지를 잊으면 살아가면서 다른 사람을 용서하는 일이 그만큼 어려워진다. 내게 그렇게 값없이 주어진 사랑에 대해 감사하지 못하면, 마땅히 사랑해야 할 사람들을 사랑하지 못하기 쉽다.

내게 은혜가 필요하다는 사실, 그리고 친절한 자비의 하나님이 그 은혜를 자비롭게 채워 주셨다는 사실을 깊이 확신하는 사람만큼 타인에게 은혜를 잘 베풀 사람은 없다. 하나님은 내가 결코 획득하지 못할 것을 내게 주셨다. 그렇다면, 나는 그런 은혜를 받아놓고 다른 이들에게는 내가 세운 기준을 들이대면서 그 기준에 부합할 때까지 그들에게 등을 돌리며 은혜 베풀기를 거부할 것인가?

용서하라는 부르심은 우리에게도 용서가 필요하다는 사실을 즉각 드러낸다. 은혜를 베풀라는 부르심은 우리에게 은혜가 얼마나 필요한지를 보여 준다. 용서하라는 부르심은 내가 받은 용서를 기억하고 감사하라는 부르심이기도 하다. 내가 얼마나 부족한지를 기억하면, 나처럼 부족한 사람들을 향해 인정을 베풀게 되고, 그 사람들도 나의 유일한 소망인 그 동일한 은혜를 받을 수 있기를 바라게 된다. 하나님이 은혜를 주셔서 우리가 받은 것을 기억하게 하시고 그것을 다른 이들에게도 기꺼이 베푸는 마음을 주시기를 기도하라.

더 깊은 묵상과 격려를 위해 에베소서 4장 25-32절을 읽으라.

에베소서 4장 25-32절로 연결됩니다.

10

"우리를 시험에 들게 하지 마시옵고"(마 6:13).
우리를 향한 하나님의 뜻은 언제나 옳고 선하고 참되다.
거룩하신 하나님의 사랑을 받는다는 확신 가운데 안식을 누리라.

"그런데 아빠, 왜 나는 안 된다는 거예요? 다른 애들은 다 한단 말이에요. 아빠는 왜 늘 안 된다고만 하는지 이유를 모르겠어요. 이게 왜 그렇게 큰 문제인지 이해가 안 돼요. 이번 한 번만 봐 주시면 안 돼요?" 아이들과 이런 대화를 얼마나 많이 하는지 모른다. 영리한 간청일 때도 있어서 감사하게도 곧 합의가 뒤따르기도 한다. 또 어떤 때는 서로 목소리를 높이는 큰 논쟁으로 번진다. 그러나 어느 경우든 이런 대화는 매번 어떤 사실을 떠올리게 하며 교훈을 준다.

즉, 죄인들은 제한받기를 좋아하지 않는다. 이는 슬프지만 분명한 사실이다. 죄인들은 규칙을 존중하지 않는 경향이 있다. 죄인들은 무엇을 해라, 무엇을 하지 말아라, 하는 말을 듣기 싫어한다. 죄인들은 권위 아래 있기를 좋아하지 않는다. 죄인들은 자신의 도덕법을 자기가 만들고 싶어 한다. 그래서 은혜가 찾아오지 않는 한, "우리를 시험에 들게 하지 마시옵고"라는 기도조차 하지 못한다. 나를 구원하는 강력한 은혜만이 나를 "내가 하고 싶은 대로 하게 하소서."라는 상태에서 "하지 않는 게 최선인 일을 하고 싶어 하는 유혹에서 나를 지켜 주소서."라는 상태로 옮길 수 있다.

아이를 키우는 부모라면, 혹은 자신의 어린 시절을 정직하게 돌아본다면, 아이와 부모 사이에 벌어지는 가장 크고 중요한 싸움 중 하나는 권위와 관련된 싸움임을 알 것이다. 하나님과의 관계에서도 마찬가지다. 성경을 굳이 다 읽을 필요도 없다. 처음 세 장만 읽어 보라. 바로 그 싸움이 인간 역사의 방향을 완전히 틀었다는 사실을 확인할 수 있다.

여기서 오직 은혜에 의해서만 일어나는 세 가지 인식이 있다. 첫째, 이 세상을 다스리시며 무엇이 최선인지 아시는, 궁극적인 권위이신 분이 존재한다. 이런 인식을 가진 사람은 자신이 절대 궁극적인 기준이 아니며 설령 자신이 지상에서 가장 권세 있는 사람일지라도 여전히 권위 아래 있는 존재임을 인정한다.

둘째, 궁극적인 권위이신 분은 내가 어떻게 살아야 하는지 그 방식을 명쾌하게 알려 주셨다. 내 삶에는 하나님이 정해서 주신 어떤 경계가 있으며, 나는 그 경계 안에서만 살게 되어 있다. 진짜 삶은 이 경계 안에서 찾을 수 있지, 이 밖에 있는 것을 발견하고 경험하는 데 있지 않다.

셋째, 영원의 이편에서 나는 순간순간 유혹이 닥치는 세상 가운데 산다. 내가 사는 이 세상은 하나님이 원래 뜻하신 대로 작동하지 않으며, 그러기에 날마다 내 귀에 그럴 듯한 거짓말을 속삭인다. 세상은 나를 기만한다. 하나님이 추하다고 하신 것이 사실은 아름다우며 하나님이 틀렸다고 하신 것이 사실은 전적으로 옳다고 생각하게 한다.

그러므로 이 세 가지 인식이 오늘 내 마음을 지배하기를 기도하라. 즉, 하나님의 권위를 기억하고, 하나님의 법을 사랑하며, 유혹에 저항하는 마음과 힘을 주시기를 기도하라. 하나님께는 이 모든 소원을 이루어 주실 만큼 풍성한 은혜가 있다!

더 깊은 묵상과 격려를 위해 시편 93편을 읽으라.

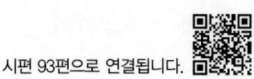

시편 93편으로 연결됩니다.

11

"다만 악에서 구하시옵소서"(마 6:13).
우리의 악한 행동은 우리 안에 있는 악에서 나온다.
주님, 우리에게 여기서 벗어날 은혜를 주소서.

빌리가 밀쳐서 수지가 바닥에 머리를 찧었다. 내가 왜 이런 행동을 했느냐고 물으면, 빌리는 자기 자신에 대해서는 말하지 않을 것이다. 수지가 이러저러했다거나 수지가 늘어놓은 장난감 때문에 자기가 걸려 넘어졌다고는 말해도 "내 마음 속에 있는 죄 때문에 제가 이기적인 생각을 해요. 그래서 누가 내 앞에서 걸리적거리면 그냥 밀어버리게 돼요. 나를 위해 기도해 주세요, 엄마."라고는 말하지 않을 것이다.

엄마가 아이에게서 그런 말을 들을 리가 없는 이유는, 비록 빌리가 다섯 살밖에 안 된 어린아이지만 자기 인생의 최대 문제는 자기 내부가 아닌 외부에 있다는 거짓말에 이미 빠져들었기 때문이다. 아이는 "위험한 것은 모두 밖에 있다."고 믿고 싶어 한다.

빌리처럼 우리도 상황, 장소, 사건, 사람들을 가리키며 자신의 잘못을 해명하는 데 아주 능숙하다. 우리는 '내가 문제일 리 없다.'며 자기 자신을 설득하고자 무던히 애를 쓴다. 우리는 다음과 같이 말하면서 스스로 곤경에서 벗어난다.

"그 여자가 나를 오해한 거라고요."
"바빠서 그랬습니다."
"저는 정말 그렇게 할 생각이 아니었습니다."
"제가 그때 그다지 기분이 좋지 않았어요."

"그냥 제 성격이 그럴 뿐입니다."

"죄송합니다. 깜박했어요."

"제가 못 들었나 봐요."

"그 사람 말에 제가 넘어갔어요."

"그 남자가 얼마나 함께 살기 힘든 사람인지 당신은 몰라요."

"시간이 부족했을 뿐입니다."

"죄송합니다. 중간에 다른 일이 좀 생겨서요."

   우리는 하나님이 잘못이라고 말씀하신 일이 사실은 그렇게 잘못이 아니라거나, 우리를 둘러싼 사람과 상황이 우리로 그런 말과 행동을 하게 했다며 자기 자신을 속이는 일에 아주 능숙하다. 우리는 우리 내부에 있는 악이 우리를 외부에 있는 악으로 자석처럼 끌어당긴다는 진실을 거부한다.

   "우리를 악에서 구하소서."라고 기도할 수 있다면 은혜다. 이 기도는 내게 가장 큰 위험은 내 안에 있는 악이라는 사실을 인정하는 것이다. 악이 행해지는 특정한 장소나 상황 혹은 사람은 피할 수 있지만, 나 자신에게서는 도망칠 수 없다고 인정하는 것이다. 오직 은혜만이 나를 내게서 구해내고 모든 악 중에서 가장 위협적인 악, 즉 여전히 내 마음 속에 거하는 악에서 나를 건질 수 있다. 그 은혜를 구하라.

   더 깊은 묵상과 격려를 위해 시편 14편을 읽으라.

시편 14편으로 연결됩니다.

12

우리는 하나님을 위해 살도록 지어졌다.
우리가 인식하든 못 하든, 오늘 우리가 하는 모든 좋고 나쁜 일은
이 사실과 수직적으로 이어진다.

나는 호흡을 해야 살 수 있는 존재다. 나는 쉼 없이 숨을 쉰다. 숨을 쉰다는 사실을 거의 의식하지 못하지만 말이다. 나는 항상 산소를 들이마시고 이산화탄소를 내뿜는다. "숨 쉬느라 지쳤어. 잠깐 호흡을 멈춰야 할 것 같아."라고 말할 선택권이 내게는 없다. 내가 호흡하는 존재임을 부정할 수 있는 선택권도 없다. 나는 숨을 쉬어야 살 수 있는 존재로 지어졌다. 이것이 나라는 물질적인 존재가 피할 수 없는 현실이다.

마찬가지로 나는 하나님과 관계를 맺고 살기 위해 창조되었다. 다시 말해 내가 말하고 행하는 모든 일, 내가 하는 모든 선택, 내 삶을 구체화하는 모든 결정이 어떤 식으로든 하나님과 연관되어 이루어진다는 뜻이다. 사람이 하나님의 실재(實在)를 무시할 수도 있고, 세상에 신은 없다고 생각할 수도 있지만, 자신이 하나님의 형상으로 빚어졌고 또 하나님께 연결되었다는 사실은 피할 수 없다. 곧 내 삶의 모든 부분이 영적이라는 뜻이다. 신앙은 단지 나라는 존재의 한 측면이 아니다. 우리는 날 때부터 신앙적인 존재다. 우리는 모두 하나님에게서 오고, 하나님으로 말미암아 존재하며, 우리가 행하는 모든 일은 본디 하나님을 위해 하도록 계획되었다.

그래서 하나님은 우리가 존재의 피할 수 없는 수직성을 잊지 않도록, 즉 하나님의 존재와 하나님의 피조물인 우리의 신분을 기억하게 하시려고, 우리를 위해 놀라운 일을 하셨다. 하나님은 물질 세상을 창조하실 때

의도적으로 그 세상이 자신의 존재와 자신의 성품을 가리키게 하는 방식으로 창조하셨다.

하나님은 우리가 사는 환경이다. 나는 이 사실을 이렇게 표현하기를 좋아한다. 즉, 나는 아침에 눈뜰 때마다 하나님을 딱 마주친다. 시편 기자는 말한다. "하늘이 하나님의 영광을 선포하고 궁창이 그의 손으로 하신 일을 나타내는도다 날은 날에게 말하고 밤은 밤에게 지식을 전하니 언어도 없고 말씀도 없으며 들리는 소리도 없으나"(시 19:1-3). 그리고 바울은 말한다. "창세로부터 그의 보이지 아니하는 것들 곧 그의 영원하신 능력과 신성이 그가 만드신 만물에 분명히 보여 알려졌나니 그러므로 그들이 핑계하지 못할지니라"(롬 1:20).

하나님의 실재라는 근본적인 진리는 단순히 주일에만 설교되지 않는다. 이 진리는 일몰의 아름다움, 폭풍우의 위력, 벌새의 지칠 줄 모르는 날갯짓, 거대한 산의 위용, 산들바람의 속삭임, 지글지글 익어가는 스테이크 냄새, 장미꽃잎의 아름다움 등을 통해서도 날마다 설교된다. 창조 세계가 힘 있고 분명하게 이 메시지를 전하기에 누구도 핑계 댈 수 없다. 하나님의 존재를 부인하기란 여간 힘든 일이 아니다. 어디를 둘러보든 하나님의 실재가 금방 눈에 들어오기 때문이다. 하나님이 이렇게 하신 이유는 그분이 은혜의 하나님이시기 때문이다. 우리가 하나님께 도망치는 것이 아닌 달려가도록 하기 위해서다. 우리가 하나님의 피조물인 자신의 신분을 인식하고 하나님의 영광 앞에 고개 숙여 절하도록 하기 위해서다. 하나님이 이렇게 하시는 이유는 우리가 하나님을 인식하며 살도록 하기 위해서다.

더 깊은 묵상과 격려를 위해 로마서 1장 18-25절을 읽으라.

로마서 1장 18-25절로 연결됩니다.

13

**우리는 자신의 미래를 위해 스스로 애쓸 필요가 없다.
하나님이 이 이야기의 결말을 은혜로 확실히 정하셨기 때문이다.
우리의 이해를 뛰어넘는 영광스러운 결말을 말이다.**

우리는 단연코 아래와 같은 말씀으로 삶을 빚고 또 빚을 필요가 있다.

우리 주 예수 그리스도의 아버지 하나님을 찬송하리로다 그의 많으신 긍휼대로 예수 그리스도를 죽은 자 가운데서 부활하게 하심으로 말미암아 우리를 거듭나게 하사 산 소망이 있게 하시며 썩지 않고 더럽지 않고 쇠하지 아니하는 유업을 잇게 하시나니 곧 너희를 위하여 하늘에 간직하신 것이라 너희는 말세에 나타내기로 예비하신 구원을 얻기 위하여 믿음으로 말미암아 하나님의 능력으로 보호하심을 받았느니라(벧전 1:3-5).

인간의 가장 일반적인 두려움 가운데 하나는 미래에 대한 두려움이다. 우리는 너나 할 것 없이 이렇게 묻는다. "~하면 어떻게 될까?" "다음 번엔 무슨 일이 있을까?" "저 길을 따라 가면 무엇이 나올까?" 이 모든 의문에는 장차 우리 삶이 안전하고 모든 일이 잘되었으면 하는 소망이 담겨 있다.

미래가 궁금한 것은 당연하다. 앞으로 어떤 일이 있을지 관심을 갖는 것은 죄가 아니다. 미래를 위해 계획을 세우는 것은 잘못이 아니다. 사실 우리는 사는 동안 하루도 빼놓지 않고 미래를 염두에 두며 살아야 한다. 어떤 면에서 우리가 생각하고 욕망하고 결정하고 행하고 말하는 모든 일은 앞으로 다가올 일에 따라 구체화되어야 한다. 하지만 내가 아무 힘도

쓸 수 없는 일을 염려하는 것과 하나님이 나를 위해 품고 장차 보여 주실 계획 가운데 안식하는 것은 엄청나게 다르다.

평강과 소망은 미래를 알려는 나의 노력으로는 절대 찾을 수 없다. 하나님의 비밀한 뜻이 그렇게 불리는 이유는, 바로 비밀이기 때문이다! 그렇다. 진짜 소망은 내 미래를 지혜롭고 강하고 은혜로운 손으로 잡고 계신 하나님 안에서 살아가는 데서 찾을 수 있다. 베드로는 "예수님이 내가 스스로 꿈꾸거나 계획할 수 있는 것보다 더 나은 미래를 나를 위해 값 주고 사셨음을 잊지 말라."고 말한다. 내 앞에 이런 멋진 미래가 기다리는 것을 기억하면, 이 순간을 나의 전부인 것처럼 살지 않게 되며, 이 순간이 지나갈까 두렵다는 불안감에서 자유로워질 것이다.

나는 베드로가 하나님의 자녀가 받을 유업을 묘사한 방식이 마음에 든다. 그 유업은 "썩지 않고 더럽지 않고 쇠하지 않는다." 곧 이 유업은 누구도 손댈 수 없이 보호된다는 뜻이다. 어떤 식으로든 이 유업이 손상되는 일은 절대 일어날 수 없다. 이 유업은 절대적으로 안전하다.

베드로는 여기서 그치지 않는다. 베드로는 하나님이 내 유업뿐만 아니라 나도 지키신다고 말한다. 하나님은 앞으로 있을 일을 보호하실 뿐 아니라 나를 보호하시며, 그래서 앞으로 있을 일이 실제로 임할 때 내가 그 자리에서 그것을 받아 언제까지나 영원히 누리게 하실 것이다. 그러므로 오늘 기억하라. 바로 지금 여기 내 사연이 얼마나 힘들든, 하나님의 자녀인 내게 그 이야기는 지금 내가 상상할 수 있는 그 어떤 결말보다도 좋게 끝날 것이 보장되며, 그 영광은 결코 끝나지 않는다!

더 깊은 묵상과 격려를 위해 데살로니가전서 4장 13절-5장 11절을 읽으라.

데살로니가전서 4장 13절-5장 11절로 연결됩니다.

14

우리는 하나님이 요구하신 일을 할 수 없지만
그리스도께서 우리를 위해 하셨다.
그리스도의 은혜만이 우리의 소망이다.

우리 모두에게 해당되는 말이다. 우리는 자신을 속여서 우리가 하나님 보시기에 충분히 용납될 만큼 의롭다고 생각하기 원한다. 혹시 아래와 같은 생각을 한 적은 없는가? 사실은 나도 무의식 중에 이런 생각을 했던 것 같다.

"내가 자선 기금을 얼마나 많이 내는지 보라고."
"내 신학 지식 수준이 어느 정도인지 보라고."
"내가 사람들한테 복음을 얼마나 자주 전하는지 보라고."
"내가 결혼 생활을 얼마나 잘하고 있는지 보라고."
"내 사업이 얼마나 잘되는지 보라고."
"내가 음란물이나 외도에 얼마나 굳세게 저항해 왔는지 보라고."
"내가 우리 아이들을 얼마나 잘 키우는지 보라고."
"내가 누군가를 저주하거나 욕하는 일이 절대 없다는 것을 보라고."
"내가 단기 선교를 얼마나 많이 다녔는지 보라고."
"내가 개인 경건 시간을 얼마나 꾸준히 지키는지 보라고."
"내가 자진해서 소그룹을 인도하는 것을 보라고."

우리는 들이댈 수 있는 것은 무엇이든 들이대면서 자신이 율법을 범하는 자가 아니라 율법을 지키는 자임을 입증하고 싶어 하는 경향이 있다. 하지만 우리가 만약 율법을 완벽하고 일관성 있게 지킬 수 있다면 예수님이 오시지 않아도 되었으리라는 것이 성경의 일관된 주장이다. 슬픈 현실은 이것이다. 우리 중 의로운 사람은 하나도 없다. 누구도 하나님의 기준에 미치지 못한다. 거룩하신 하나님께 완전히 받아들여질 만큼 일관성 있게 율법을 지킬 능력을 가진 사람은 아무도 없다. 그래서 불가결하게 예수님이 오셔서, 그 어떤 인간에게도 가능하지 않았을 방식으로 살다가, 우리가 죽어 마땅한 죽음을 대신 죽으시고, 죄와 사망을 물리치고 다시 살아나셔야 했다.

내가 그 어떤 선한 행동을 들이대든 소망은 내 행위에서는 찾을 수 없다. 나는 죄에 감염되어 있으며, 주 예수 그리스도의 은혜가 아니면 죄가 나를 끝장낼 것이다. 나는 죄를 피할 수 없고 죄는 나를 도덕적으로 쇠약하게 하며, 결국 죄는 나를 죽음으로 이끌 것이다.

그러니 자신의 의에 대한 소망을 포기하라. 내가 어떤 식으로든 하나님의 기준에 부합할 수 있다는 망상을 포기하라. 오늘, 소망이 있는 곳으로 달려가 예수님의 은혜에 다시 자기 자신을 던지라. 예수님은 내가 절대 할 수 없는 일을 하셔서, 내가 의로우신 하나님 품에 반가이 안기게 하셨고, 내가 사실 전혀 의롭지 않음에도 하나님께 완전히 받아들여지게 하셨다. 하나님은 어떻게 자신의 의로움과 타협하지 않고 나를 받아들이실 수 있을까? 하나님이 그렇게 하실 수 있는 것은 그리스도의 의가 나의 도덕적 계좌에 들어왔기 때문이다. 실로 놀라운 은혜다!

더 깊은 묵상과 격려를 위해 히브리서 2장 10-18절을 읽으라.

히브리서 2장 10-18절로 연결됩니다.

15

공동 예배는 우리 마음을 통제하는 싸움이 있으며,
오직 예수님만이 우리의 도움이신 것을 알려 준다.

하나님이 우리를 불러 정기적으로 모이게 하신 이유 한 가지는, 우리가 쉽게 망각에 빠지기 때문이다. 우리는 하나님이 누구신지를 잊고, 자신의 공로와 능력에 의지해 살려고 애쓴다. 우리는 자신이 어떤 존재인지를 잊고, 자신에게 구속의 은혜가 날마다 절실히 필요하다는 사실을 망각한다. 우리는 이 세상이 얼마나 망가졌는지를 잊고, 유혹 앞에서 비현실적인 기대를 안고 순진한 태도로 살아간다. 우리는 그리스도 안에 있는 우리의 자원이 얼마나 엄청나며, 그리스도의 예비하심이 얼마나 완전한지, 그리스도께서 늘 가까이 계시다는 사실이 얼마나 소중한지 망각한다. 우리는 하나님의 말씀이 얼마나 지혜롭고 힘이 되며 얼마나 우리를 보호하고 자유롭게 하는지 망각한다. 우리는 그리스도의 몸이 필요하다는 사실을, 우리의 영적 삶은 원래 공동체 단위로 이루어졌다는 사실을 망각한다. 우리는 하나님의 은혜의 수혜자로 사는 복을 받았으며, 다른 이들에게 그 은혜의 도구가 되도록 부름 받았다는 사실을 망각한다. 우리는 우리를 영적으로 집어삼키려고 어슬렁거리는 원수가 실제로 존재한다는 사실을 망각한다. 우리는 물질 세계에서는 생명을 절대 발견할 수 없다는 사실을 망각한다. 우리는 자신의 영광보다 더 큰 영광을 위해, 우리 힘으로 세우려는 나라보다 더 위대한 나라를 위해 살도록 창조되었다는 사실을 망각한다. 그렇다. 우리는 모이고 또 모일 필요가 있으며, 예배와 설교와 교제를 통해 이런 것들을 기억할 필요가 있다.

우리 삶의 중요하고 중대한 싸움은 우리 외부에 있는 것들과의 싸움이 아니라는 사실도 우리가 쉽게 망각하는 한 가지다. 정말 중요한 싸움은 우리 안에서 아직도 진행 중인 싸움이다. 우리 삶의 모든 상황, 장소, 관계에는 우리 마음의 지배권을 놓고 벌어지는 싸움이 있다. 이것이 싸움 중의 싸움인 이유는, 우리가 마음을 가지고 살아가는 존재로 하나님께 지음 받았기 때문이다. 다시 말해 우리 마음을 지배하는 것이 곧 우리의 말과 행동을 빚는다. 그러므로 다른 사람, 빚, 물질적 소유, 성적 유혹 등과 벌이는 비교적 작은 다툼은 중대한 싸움이 아니다. 그렇다. 이 모든 것보다 더 근본적인 싸움은 고린도후서 5장 15절에 설명되어 있다. "그가 모든 사람을 대신하여 죽으심은 살아 있는 자들로 하여금 다시는 그들 자신을 위하여 살지 않고 오직 그들을 대신하여 죽었다가 다시 살아나신 이를 위하여 살게 하려 함이라."

자기 욕망, 감정, 필요, 요구, 기대 등과 같은 작은 범위로 삶을 단순화하면서 자기 자신을 위해 살겠는가, 아니면 하나님을 위해 살겠는가? 지극히 신학적인 질문 같지만, 아주 현실적인 질문이다. 날마다 나는 내 마음의 소망과 꿈, 내 만족, 내 기쁨을 무언가에 기대한다. 날마다 나는 무언가가 내게 평강과 기쁨 주기를 소망하면서 그것에 나 자신을 바친다. 날마다 나는 내 정체성을 무언가에서 찾는데, 내가 향할 곳은 두 군데뿐이다. 피조물에 기대를 걸면서 참담한 실망으로 향하거나, 창조주를 바라보면서 지속적인 마음의 평안으로 향하거나. 공동 예배는 생명을 어디에서 찾을 수 있는지 상기시키고 또 상기시켜서 예수 안에서 이미 내게 주어진 것을 수평적 차원에서 찾는 헛수고를 그만두게 한다.

더 깊은 묵상과 격려를 위해 야고보서 4장 13절-5장 6절을 읽으라.

야고보서 4장 13절-5장 6절로 연결됩니다.

16

우리는 죄인이지만 십자가가 우리의 죗값을 치렀다.
우리는 능력이 없으나 성령님이 우리에게 능력을 주신다.
우리는 어리석으나 하나님의 말씀이 우리에게 지혜를 주신다.

주님이 베푸신 구원의 식탁에
제가 무엇을 가져왔습니까?

주님께 바칠 의로움도
주님께 드릴 능력도
주님께 보여 드릴 지혜도
제게는 없습니다.

주님의 마음을 끌 만한
그 어떤 것도
저는 가져올 수 없었습니다.

저는 비탄에 잠겨
주님의 식탁으로 기어갔습니다.

저의 죄,
저의 죄책,
저의 연약함,
저의 어리석음,

저의 교만함,
저의 부끄러움에 짓눌려 절뚝거리며.

저는 주님과 함께 있을
권리가 없지만
주님께서 저를 들어올려
그 식탁에 앉게 하셨습니다.

주님은 생명을 주는
은혜의 자양분을
제게 먹이셨습니다.

못 박힌 흉터가 있는
그 손으로.

그 후로 저 떠나지 않았습니다.
주님의 자비의 식탁을.

더 깊은 묵상과 격려를 위해 로마서 8장 18-30절을 읽으라.

로마서 8장 18-30절로 연결됩니다.

17

*우리가 죄를 저지르고 하는 가장 큰 망상은
하나님께 충성하지 않고도
결국은 모든 일이 잘될 거라고 생각하는 것이다.*

어떤 면에서 우리 모두 때때로 그렇다. 사소하게, 혹은 심각하게 하나님께 불충한 순간, 우리는 변명하려 애쓰고 모든 것이 결국 다 잘될 거라고 스스로를 설득시키려 애쓴다. 우리는 자기 자신의 양심과 은밀하게 대화를 나누며 이렇게 말한다.

"나도 어쩔 수 없었어. 괜찮을 거야."
"이번 한 번만 할 거야."
"사실 나에겐 선택지가 많지 않았다고."
"사실 이건 그렇게 큰 문제가 아니야."
"다른 사람들은 늘 그렇게 하는데, 뭘."
"사실 성경에서 명백히 금하는 일도 아니잖아."
"나한테 달리 무슨 수가 있었겠어?"
"나는 그저 차악(次惡)을 선택했을 뿐이야."
"하나님은 선하시지. 나를 용서하실 거야."
"내가 항상 이러는 것은 아니잖아."
"하나님은 내가 행복하기를 바라지 않으시나?"

한마디 한마디가 다 양심의 가책을 줄여 보려는 의도로 하는 말이다. 한마디 한마디가 다 우리가 하나님께 불충하기로, 하나님의 권위에 반항하기로, 하나님의 부르심에 저항하기로 선택했다는 현실을 위장하려는 말이다. 한마디 한마디가 다 우리 마음이 사실은 무엇에 충성하는지를 덮으려는 의도로 하는 말이다. 한마디 한마디가 다 하나님이 분명히 안 된다고 하신 일을 하면서 스스로를 안심시키려고 지어낸 말이다. 한마디 한마디가 다 죄를 그다지 죄스럽지 않아 보이게 만들려고 하는 말이다. 한마디 한마디가 다 죄가 사실은 파괴적 결과를 낳고 실제로 죽음으로 귀결된다는 두려움을 가라앉히려고 하는 말이다.

누구에게나 에덴동산에서 아담과 하와가 했던 망상에 넘어가고픈 유혹을 받는 순간이 있다(창 3장을 보라). 일상의 평범한 순간에 우리는 하나님이 사랑과 지혜로 정하신 도덕적 경계를 넘고는 아무 후환이 없을 수 있다는 궤변에 빠져든다. 수많은 사소한 순간에 우리는 우리의 지혜와 의와 소망이신 분에게 도덕적으로 불충한다.

이 문제와 관련해 중요한 점은, 한 인생의 평판은 그 생애의 서너 가지 중대한 순간에 결정되는 것이 아니라 천여 가지 사소한, 사실상 알아차리지도 못하는 순간에 결정된다는 것이다. 이 같은 불충한 행위는 우리 마음의 지배권을 놓고 아직도 싸움이 진행 중이라는 사실을, 그리고 그 싸움에서 우리를 지속적으로 구하고 용서하는 은혜가 얼마나 깊이 필요한지를 보여 준다. 그리고 우리는 그리스도 예수 안에서 이 은혜를 소유했다. 이 얼마나 좋지 아니한가?

더 깊은 묵상과 격려를 위해 로마서 6장 15-23절을 읽으라.

로마서 6장 15-23절로 연결됩니다.

18

**변화는 우리의 의를 변호할 때가 아니라,
우리의 연약함을 인정하고 도움을 구할 때 일어난다.**

내게는 이런 몸부림이 없다고 말할 수 있으면 좋겠다. 영적 전투라는 현실을 다 받아들인다고 말할 수 있으면 좋겠다. 하나님이 베푸시는 도움에 늘 감사한다고 말할 수 있으면 좋겠다. 나는 늘 열린 자세이고 누구든 내게 다가올 수 있다고 말할 수 있으면 좋겠다. 그럴 수 있다면 좋으련만, 슬프게도 그럴 수가 없다. 어떤 잘못을 저질러 놓고 그 잘못을 처리할 때 나는 주변 사람에게 이렇게 말하지 않는다. "저의 잘못을 알려주셔서 감사합니다. 저는 영적으로 눈먼 상태여서 자신을 정확히 보지 못합니다. 부디 저를 꾸짖어 주세요. 이런 꾸짖음이 하나님의 사랑을 나타내는 증표라는 걸 알고 있습니다."

수치스러움에 귀가 빨개지고 가슴이 답답할 때 내게 더 자연스러운 태도 두 가지가 있다. 먼저 나는 내면의 방어 체계를 활성화시켜서 내게 쏟아질 비난을 반박할 마음의 준비를 한다. '그래 이건 오해야. 어쩌면 내 행동의 동기에 대한 근거 없는 비판일 수 있어. 이 사람은 내가 했다고 생각하지만 사실은 내가 한 일이 아닐 수 있어.' 이어서 나는 내가 의롭다는 논거를 세우려고 애쓴다. 내가 행하는 선행, 그러나 어쩌면 주목을 받지 못하고 있는 선행을 나열한다. 나는 의로운 사람이라고, 자신을, 내 앞에 있는 사람을 설득하려고 애쓴다. 이 두 가지 행동을 통해 나는 내 마음에 여전히 죄가 거하고 있다는 경험적 증거를 부정할 뿐만 아니라 존재하지도 않는 의로움을 옹호한다.

통탄할 것은, 이렇게 행동할 때 나는 사나 죽으나 내 유일한 소망인 은혜의 가치를 평가절하한다는 점이다. 내 죄가 사실은 죄가 아니라고, 즉 내가 저지른 사소한 잘못들은 사실 예수님이 죽으실 만한 정도의 잘못이 아니라고 자신을 설득할 때 사실 나는 은혜에 대해 그 정도로 감흥이 없는 것이다. 왜인가? 그 은혜가 제공하는 구원과 용서가 사실은 필요하지 않다고 나 자신을 설득했기 때문이다. 스스로 의롭다고 믿도록 만들면 그만큼 그리스도의 완전한 의에 대한 존경이 줄어든다. 오직 그 의와 더불어서만 내가 하나님 앞에 설 수 있는데 말이다.

내가 은혜에 관해 또렷하고 정확한 신학을 갖추고 성경에서 그 은혜를 명백히 전하는 구절을 찾아낼 수 있다고 해도, 그 신학과 성경 지식의 진가가 내 일상에서 발휘되어야 할 그때, 자기 의는 은혜가 효력을 가지고 나를 변화시키지 못하도록 훼방을 한다. 그리스도의 몸인 교회가 내 잘못을 지적하고 성령님이 내 잘못을 깨우치실 때 내가 자신을 변명하며 방어적인 태도를 보인다면 이는 내 입으로 믿는다고 고백하는 내용을 실제로는 부인하는 것이다. 이런 태도는 내가 피해 달아나야 할 것을 지지하며 내가 도움을 구해야 하는 유일한 곳으로 달려가지 못하게 한다.

스스로에게 물어보라. 나는 정말 자기 의를 버렸는가? 그리하여 예수님의 은혜를 향해 달려가는가? 아니면 오늘 예수님이 죽음으로써 멸하신 것을 옹호하겠는가? 우리는 아마 자기 죄를 고백하기에 앞서 자기 의를 고백해야 할 것이다.

더 깊은 묵상과 격려를 위해 누가복음 18장 9-14절을 읽으라.

누가복음 18장 9-14절로 연결됩니다.

19

우리 마음이 하나님의 영광으로 지배받지 않고
우리 삶이 하나님의 계획으로 지배받지 않는다면,
종교적으로 보일 수는 있어도 성경적인 신앙으로 사는 것이 아니다.

결혼한 사람 치고 갈등과 긴장에서 완전히 자유로운 사람은 없다. 도저히 벗어날 수 없고 참을 수 없는 짜증나는 순간들이 있다. 결혼 생활을 하다 보면 화를 주체하지 못하고 자기 입장을 주장할 때도 있고, 장기간 냉전을 가질 때도 있다. 우리는 다 어떤 면에서든 결혼 생활에 실망을 한다(결혼하지 않은 사람은 내가 말한 것을 다른 인간관계에 적용해 보라).

그렇다면, 이렇게 질문해 보자. "그 모든 긴장과 갈등은 무엇에 관한 것인가?" 그리스도인의 결혼을 다루는 책들을 읽어 보면, 다툼과 불화는 모든 부부에게 피할 수 없는 수평적 차원의 갈등이라고 결론을 내린다. 남성과 여성의 차이점, 성격 차이, 역할 분담, 재정, 성, 자녀 양육 등을 충분히 논할 만큼 똑똑한 사람이라면 이런 갈등 대다수를 피할 수 있다는 것이다. 얼핏 그럴 듯하게 들리지만, 성경은 그렇게 말하지 않는다.

너희 중에 싸움이 어디로부터 다툼이 어디로부터 나느냐 너희 지체 중에서 싸우는 정욕으로부터 나는 것이 아니냐 너희는 욕심을 내어도 얻지 못하여 살인하며 시기하여도 능히 취하지 못하므로 다투고 싸우는도다 너희가 얻지 못함은 구하지 아니하기 때문이요 구하여도 받지 못함은 정욕으로 쓰려고 잘못 구하기 때문이라 간음한 여인들아 세상과 벗된 것이 하나님과 원수 됨을 알지 못하느냐 그런즉 누구든지 세상과 벗이 되고자 하는 자는 스스로 하나님과 원수 되는 것이니라 너희는 하나님이 우리

속에 거하게 하신 성령이 시기하기까지 사모한다 하신 말씀을 헛된 줄로 생각하느냐 그러나 더욱 큰 은혜를 주시나니 그러므로 일렀으되 하나님이 교만한 자를 물리치시고 겸손한 자에게 은혜를 주신다 하였느니라 그런즉 너희는 하나님께 복종할지어다 마귀를 대적하라 그리하면 너희를 피하리라 하나님을 가까이하라 그리하면 너희를 가까이하시리라 죄인들아 손을 깨끗이 하라 두 마음을 품은 자들아 마음을 성결하게 하라 슬퍼하며 애통하며 울지어다 너희 웃음을 애통으로, 너희 즐거움을 근심으로 바꿀지어다 주 앞에서 낮추라 그리하면 주께서 너희를 높이시리라(약 4:1-10).

우리가 왜 그렇게 많이 다투고 불화하는지 야고보의 설명에 주목하라. 야고보는 다툼과 불화는 나와 함께 사는 사람에게서 비롯된다거나 내가 처리하지 않으면 안 될 어떤 현실적인 문제의 결과라고 말하지 않는다. 다툼과 불화는 우리 마음에서 싸움을 벌이는 "정욕"에서 비롯된다고 말한다. 여기서 정욕이란 강력하고 지배적인 욕망을 뜻한다. 내가 누군가와 싸우는 이유는 내게 마음의 문제가 있기 때문이다. 내 마음이 하나님의 다스림을 받고 하나님의 영광을 기준으로 움직이기보다 내 소원, 내 욕구, 내 기분의 지배를 받으면 늘 누군가와 모종의 갈등 상태에 있게 된다. 야고보는 더 나아가 인간 사이의 갈등이 영적 간음에 뿌리를 두고 있다고 말한다. 오직 하나님만이 계셔야 할 곳에 나 자신을 두면, 늘 갈등이라는 결과가 빚어진다. 이는 한마디로 예수님 안에 있는 하나님의 은혜가 우리에게 없어서는 안 된다고 증명하는 또 하나의 사실이다.
더 깊은 묵상과 격려를 위해 이사야 29장(특히 13절)을 읽으라.

이사야 29장으로 연결됩니다.

20

임마누엘께서 그분의 영광과 은혜로
우리 삶을 점령하셨다면
절망은 결코 없으며, 우리는 결코 절망적이지 않다.

우리에게 통찰과 격려를 주는 다음 이야기는, 모든 신자가 이를 통해 세상을 바라보도록 하나님이 은혜로 주신 창문이다.

이스라엘 자손들로 말미암아 여리고는 굳게 닫혔고 출입하는 자가 없더라 여호와께서 여호수아에게 이르시되 보라 내가 여리고와 그 왕과 용사들을 네 손에 넘겨 주었으니 너희 모든 군사는 그 성을 둘러 성 주위를 매일 한 번씩 돌되 엿새 동안을 그리하라 제사장 일곱은 일곱 양각 나팔을 잡고 언약궤 앞에서 나아갈 것이요 일곱째 날에는 그 성을 일곱 번 돌며 그 제사장들은 나팔을 불 것이며 제사장들이 양각 나팔을 길게 불어 그 나팔 소리가 너희에게 들릴 때에는 백성은 다 큰 소리로 외쳐 부를 것이라 그리하면 그 성벽이 무너져 내리리니 백성은 각기 앞으로 올라갈지니라 하시매 눈의 아들 여호수아가 제사장들을 불러 그들에게 이르되 너희는 언약궤를 메고 제사장 일곱은 양각 나팔 일곱을 잡고 여호와의 궤 앞에서 나아가라 하고 또 백성에게 이르되 나아가서 그 성을 돌되 무장한 자들이 여호와의 궤 앞에서 나아갈지니라 하니라(수 6:1-7).

하나님은 약속의 땅에 들어간 하나님의 자녀들이 어떤 존재이며 이들에게 무엇이 주어졌는지 잊지 않게 하려고 그분의 영광과 은혜를 강력하게 입증할 시련을 이들 앞에 두셨다. 그리고 이들의 구원을 위해 그 영광과 은혜를 기꺼이 발휘하셨다. 이 오합지졸 순례자 무리가 요새와 같은 여리고성을 쳐부수기란 어림없는 일이었지만, 그것이 바로 요점이었다. 그래서 하나님은 하루에 한 바퀴씩 엿새 동안 이 성 주변을 행군하라고 하셨고, 7일째 되는 날에는 일곱 번을 돌라고 하셨다.

인간의 관점에서 볼 때 하나님이 지시하신 일은 군사적인 자멸 행위였다. 그러나 하나님은 이스라엘이 이제 전능하신 여호와의 자녀이므로 더는 인간의 지혜와 능력을 근거해서 삶을 바라보면 안 된다는 것을 가르치셨다.

연약함과 한계가 지배하는 이들의 세상을 경외로운 은혜와 영광을 지니신 분이 점령하셨다. 이스라엘이 여리고성을 돌 때, 하나님은 이들이 자신의 무능력, 취약성, 의존성을 직시하게 하셨고, 동시에 이들이 어디를 가서 무슨 일을 만나든 하나님이 늘 함께하시리라는 사실로 위로하셨다. 이스라엘 백성이 자신들만의 힘으로 원수들과 맞서는 일은 없을 터였다. 필요한 것을 스스로 해결해야 하는 일도 없을 터였다. 이들은 짐을 지거나 자기 손으로 자기 운명을 감당할 필요도 없었다. 은혜와 영광이 여호와의 임재 안에서 이들에게 임했다. 그리고 여호와의 능력으로 성벽은 무너져 내렸다.

하나님의 자녀는 내가 누구이며 내게 무엇이 주어졌는지를 기억해야 한다. 세상과 맞서는 것은 내가 아니다. 왜냐하면 내 삶을 임마누엘의 은혜와 영광이 점령했기 때문이다. 두려움을 거부하라. 주님이 가까이 계시다는 사실을 기억할 때에만 찾아오는 소망과 담대함으로 오늘을 살라.

더 깊은 묵상과 격려를 위해 히브리서 13장 1-6절을 읽으라.

히브리서 13장 1-6절로 연결됩니다.

21

**선물로 주어지는 영원한 생명은
우리가 죄 사함 받았으며 앞으로도 받을 것을 보장한다.
우리 안에 모든 망가진 것들이 완전히 회복될 것이다.**

중요한 것은 사실 첫째도 위치, 둘째도 위치, 셋째도 위치다. 마음의 평강과 소망과 담대함을 지니고 살기 원한다면, 하나님이 하시는 일 가운데서의 내 위치를 알아야 한다. 하나님의 일에는 내 위치와 하나님이 지금 무엇을 하시는지 알려 주며, 내가 바로 지금 여기서 어떻게 살아야 하는지 알려 주는 두 가지 표지가 있다. 바로 '이미'와 '아직' 사이이다.

먼저 우리는 완전히 죄 사함을 받은 '이미'라는 시간 속에 살고 있다. 죄 사함은 '그렇게 되기를 소망'해야 할 일이 아니다. 죄 사함은 '성취되고 완료된' 일이다. 내가 죄 사함 받기를 소망하지 않아도 된다. 죄 사함이 실패하지는 않을지 염려하지 않아도 된다. 왜인가? 나의 완전하고도 최종적인 죄 사함이 예수 그리스도의 십자가에서 완성되었기 때문이다. 완벽히 의로우신 어린양의 완전한 희생은 하나님의 거룩한 요구 조건을 완전히 충족시켰고, 이 덕분에 나는 의롭다 여김 받게 되었으며 하나님 보시기에 아무런 불리한 조건이 없게 되었다.

그러므로 내가 너무 악해서 하나님이 나를 거부하실 것이라 걱정하지 않아도 된다. 내 죄를 감추지 않아도 된다. 하나님의 은총을 획득하려고 무엇을 하지 않아도 된다. 수치스러워 하며 위축될 필요가 없다. 자신을 합리화하거나, 변명하거나, 항변하거나, 책임을 전가할 필요가 없다. 실제보다 더 훌륭한 사람인 척하지 않아도 된다. 나의 의를 입증하지 않아도 된다. 내 죄가 알려지거나 노출될까 봐 두려워하지 않아도 된다. 누구의 죄가 더 큰지 비교하지 않아도 된다. 다른 사람이 알도록 내 의로움을 과시하지 않아도 된다. 내가 하도 엉망진창이라 하나님이 혹 지치지 않으실까 걱정하지 않아도 된다. 이 모든 것이 복음이 행하는 말도 안 되는 일이며, 모두가 내가 완전히 사함 받았기 때문에 가능한 일이다.

한편, 내 최종적 회복이 '아직' 완성되지는 않았다는 사실을 아는 것도 꼭 필요하다. 그렇다. 나는 완전히 사함 받았지만, 은혜가 나를 빚어갈 모습으로 아직 완전히 재창조되지 않았다. 죄가 여전히 남아 있고, 내 마음의 지배권을 두고 다투는 싸움이 아직도 격렬하고, 내 주변 세상은 아직도 망가진 상태이며, 영적 위험이 여전히 숨어서 기다리고, 나는 아직 주 예수 그리스도의 형상으로 완전히 재형성되지 않았다. 예수님의 십자가는 이 모든 망가진 것들이 고쳐지리라고 보증하지만, 이 일들은 아직 고쳐진 상태가 아니다.

이렇게 우리는 완전한 죄 사함을 입고, 자신이 기준에 미치지 못한다는 염려로부터 자유를 흠뻑 누리며 산다. 그러므로 우리는 어리석게 살려야 살 수가 없다. 내 안에 여전히 한 가지 위험(죄)이 살고 있고, 내 밖에 여전히 또 한 가지 위험(유혹)이 잠복해 있기에, 나는 여전히 날마다 절박하게 은혜를 필요로 하는 사람이다. 죄 사함은 완전하다. 최종적 회복은 아직 임하지 않았다. 우리가 이 두 현실 사이에 살고 있음을 아는 것이 평안하고 지혜로운 그리스도인의 삶의 열쇠다.

더 깊은 묵상과 격려를 위해 베드로후서 3장 1-13절을 읽으라.

베드로후서 3장 1-13절로 연결됩니다.

22

하나님께 받아들여지기 위해
무엇을 해야 하는지 궁금해할 필요가 없다.
예수님이 십자가에서 모든 값을 치르셨기 때문이다.

예수 그리스도의 십자가가 그의 피로 값 주고 사신 모든 자녀들이 하나님께 받아들여지도록 모든 논의를 끝냈다. 자, 어떤 소식이든 이보다 더 좋은 소식은 있을 수 없다! 우리에게 일어날 뻔한 가장 나쁜 일이 그 십자가 위에서 우리에게 일어날 수 있는 가장 좋은 일이 되었다. 무슨 말인지 이제 설명해 보겠다.

인간의 조롱, 모욕과 가시 면류관, 채찍질, 못 박힘은 그리스도께서 당하신 고난의 가장 잔혹한 순간이 아니다. 그렇다. 십자가에 달리신 예수님께 가장 끔찍했던 순간은 마태복음 27장 45-46절에 기록되어 있다. "제육시로부터 온 땅에 어둠이 임하여 제구시까지 계속되더니 제구시쯤에 예수님이 크게 소리 질러 이르시되 엘리 엘리 라마 사박다니 하시니 이는 곧 나의 하나님, 나의 하나님, 어찌하여 나를 버리셨나이까 하는 뜻이라."

극한의 비통함에서 나온 이 말은 수 세기를 건너 또 하나의 끔찍한 순간으로 메아리친다. 그것은 아담과 하와의 죄 된 반역 때문에 이들이 하나님, 곧 이들을 창조하사 그분을 영원히 알고 즐거워하며 더불어 교제하게 하신 분에게서 분리된 순간이었다. 곧 하나님이 이들을 동산에서 쫓아내시고 그분의 임재에서도 멀리 쫓아내신 공포스러운 순간이었다. 그 시점 이후로 모든 인간의 가장 절실한 필요는 바로 어떻게든 하나님과의 교제를 회복하는 일이었다. 하지만 수천 년 동안, 한 해 한 해가 하나님과 분리되었다는 그 현실로 얼룩진 채 흐를 뿐이었다. 하나님과 분리되어 있는 동안 사람은 하나님이 원래 계획하신 존재로 살 방법이, 하나님이 원래 계획하신 일을 할 방법이 없었다.

그래서 예수님은 기꺼이 이 땅에 오셔서 우리가 살 수 없었던 삶을 살고 우리가 겪어야 마땅한 죽음을 죽으셨다. 하지만 예수님이 기꺼이 하신 일은 이뿐만이 아니다. 예수님은 우리 대신 아버지께 거부당하셨다. 그래서 우리는 아버지께 받아들여진다. 성부와 성자 사이의 이 분리보다 더 무서운 일이 어디 있겠는가? 하지만 상상할 수도 없는 이 끔찍한 분리가 주권적 은혜로써 우리의 가장 깊은 필요를 충족시켰다. 그리스도께서 거부당하셨기에 우리가 받아들여졌다. 그리스도께서 겪으신 공포의 순간에 우리에게는 영원한 소망이 주어졌다. 그리스도께서 아버지께 거부당하는 끔찍한 고통을 감당하셨기에 우리는 하나님의 뒷모습을 볼 일이 절대 다시 없을 것이다.

하나님 앞에 내가 받아들여질 수 있음은 그리스도께서 값을 치르셨기 때문이다. 그래서 또 다시 값을 치를 필요가 없다. 하나님의 자녀로서, 하나님께 더 많이 받아들여지기 위해 내가 할 수 있는 일은 아무것도 없다. 반대로 내가 어떤 일을 한다 해도 하나님께 받아들여졌다는 사실이 번복되지 않는다. 내가 하나님께 받아들여졌다는 사실은 내 최고의 날과 마찬가지로 내 최악의 날에도 확고하다. 고난 받으신 나의 구주, 예수 그리스도께서 이를 위해 영원히 값을 치르셨기 때문이다.

더 깊은 묵상과 격려를 위해 마태복음 27장 32-54절을 읽으라.

마태복음 27장 32-54절로 연결됩니다.

23

남의 집을 넘보며 다른 이의 삶을 탐하겠는가.
하나님이 나로서는 결코 얻을 수 없는 방법으로
내게 복을 주셨다고 자신에게 말하겠는가.

왜 누군가의 삶이 내 삶보다 수월해 보이는지 궁금한 적 있는가? 어떤 사람이 복을 받는 것을 보고 정작 저 복이 필요한 사람은 나라고 생각되어 축하하기 어려웠던 적 있는가? 다른 사람의 인생과 내 인생을 바꿀 수 있으면 좋겠다고 생각한 적 있는가? 시기심은 여러 방식으로 우리를 괴롭힌다. 과연 시기심은 우리 마음의 어떤 토양에서 자라는가?

1. 시기심은 건망증이 있다. 하나님은 우리에게 풍성한 사랑을 부어 주기로 하셨다. 이 한 가지 이유로 우리는 엄청난 복을 소유하게 되었다. 그런데 자신이 가지지 못한 것에 몰두하다 보면, 하나님이 주신 복의 목록을 잊게 된다. 그래서 우리는 하나님을 찬양하며 안식하기보다 자꾸 남과 비교하며 불평하게 된다.

2. 시기심은 복을 오해한다. 하나님의 돌봄이 어떤 모양으로 우리를 찾아오는지 오해할 때 시기심은 더욱 뜨겁게 불타오른다. 하나님의 돌봄은 늘 우리가 필요하다고 생각하는 것을 채우거나 힘든 일을 덜거나 그 일에서 벗어나게 하는 형태로 찾아오지 않는다. 하나님의 복은 시련의 형태로 찾아오기도 하는데, 이 시련은 우리가 다른 방법으로는 얻을 수 없는 것을 주시기 위해 하나님이 쓰시는 도구다.

3. 시기심은 이기적이다. 시기심은 나 자신을 세상의 중심에 둔다. 시기심은 모든 일을 하나님의 계획과 영광 중심이 아닌 내 위로와 편의, 내 소

원과 필요와 감정 중심으로 돌아가게 하는 경향이 있다.

4. 시기심은 자기를 의롭다 한다. 시기심은 "저 사람보다는 내가 ~할 자격이 있다."고 말한다. 시기심은 우리가 다 즉각적이고 영원한 형벌을 받아 마땅하다는 사실을 망각하며, 우리에게 어떤 선한 것이 있든 모두 하나님의 놀라운 은혜가 주는 분에 넘치는 선물이라는 사실을 잊는다.

5. 시기심은 근시안적이다. 시기심은 바로 지금, 바로 여기만 보면서 이 순간이 전부가 아니라는 사실을 간과한다. 시기심은 이 순간이 원래 우리의 목적지는 아니며 다만 우리의 상상을 초월할 만큼 아름다운 최종 목적지를 준비하는 시간일 뿐이라는 사실을 보지 못한다.

6. 시기심은 하나님의 지혜에 의문을 품는다. 시기심을 품을 때 우리는 자신이 하나님보다 똑똑하다는 생각에 넘어가는 경향이 있다. 누군가를 시기할 때 우리는 자신이 더 많이 알고 더 잘 안다고, 그리고 내가 운전대를 잡는다면 상황을 달리 처리할 거라고 생각하는 경향이 있다.

7. 시기심은 참을성이 없다. 시기심은 기다리는 것을 좋아하지 않는다. 시기심은 쉽게 불평하고 쉽게 지친다. 시기심은 복을 그냥 구하는 게 아니라 복을 당장 달라고 부르짖는다.

정말 기가 막힌 점은, 시기심이 하나님의 선함에 의문을 표한다는 것이다. 하나님의 선함에 의문을 품는 순간 우리는 하나님께 달려가 도움을 청하기를 그만둔다. 그러니 이 상태에서 구해 주시기를 부르짖으라. 감사하고 겸손하고 오래 참는 마음을 하나님께 구하라. 우리를 변화시키는 하나님의 은혜야말로 시기심에 맞서는 유일한 방어 수단이다.

더 깊은 묵상과 격려를 위해 시편 34편을 읽으라.

시편 34편으로 연결됩니다.

24

**우리는 만족을 추구하면서
하나님이 그 만족을 주시기를 바라지 않는다.
우리는 하나님을 추구한다. 그러면 마음에 만족이 넘친다.**

이것은 마음의 큰 역설이다. 만족을 추구하는 데 마음을 바친다면, 만족은 내가 절대 찾아낼 수 없는 한 가지가 될 것이다. 내 마음은 물질로는 절대 충족되지 못한다. 그렇다. 내 마음은 그 물질을 주시는 분 안에서만 만족할 수 있다. 행복을 추구하면 행복이 나를 피해 갈 것이다.

부부 상담을 하는 중에 이렇게 말하는 아내들을 많이 만났다. "저를 행복하게 해줄 남편을 바랐을 뿐입니다." 이런 기대가 부부 사이에 어떤 동력을 이끌어들일지 생각해 보라. 누구든 이런 말을 하는 여성은 행복이 무엇인가에 대한 모종의 정의를 지니고 있다. 이 여성은 결혼에 관한 꿈이 있고, 지금 남편의 어깨에 그 꿈을 쌓아올리고 있다. 이 남자는 누구인가? 그렇다. 이 남자도 타락한 세상에 살고 있는 흠 많은 한 인간일 뿐이다. 따라서 아내가 기대하는 그 꿈을 이뤄줄 가망이 없다.

피조물 중 하나를 지목하며 그것이 나를 만족시킬 것이라고 한다면, 이는 그 피조물에게 나의 개인적인 구원자가 되어 주기를 요청하는 것이다. 이는 오직 수직적 차원에서만 얻을 수 있는 것을 수평적 차원에서 찾는 것이다. 다시 말해 오직 하나님만이 하실 수 있는 일을 한 피조물에게 해달라고 하는 것이다.

물질 세상, 창조 세상은 원래 영광스러운 세상이 되어야 하며, 실제로도 영광스럽다. 창조 세상은 보고 듣고 만지고 맛보고 느끼는 다면적인 물질적 영광의 교향곡이지만, 이 영광이 내 마음을 충족시키지는 못한다. 물질 세상을 향해 내 마음을 충족시켜 달라고 한다면 내 마음은 텅 빌 것이고, 나는 좌절하고 낙심할 것이다. 그렇다. 하나님이 창조하신 이 땅의 영화는 언제나 우리 마음을 충족시킬 한 영광을 가리키는 이정표와 같다.

여기 최종 결론이 있다. 만족을 구하면 만족은 내 손아귀에서 빠져나갈 것이다. 하지만 하나님을 구한다면, 하나님의 임재와 은혜 안에서 안식한다면, 가장 능력 있는 하나님의 손에 내 마음을 둔다면, 하나님이 세상 그 무엇도 줄 수 없는 만족을 내 마음에 주실 것이다. 나는 하나님을 위해 창조되었다. 내 마음은 본디 하나님을 예배하며 다스려지도록 창조되었다. 나는 하나님 안에 안식하는 데서 내면의 안전을 누리게 되어 있다. 행복하다는 느낌은 본디 하나님의 지혜와 능력과 사랑을 의지하는 데서 오게 되어 있다.

하나님이 내가 찾는 평강이시다. 하나님이 내 마음의 만족이시다. 하나님은 내가 갈망하는 안식, 내가 열망하는 기쁨, 내 마음이 바라는 위로이시다. 우리가 우리 입으로 필요하다고 말하는 모든 것들이 사실 우리에게는 필요하지 않다. 우리에게 만족과 기쁨을 안겨 줄 것이라 여겨지는 모든 것들이 사실은 그 만족과 기쁨을 주지 못한다. 살면서 우리에게 필요한 것은 바로 하나님이시다. 그리고 하나님은 은혜로 우리와 함께, 우리 안에, 우리를 위해 존재하신다. 우리 마음이 안식할 수 있는 이유는, 우리에게 무언가가 필요할 때 은혜로써 그것이 다 하나님 안에서 우리에게 주어졌기 때문이다.

더 깊은 묵상과 격려를 위해 시편 107편을 읽으라.

시편 107편으로 연결됩니다.

25

**우리가 연약할 때
이 말씀보다 더 우리를 일으키는 것이 또 있을까?
"내 능력이 약한 데서 온전하여짐이라."**

나는 약한 것을 싫어한다. 육체적인 면에서든 영적인 면에서든 나는 약한 것이 달갑지 않다. 나는 올바르고, 강하고, 유능하고 싶으며, 주도권을 쥐고 싶다. 힘든 일에 대처하지 못할 것 같은 느낌이 싫다. 나는 혼란스럽고 싶지 않고 우물쭈물하는 것도 싫다. 당면한 과제를 두고 내가 자격이 안 된다는 느낌이 드는 것도 싫다. 나 때문에 일이 잘 안 풀리거나 다른 사람의 일이 지연되는 것도 싫다. 내가 반드시 알아야 하는데 사실은 알지 못하는 일이 있는 듯한 느낌도 싫다. 그때 좀 더 강하게 결단했더라면, 그 상황을 깔끔히 매듭지었더라면 좋았을 텐데 하면서 후회로 과거를 돌아보고 싶지 않다. 나는 실패를 정면으로 마주하고 싶지 않다. 나 자신이나 다른 사람을 실망시키고 싶지 않다. 자랑할 만한 실적을 갖고 싶다. 약한 것을 편안하게 받아들이고 싶지 않다.

이 말은 곧 지금의 내가 마음에 들지 않는다거나, 혹은 지금의 나를 직시하고 싶지 않다는 뜻일 것이다. 모두가 나와 다르지 않으리라 생각한다. 우리는 다 독립적인 힘과 능력을 꿈꾼다. 우리는 다 독립적인 지식과 지혜를 갈망한다. 우리는 다 자기 나름의 의로움을 원한다. 하지만 우리는 독립적인 존재로 창조되지 않았을 뿐 아니라, 죄가 우리를 파괴해 더 약하고 궁핍한 존재로 만들었다. 신학자들은 이를 가리켜 '전적 타락'(total depravity)이라고 한다. 이는 더는 악할 수 없을 만큼 악하다는 뜻이 아니라 죄가 우리 존재 모든 면에 참혹한 일을 저질렀다는 뜻이다.

그러므로 독립적인 힘을 갖겠다는 생각은 망상이다. 이는 내 연약함은 내가 생각하는 것 만큼 내게 큰 위험이 아니라는 뜻이다. 오히려 큰 위험은 따로 있다. 내 능력에 대한 망상이다. 스스로 강하다고 생각될 때 우리는 온갖 능력의 궁극적 근원이신 분께 달려가 도움을 구하지 않기 때문이다.

그래서 바울은 이렇게 말한다. "내게 이르시기를 내 은혜가 네게 족하도다 이는 내 능력이 약한 데서 온전하여짐이라 하신지라 그러므로 도리어 크게 기뻐함으로 나의 여러 약한 것들에 대하여 자랑하리니 이는 그리스도의 능력이 내게 머물게 하려 함이라"(고후 12:9). 알겠지만, 자신이 약하다는 사실을 안다면 그것이 곧 하나님이 주시는 복이다. 내게는 하나님이 창조하신 모습으로 하나님이 명하시는 일을 할 독립적인 능력이 있다는 망상에서 은혜로 하나님께 건짐을 받았다는 뜻이기 때문이다. 그러므로 이제 나는 내게 필요한 진짜 능력, 곧 하나님의 능하고 은혜로운 손에서만 발견할 수 있는 능력을 거리낌 없이 추구할 수 있다.

내게 독립적인 힘이 있다고 착각하면 참 능력을 찾을 수 없는 곳에 나 자신을 가두게 된다. 연약하다는 절망감은 진짜 강함에 대한 소망으로 나아가는 유일한 출구다. 은혜는 나의 결핍이 정말 얼마나 깊은지 드러낸 후, 영원한 능력을 찾을 수 있는 곳으로 나를 데려간다. 그러기에 나는 사람들 대부분이 두려워하는 것을 오히려 자랑할 수 있다. 내가 은혜로 구원을 받았고 지금도 구원받고 있기 때문이다.

더 깊은 묵상과 격려를 위해 예레미야 9장 23-24절을 읽으라.

예레미야 9장 23-24절로 연결됩니다.

26

**신앙은, 하나님이 하신 말씀의 빛 안에서 살고,
하나님이 하신 일 가운데 안식하고,
하나님의 손 안에 미래를 맡기는 것이다.**

이 믿을 수 없이 놀라운 이야기는, 믿음이란 무엇이며 어떤 일을 이루는지에 대한 명쾌한 사례 연구다.

아브라함은 시험을 받을 때에 믿음으로 이삭을 드렸으니 그는 약속들을 받은 자로되 그 외아들을 드렸느니라 그에게 이미 말씀하시기를 네 자손이라 칭할 자는 이삭으로 말미암으리라 하셨으니 그가 하나님이 능히 이삭을 죽은 자 가운데서 다시 살리실 줄로 생각한지라 비유컨대 그를 죽은 자 가운데서 도로 받은 것이니라(히 11:17-19).

하나님은 아브라함에게 약속하시기를, 아브라함의 자손이 하늘의 별과 같을 것이며 그 자손들을 통해 모든 나라가 복을 받으리라고 하셨다. 하지만 아브라함과 아내 사라에게는 그 약속을 다음 세대에 전해 줄 실마리는 고사하고 아예 자식이 하나도 없었다. 두 사람은 기다리고 또 기다렸다. 십 년에 또 십 년이 지났지만 아들은 태어나지 않았다. 아브라함은 노인이었고 사라도 아이를 낳을 수 없게 된 지 수십 년이 지났다. 그때 하나님의 신실함이 일으킨 기적으로 아들 이삭이 태어났다. 하나님은 자신의 약속에 충실하셨다. 하나님께는 약속한 것을 전해 줄 능력이 있었다. 하나님은 자신의 언약을 지키고자 하셨다. 이제 죄로 망가진 이 세상에 복이 임할 터였다. 이것으로 아름다운 이야기는 끝인 것 같았다.

그런데 하나님이 아브라함에게 오셔서 그 약속의 아들을 희생 제물로 바치라고 말씀하셨다! 아무리 생각해도 말이 안 된다. 하나님의 신실함에 대한 모든 약속, 하나님의 언약에 대한 모든 소망이 이 아이에게 걸려 있었다. 아브라함이 이 아이를 죽이면 모든 게 끝날 터였다. 이삭이 죽으면 지난 수십 년간 일어난 그 모든 일이 무의미해질 터였다. 아브라함의 내면에 있던 모든 감정을 알 수는 없지만, 그의 태도에 불안과 분노가 있었다는 암시는 거의 찾아볼 수 없다. 아브라함은 하나님이 하라고 하신 일을 곧 행동에 옮길 준비를 했다. 우리는 은혜가 이 사람 아브라함을 찾아와 그의 마음을 변화시켰다는 것을 알 수 있다. 그렇지 않았다면 하나님의 요구에 이렇게 반응할 수 없었을 것이다.

아브라함은 분명 하나님이 왜 이런 요구를 하시는지 알지 못했다. 또한 하나님이 무슨 일을 하시려는 건지도 몰랐을 것이다. 아브라함은 하나님이 제사 후에 이삭을 다시 살리시려나 보다 하고 추측했지만, 하나님의 의도는 그것이 아니었다. 바로 이 지점에서 이 구절은 믿음이 무엇인지를 보여 준다.

아브라함은 자기 눈에 보이거나 자신이 이해할 수 있는 것에 의지하지 않았다. 그렇다. 아브라함이 안심할 수 있었던 것은 그가 하나님의 임재, 약속, 신실함, 능력뿐만 아니라 하나님의 명령이라는 견고한 기반 위에서 행동했기 때문이다. 믿음은 하나님이 정말 존재하시며 하나님을 구하는 자들에게 상 주신다는 사실을 믿는다. 하지만 믿음은 우리에게 자연스럽지 않다. 믿음은 오직 하나님의 은혜의 선물로서만 우리가 소유할 수 있다. 그러니 오늘 그 은혜를 또 구하라.

더 깊은 묵상과 격려를 위해 창세기 22장을 읽으라.

창세기 22장으로 연결됩니다.

27

오늘 두려움에게 길을 내주지 말라.
전능하신 주님이 우리의 구원자시다.
무슨 일을 만나고 어디를 가든지 주님이 우리와 함께하신다.

아덴에서 동료들의 연락을 기다리던 바울은 거기서 보고 듣는 일에 심히 격분한 나머지 대화 중에 하나님 이야기를 하지 않을 수 없었다.

바울이 아레오바고 법정 가운데 서서, 이렇게 말하였다. "아테네 시민 여러분, 내가 보기에, 여러분은 모든 면에서 종교심이 많습니다. 내가 다니면서, 여러분이 예배하는 대상들을 살펴보는 가운데, '알지 못하는 신에게'라고 새긴 제단도 보았습니다. 그러므로 나는 여러분이 알지 못하고 예배하는 그 대상을 여러분에게 알려 드리겠습니다. 우주와 그 안에 있는 모든 것을 창조하신 하나님께서는 하늘과 땅의 주님이시므로, 사람의 손으로 지은 신전에 거하지 않으십니다. 또 하나님께서는, 무슨 부족한 것이라도 있어서 사람의 손으로 섬김을 받으시는 것이 아닙니다. 그분은 모든 사람에게 생명과 호흡과 모든 것을 주시는 분이십니다. 그분은 인류의 모든 족속을 한 혈통으로 만드셔서, 온 땅 위에 살게 하셨으며, 그들이 살 시기와 거주할 지역의 경계를 정해 놓으셨습니다. 이렇게 하신 것은, 사람으로 하여금 하나님을 찾게 하시려는 것입니다. 사람이 하나님을 더듬어 찾기만 하면, 만날 수 있을 것입니다. 사실, 하나님은 우리 각 사람에게서 멀리 떨어져 계시지 않습니다. 여러분의 시인 가운데 어떤 이들도 '우리도 하나님의 자녀이다' 하고 말한 바와 같이, 우리는 하나님 안에서 살고, 움직이고, 존재하고 있습니다(행 17:22-28, 새번역).

여기에 우리의 두려움을 가라앉히는 두 가지가 있다. 첫째는 바울이 아덴 사람들에게 말한 놀라운 진리이다. 바울은 이렇게 선언한다. 세상 만물을 주관하시되 우리가 사는 정확한 주소까지 정해 주시는 하나님이 그분의 세상을 다스리기로 하셨고, 그리하여 우리 모두에게 아주 가까이 계시는데 우리가 어느 때든 손을 내밀어 하나님을 만질 수 있을 정도라고 말이다. 하나님은 늘 가까이 계시며 언제든 다가갈 수 있다.

그뿐만이 아니다. 하나님은 주권자이시기에 권세와 다스림으로 우리 가까이 계신다. 그런데 여기서 또 한 가지 알아 둘 것이 있다. 하나님은 구주로서 자신의 임재와 은혜 가운데 우리 가까이 계신다는 사실이다. 주권자이신 하나님은 내가 두려워할 모든 상황과 장소와 관계를 다스리시지만, 구주로서 은혜로 나를 구하시고 능력을 주시며 변화시키신다. 하나님이 내 주권자이시기에 내 삶은 절대 통제를 벗어나지 않으며, 하나님이 내 구주이시기에 내가 통제할 수 없는 일들 가운데 필요한 모든 것을 주셔서 나를 구하신다.

하나님은 주권적인 구주이시다. 다시 말해 내가 두려워할 필요가 없다는 뜻이다. 그 하나님이 나와 함께 계시며, 하나님의 계획이 이끄는 대로 따라간다면 그곳에서 내가 필요로 하는 모든 것을 얻을 것이다. 하나님이 다스리신다. 하나님은 내가 평강과 소망과 담대함으로 하나님의 다스림 안에 거하는 데 필요한 모든 것을 은혜로 허락하신다. 그러니 두려워할 이유가 무엇인가?

더 깊은 묵상과 격려를 위해 이사야 41장 1-20절을 읽으라.

이사야 41장 1-20절로 연결됩니다.

28

> 오늘, 자신의 죄를 부인하려고 애쓰겠는가,
> 성령님이 죄를 깨우치시는 것을 은혜로 받아들이고
> 죄 사함과 구원을 위해 그리스도께 달려가겠는가?

신자를 향한 이 말씀은 우리를 솔직하고 겸손하게 한다.

우리가 그에게서 듣고 너희에게 전하는 소식은 이것이니 곧 하나님은 빛이시라 그에게는 어둠이 조금도 없으시다는 것이니라 만일 우리가 하나님과 사귐이 있다 하고 어둠에 행하면 거짓말을 하고 진리를 행하지 아니함이거니와 그가 빛 가운데 계신 것 같이 우리도 빛 가운데 행하면 우리가 서로 사귐이 있고 그 아들 예수의 피가 우리를 모든 죄에서 깨끗하게 하실 것이요 만일 우리가 죄가 없다고 말하면 스스로 속이고 또 진리가 우리 속에 있지 아니할 것이요 만일 우리가 우리 죄를 자백하면 그는 미쁘시고 의로우사 우리 죄를 사하시며 우리를 모든 불의에서 깨끗하게 하실 것이요 만일 우리가 범죄하지 아니하였다 하면 하나님을 거짓말하는 이로 만드는 것이니 또한 그의 말씀이 우리 속에 있지 아니하니라(요일 1:5-10).

이 구절의 논리를 검토해 보자.

1. 죄는 중대한 문제다. 은혜가 우리를 모든 면에서 거룩하신 하나님과의 인격적인 사귐으로 인도한다. 하나님은 영원한 빛 가운데 거하신다. 우리를 하나님에게서 분리시키는 것은 우리 죄의 어둠이다. 인간이 타락

한 이후 모든 역사를 보면, 하나님이 죄를 아주 심각하게 여기셔서 아들을 이 땅에 보내 삶과 죽음으로 죄를 처리하고 하나님과 하나님의 형상으로 빚어진 피조물 사이의 간격을 메우게 하셨음을 알 수 있다. 하나님과의 관계에 진지하다면 죄를 심각히 여기지 않을 수가 없다.

2. 죄는 중대한 문제이기에 죄를 깨끗케 하는 예수님의 피가 우리의 유일한 소망이다. 예수님이 이 땅에 오셔서 살고 죽으심은 죄를 처리할 다른 방법이 없었기 때문이다. 죄가 우리에게 끼치는 영향은 심히 강력하고 파괴적이고 포괄적이어서 우리 스스로는 죄를 피하거나 물리칠 방법이 없다. 죄는 구주께서 피를 흘려 구원하시는 철저한 은혜를 요구했다.

3. 아직 남은 죄를 부인하는 것은 자기기만의 절정이다. 우리는 죄와 씨름하고 있다는 경험적 증거를 날마다 수없이 내놓는다. 그래서 내가 사실은 아무 문제없다고 자신을 설득할 수 없다. 죄를 변명하고 과소평가하고 합리화하고 책임을 전가할 때마다 우리는 죄를 부인하는 것이다.

4. 하나님은 예수님의 십자가 약속에 늘 충실하시다. 나의 구주께서는 용서하기를 좋아하신다. 구주께서는 실로 더디 진노하시며 변함없는 사랑이 풍성하시다!

5. 죄를 부인하는 것은 하나님을 거짓말쟁이로 만드는 것이며 하나님 말씀을 부인하는 것이다. 즉, 내게는 내가 해결할 수 없는 문제가 있다는 성경 말씀이 옳든지, 내가 사실은 그렇게 악하지 않다는 내 말이 옳든지 둘 중 하나다. 둘 다 참일 수는 없다.

그러니 은혜가 완전히 용서하고 덮어 준 일을 왜 부인하겠는가?
더 깊은 묵상과 격려를 위해 디모데전서 1장 12–17절을 읽으라.

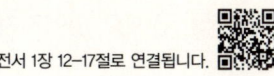

디모데전서 1장 12–17절로 연결됩니다.

29

은혜는 우리를 만족시킬 수 없는 개인주의의 감옥에서 우리를 해방시켜 하나님을 사랑하며 섬기는 충만한 자유를 누리게 한다.

개인주의는 자유가 아니라 속박이다. 나 자신을 위해 사는 삶은 해방이 아니라 스스로를 가두는 감옥이다. 내가 하고 싶은 일을 하고 싶은 때에 원하는 방식으로 하면서 사는 삶은 절대 바람직한 삶이 아니다. 이런 삶은 그 어떤 선한 결과에도 이르지 못한다. 자기 스스로 규칙을 정해서 자기 뜻에 옳은 대로 가다 보면 재앙에 이를 뿐이다. 하나님은 나를 부르셔서 자신을 따르라고 명하심으로 나를 내게서 자유롭게 하셨다. 하나님이 내게 순종을 명하실 때 이는 내게서 자유를 빼앗으시는 것이 아니다. 참 자유가 있는 유일한 곳으로 나를 인도하시는 것이다.

이를 이해하려면 우리 삶을 창조와 타락의 관점에서 보아야 한다. 창조주이신 하나님은 본디 우리가 의존적으로 살도록 계획하셨다. 우리는 예배하며 성실히 하나님을 의존하고 순종하는 삶을 살도록 창조되었다. 우리에게는 독립적인 존재로 살아가는 데 필요한 능력과 지혜가 없다. 하나님에게서 완전히 독립된 삶을 살려는 것은 아름다운 배를 타고 고속도로를 달리는 것과 마찬가지다. 그 배는 멋지고 구석구석 놀랍게 설계되었겠지만 딱딱한 도로 표면을 주행하도록 만들어지지는 않았다. 육지에서 배를 운전하려고 한다면 배도 망가지고 어디로도 신속하게 갈 수 없을 것이다.

죄가 세상에 들어오고 우리 마음속에 들어왔다는 사실은 우리가 원래 독립적인 존재로 빚어지지 않았음을 가르쳐 준다. 죄의 등장은 일을 복잡하게 만들었다. 타락 때문에 우리 모두는 우리 자신에게 위험한 존재가 되었다. 우리 안에 있는 죄 때문에 우리는 나쁜 일을 생각하고, 나쁜 일을 욕망하며, 나쁜 일에 마음이 끌리고, 나쁜 일을 선택한다. 또한 우리는 자기 내면에서 일어나는 수많은 일을 보지 못한다. 그래서 우리는 우리를 인도하고 보호해 줄 하나님의 임재와 하나님의 지혜가 필요하다. 그리고 우리를 이 상태에서 구해 줄 하나님의 은혜가 필요하다.

창조와 타락 교리는 자기 자신을 위해 사는 삶, 즉 하잘 것 없는 나의 왕국을 독립적으로 다스리려고 애쓰는 것은 아무 소용이 없다고 결론 내리게 한다. 생명은 우리 창조주 하나님의 손에 우리 자신을 맡기고 그분의 놀라운 은혜에 우리 자신을 던질 때에만 발견할 수 있다. 창조주께서 나를 어떻게 빚으셨는지, 죄가 내게 무슨 짓을 저질렀는지 정직하게 들여다보면, 내 힘으로 무언가를 이룰 수 있다는 그 모든 확신이 무너져 내릴 것이다. 그러면 우리는 주 예수 그리스도의 십자가로 달려갈 수밖에 없다.

사실 개인주의는 하나의 망상이다. 기쁜 마음으로 순복하는 것이 바람직한 삶이며, 예수님만이 나를 그 망상에서 기쁜 순복으로 옮겨 주실 수 있다. 나 자신보다 하나님을 섬기는 일에서 더 큰 기쁨을 느낀다면, 은혜가 내 집 안에 들어온 것임을 알라. 오직 은혜만이 나를 내게서 구할 능력이 있기 때문이다.

더 깊은 묵상과 격려를 위해 요한복음 8장 31-38절을 읽으라.

요한복음 8장 31-38절로 연결됩니다.

30

**우리는 자기 삶의 주인이 되어 매일의 부담을 짊어질 필요가 없다.
우리는 하나님이 값 주고 사신 자이기에
우리 자신의 소유가 아니다.**

우리는 과거에 대한 모든 후회의 짐, 현재의 결핍이라는 짐, 대답되지 않은 미래에 관한 의문의 짐을 지는 삶에서 자유로워졌다. 필요한 자원을 스스로 마련할 수 있다고 생각하면서 거기서 비롯되는 불안을 안고 사는 삶에서 자유로워졌다. 모든 상황을 스스로 파악해야 한다는 부담이 주는 스트레스에서 자유로워졌다. 자신의 통제 범위 밖에 있는 일들을 통제해야 한다고 생각하면서 염려하는 삶에서 자유로워졌다.

우리는 이 길 끝에서 어떤 예기치 못한 일을 만날까 궁금해하며 안절부절못할 필요가 없다. 충분하지 않을까 봐, 혹은 부족할까 봐 두려워하지 않아도 된다. 결국 우리가 실패하고 홀로 남겨지지 않을까 생각하면서 공포에 질리지 않아도 된다. 우리는 스스로 길을 찾고 규칙을 정해야 한다는 부담에서 벗어났다. 하나님의 자녀로서 우리는 이와 같은 짐을 지지 않아도 된다. 왜인가? 계속 읽어 보라.

우리가 이런 일을 염려하지 않아도 되는 단 한 가지 이유, 변화를 일으킬 힘이 있는 그 한 가지 이유는, 내가 이제 더는 나 자신의 것이 아니라는 사실이다!

나는 값 주고 산 존재가 되었으며, 그래서 내 삶은 이제 새로운 소유권 아래서 새로이 관리받는다. 나를 소유하신 하나님은 나를 지키고 돌보는 일에 전념하신다. 하나님은 내게 필요한 모든 것을 채워 주시는 일에 전념하신다. 나를 소유하신 하나님은 내 삶의 모든 상황, 장소, 환경을 인격적이고도 세심하게 주관하신다. 하나님은 은혜로 내 과거를 덮어 주신다. 하나님은 현재의 나를 보호하시고, 필요한 것을 마련하시고, 능력을 부어 주신다. 하나님은 주권적이고 은혜로운 손으로 내 모든 미래를 붙잡고 계신다.

그렇다. 나는 예수님의 피로 값을 치르고 산 존재이기 때문에 이제는 나 자신의 것이 아니다. 하지만 이것은 좋은 일이다. 나를 소유하신 분은 언제나 나보다 더 지혜롭고 능력 있는 주관자이시기 때문이다. 하나님은 엄청난 은혜, 헤아릴 수 없는 지혜, 무한한 권능으로 나를 돌보신다. 하나님이 나를 소유하신다는 것은 내가 최고의 손에 붙들려 있다는 뜻이다. 다시 말해 내가 이제 나 자신을 위한 삶의 짐을 지지 않아도 된다는 뜻이다. 새로운 주인께서 이제 내 삶을 주관하신다. 이 새로운 주인은 내 삶을 바칠 만한 그 무엇, 그 누구보다 더 능력이 있으시다.

그러므로 매일 아침, 잠에서 깨면 내가 누구이며 내가 어떤 존재가 되었는지를 스스로에게 일깨우라. 하나님의 은혜가 나를 안식과 평강으로 반갑게 맞아들이는 이유는, 그 은혜가 내 삶을 새롭고 유능한 관리 아래 두었기 때문이다. 창조주시고 구주이시며 왕이신 분께서 내 삶을 소유하신다. 그보다 더 좋은 일이 어디 있겠는가?

더 깊은 묵상과 격려를 위해 고린도전서 7장 21-23절을 읽으라.

고린도전서 7장 21-23절로 연결됩니다.

31

**공동 예배는 단 하나의 영광만이
우리 삶을 바칠 가치가 있다고 일깨우며 우리를 거듭 구원하는데,
그것은 바로 하나님의 영광이다.**

    삶이란 사실 어떤 영광이 내 시선을 잡아당기고 내 마음을 사로잡는가에 관한 일이다. 우리 인간은 영광 중독자들이기 때문이다. 어떤 면에서 우리는 모두 영광을 위해서 산다. 우리는 아찔하게 높은 빨간 하이힐이 주는 자신감이나 팬트하우스의 화려함을 좋아한다. 똑같은 거리를 다른 때보다 빨리 달렸을 때 큰 기쁨을 느낀다. 위험한 곡예나 아름다운 예술 작품을 감상하기 좋아한다. 일몰의 다채로운 무늬는 아무리 보아도 질리지 않다. 초콜릿 한 입의 영광은 우리에게 충분하지 않고, 한 단계 승진은 우리 마음을 충족시키지 못한다. 예쁜 시계, 멋진 자동차, 최고의 맛을 내는 타코 요리, 멋지게 설계된 골프 코스, 완벽한 설비를 갖춘 주방, 입이 다물어지지 않을 만큼 감동적인 음악 등 이 모든 것이 우리의 관심을 끈 다음, 선보다 더 결핍된 상태로 우리를 버려둔다.

    그런데 이런 물질적인 창조 세상의 모든 영광(자랑거리)은 한 가지 목적을 위해 창조되어 우리 삶에 자리한다. 바로 우리에게 하나님의 영광을 일깨우고 그 영광을 가리키는 목적이다. 우리는 본디 이 땅의 영광을 위해 사는 존재가 아니다. 우리는 이 세상에서 마음의 평안과 만족을 구하면 안 되는 존재다. 우리는 본디 우리 마음의 소원과 충성을 피조물에게 바쳐서는 안 되는 존재다. 물질 세계는 놀랄 만큼 영광스럽지만, 이정표가 그 여정의 목적지가 아니듯 이 물질 세계 또한 우리가 머무르는 지점이 아니다.

이정표와 관련해 기억해야 할 것이 있다. 이정표는 중요한 것을 가리키는 역할을 하지, 이정표가 중요한 것이 아니다. 물질 세계에 대해서도 똑같이 말할 수 있다. 물질 세계는 내가 창조되어 살아가는 목적이 아니다. 물질 세계가 만들어진 것은 내가 창조되어 살아가는 목적을 가리키기 위해서이다. 그리고 물질 세계가 가리키는 것은 바로 하나님, 오직 하나님뿐이다. 내 기대에 부응하지 못하는 무언가를 바라보며 거기 없는 것을 찾는 일이란 얼마나 슬픈가! 하지만 많고 많은 이들이 날마다 그렇게 한다. 이들은 피조물의 영광을 바라보며 거기서 찾을 수 없는 것을 찾으려고 한다.

그렇다. 하나님은 여러 종류의 영광으로 내 삶을 가득 채우셨다. 그 영광이 내게 반갑게 인사하지 않는 날이 단 하루도 없다. 하지만 하나님이 창조하신 세상에서 날마다 나를 에워싸는 영광들은 원래 내 발길이 머무는 곳이 되어서는 안 된다. 왜냐하면 우리는 그보다 더 큰 영광, 그보다 더 장엄한 영광, 즉 하나님의 영광을 위해 사는 존재로 창조되었기 때문이다.

감사하게도 우리에게는 공동 예배가 있다. 공동 예배는 이 진리를 내게 일깨우려고 하나님의 백성이 정기적으로 만나 예배하는 모임이다. 예배는 내가 하나님을 위해 살 때에만 내 마음이 추구하는 평강과 만족과 안전을 찾을 수 있다는 사실을 다시 한 번 확인하게 도와준다. 내 마음을 그렇게 쉽게 사로잡는 이 땅의 모든 영광에서 나를 구해낼 능력이 있는 것은 오직 하나님의 영광뿐이다.

더 깊은 묵상과 격려를 위해 전도서 2장 1-11절을 읽으라.

전도서 2장 1-11절로 연결됩니다.

32

하나님의 돌봄은 여러 모양으로 나타난다.
하나님은 우리 마음을 사로잡기 위해 우리의 뼈를 꺾으실 만큼
우리에게 마음을 두신다.

주님의 돌봄이 늘 안락하고
예측 가능하고 안전하면 좋겠습니다.
시원한 음료수처럼
부드러운 베개처럼.

하지만 주님은 심히 지혜로우시고
심히 사랑이 많으시고
변화시키는 은혜의 사역에
심히 전념하십니다.

그래서 주님의 은혜로운 돌봄은
불편한 형태로 제게 임합니다.

실망이라는
구속적 돌봄으로,
예기치 못한 시련으로,
고난으로,
상실로.

이것들은 주님이
무정하며
아무 생각이 없고
제게 몰두하지 않으신다고
말하지 않습니다.

오히려 저마다
뜨거운 은혜,
구속하는 사랑의 표현입니다.

주님이 얼마나 섬세히 돌보시는지
저는 깨닫고자 애쓰고,
그리하여 그 돌봄 가운데
안식하려 애를 씁니다.

주님은 제가 원하는 것이 아니라
제게 필요한 것을 주실 만큼 돌보십니다.
주님은 제 마음을 다시 사로잡기 위해
제 뼈를 부러뜨리실 만큼
제게 관심을 가지십니다.

더 깊은 묵상과 격려를 위해 시편 51편(특히 8절)을 읽으라.

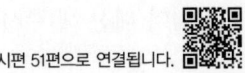

시편 51편으로 연결됩니다.

33

오직 하나님만이 하실 수 있는 일을 사람에게 기대해 보라.
하나님이 분명히 우리에게 하라고 하신 일을 하나님께 기대해 보라.
절대 통하지 않는다.

이것이 원리다. 수직적 차원에서만 얻을 수 있는 것을 수평적 관계에서 기대해서는 안 되고, 수평적 관계 속에서 행하라고 명령받은 일을 수직적 차원에서 해결되기를 기다려서는 안 된다. 나도 안다. 말하기는 쉽지만 살아내기는 어렵다.

우리는 이 두 가지를 자꾸 혼동한다. 아내에게 행복을 안겨 주는 것이 남편의 의무라고 믿는 여자들이 많다. 그런 생각은 곧 자신의 행복을 자기와 다를 바 없는 또 다른 인간의 손에 맡겨도 괜찮다는 것이다. 내 옆에 있는 사람은 절대 내 행복의 안전한 토대일 수 없다. 그 이유는 그 사람도 흠 많은 인간이고 어떤 식으로든 필연적으로 나를 실망시킬 것이기 때문이다. 오직 하나님만이 내 영혼의 안전, 평강, 안식을 안전하게 지키시는 분이다.

핵심을 요약하자면 이렇다. 이 세상은 절대 내 구원자일 수 없다. 이 세상은 평강과 안식을 추구하는 내 마음에 바로 그 평강과 안식을 줄 수 있는 유일한 분을 가리키도록 창조되었다. 그런데 오늘날 하나님을 믿는다고 말하는 많은 이들이 수직적 차원에서만 발견할 수 있는 것을 수평적 차원에서 찾아다닌다.

반면, 정반대로 행동하라는 유혹 앞에 무릎을 꿇는 이들도 많다. 이들은 하나님이 분명히 명령하셨을 뿐만 아니라 행할 능력까지 주신 일을 하나님이 대신 해 주시기를 기다린다. 누군가와의 관계에 금이 가서 문제를 해결 중인 사람들이 이렇게 말하는 것을 많이 들었다. "저는 그냥 주님이 우리 사이를 화해시켜 주시기를 기다리고 있습니다." 매우 경건한 말로 들리겠지만, 한마디로 잘못된 태도다. 형제 사이에 갈등이 있다면, 일어나 가서 형제와 화해하라고 성경은 말한다.

이스라엘이 약속의 땅으로 들어갈 때 하나님은 요단강을 가르실 생각으로 먼저 제사장들에게 물로 들어가라고 명령하셨다. 하나님은 여리고성을 쳐부수실 생각으로 먼저 이스라엘 백성에게 여리고성 주위를 돌라고 말씀하셨다. 하나님은 필요한 것을 마련해 주겠다고 약속하시지만, 수고하고 기도하고 베풀라고도 우리에게 명하신다. 구원의 능력은 오직 하나님께 있지만, 하나님은 가서 증언하고 증명하고 선포하고 가르치고 살아내고 설교하라고 우리에게 명하신다. 알다시피, 하나님은 결과를 정하실 뿐만 아니라 그 결과를 실현하는 수단을 지배하신다.

믿음의 삶이란 한마디로 안식과 수고에 관한 일이다. 우리는 하나님의 임재와 변하지 않는 돌봄 가운데 안식하고(수직적 차원), 자기 손으로 수고하며 행하라고 명령받은 일에 열심을 다한다(수평적 차원). 우리는 수고 중에 안식하고 안식 중에 수고한다. 우리는 일하시는 하나님이 우리를 일하도록 부르셨다고 믿기 때문에 일한다. 때로는 오직 하나님만이 그 일을 하실 수 있다고 믿기 때문에 멈추고 안식한다. 그러므로 안식하면서 일하고 일하면서 안식하라. 이것이 믿음의 삶의 리듬이다.

더 깊은 묵상과 격려를 위해 마태복음 19장 16-30절을 읽으라.

마태복음 19장 16-30절로 연결됩니다.

34

경외를 받으실 영광의 하나님이
우리의 존재를 아시는 것도 놀라운 일인데,
우리를 그분의 가족으로 삼으시다니, 놀라움 이상의 은혜다!

이는 그저 너무 엄청나고, 직관에 반하고, 우리의 경험상 다른 모든 것을 초월하는 일이기에 사람의 머리로 그 장엄함을 이해하기란 매우 어렵다. 인간 중에 그런 이야기를 글로 옮길 수 있을 만큼 창의적이고 상상력 넘치는 사람은 없다. 우리가 성경에서 그 이야기를 읽기는 해도 이야기의 훌륭함에 압도되지 않는 이유는 그 깊이와 넓이를 깨우칠 능력이 없기 때문이다. 사실 이 이야기가 어떤 이야기인지 제대로 이해하려면 이 이야기가 나와 어떻게 연관되는지를 알아야 한다. 거룩한 은혜의 선물만이 거룩한 은혜의 경이(驚異)를 조금이나마 깨닫는 데 도움을 줄 수 있다. 하나님이 주도하시는 은혜의 광대함은 심히 아름답고 변화시키는 능력이 있다. 존 뉴튼(John Newton)은 바로 그 이유 때문에 '놀라운'(amazing)이라는 가장 잘 어울리는 단어를 써서 그 은혜를 노래하는 유명한 찬송가 가사를 썼다.

생각해 보라. 인간 중 그 누구도 하나님의 율법을 지키지 못했다(예수님을 제외하고). 누구도 하나님의 이름에 합당한 영광을 그분께 돌린 적이 없다. 예배는 호흡이 있는 모든 사람의 의무이자 소명이지만 누구도 그런 예배의 삶을 살지 못했다. 모든 사람이 하나님께 반역했을 뿐만 아니라 자기중심적 규칙을 자기 스스로 정했다. 누구라 할 것 없이 모두가 하나님을 예배하지 못했을 뿐만 아니라 거짓 신에게 경배하기까지 했다. 모든 인간은 하나님이 모든 것의 중심이심을 인식하지 못했을 뿐만 아니라 하나님의 자리에 자기 자신을 집어넣었다. 모든 이가 시시때때로 이런 저런 하나님의 율법을 범했을 뿐만 아니라, 어떤 면에서는 우리 모두가 하나님의 율법 전체를 범했다. 우리는 하나님의 피조물을 오용할 뿐 아니라 피조물을 하나님 자리에 놓고 하나님께만 드려야 할 예배를 피조물에게 바친다.

하나님과 하나님의 영광에 맞서 우리 모두가 저지르는 반역의 심각함과 가증스러움을 생각하면, 우리가 멸절당하지 않은 것이 놀라울 정도다. 우리의 존재를 하나님이 인식하신다는 것은 경이로운 은혜로 행하신 일이다. 하지만 하나님은 이보다 훨씬, 훨씬 더 많은 일을 하셨다. 하나님은 자기 아들의 삶과 죽음과 부활을 통해 우리가 하나님과 한 가족이 되어 친밀히 교제하는 관계로 받아들여지는 길을 여셨다. 말 그대로 하나님은 우리를 하나님 가정의 양자로 맞아들이셨고, 그리하여 우리의 자격이나 어떠함과 상관없이 하나님의 자녀로서의 권리와 특권을 빠짐없이 주셨다. 게다가 우리는 그 권리와 특권을 지금 여기서 부여받아 누릴 뿐 아니라 앞으로도 영원히 그 권리와 특권의 복을 받는다. 더불어 하나님은 우리의 반역이 초래한 모든 죄와 질병과 슬픔과 고난 등이 최종적으로 종식되리라고 우리에게 약속하셨다. 이렇게 은혜는 내게 이 모두를 준다. 모든 것, 즉 내게 필요한 모든 것을 말이다. 은혜 덕분에 왕의 왕이신 분이 내 아버지가 되시고, 구주이신 그 아들이 내 형제가 되신다. 자, 이는 사실 놀랍다는 말로도 부족하다. 이런 은혜를 볼 수 있는 눈과 이를 받아들일 수 있는 마음을 주시기를 기도하라. 그리고 우리 영혼으로 높이 날아오르게 하라.

더 깊은 묵상과 격려를 위해 에베소서 1장 15-23절을 읽으라.

에베소서 1장 15-23절로 연결됩니다.

35

**오직 하나님의 말씀이라는 거울에 비추어 보아야만
우리는 자신의 모습을 정확히 볼 수 있다.
그리고 오직 그분의 은혜 안에서만 자신의 모습에 대한 도움을 찾을 수 있다.**

상담 중에 나는 그런 사람을 보고 또 보았다. 남편과 아내, 잔뜩 화가 난 사춘기 청소년, 어찌할 바를 모르는 외로운 사람 혹은 곤경에 빠진 목회자…. 어떤 상황에서 어떤 몸부림을 치는지는 천차만별이지만, 이들에게는 한 가지 공통점이 있었다. 모두 자기 자신을 잘 모르면서도 스스로 잘 안다고 생각하고 있었다.

이들은 자기 자신을 정확히 꿰뚫어 보고 있다고 생각했지만 사실은 그렇지 않았다. 이들은 내가 그들의 자기 평가에 동의해 주기를 바랐지만 나는 그럴 수 없었다. 이들은 모두 똑같은 병을 앓고 있었지만 모두 그 사실을 부인했다. 오래지 않아 나는 성경이 말하는 보편적 인간 상태를 내가 직접 두 눈으로 보고 있음을 깨달았다. 그 보편적 인간 상태를 일컬어 영적으로 눈먼 상태라고 한다.

죄는 우리를 눈멀게 한다. 그래서 내 안에 있는 죄는 자신을 명확히 보지 못하게 한다. 죄는 자기를 합리화하며 스스로 확장된다. 죄는 자신은 의롭다 하면서 남을 비난한다. 죄는 스스로에게 기름을 붓는다. 죄는 내 잘못을 쉽게 합리화한다. 죄는 하나님이 아주 잘못이라고 말씀하시는 것을 괜찮다고 여기게 한다. 죄 때문에 하나님이 모든 인간에게 주신 영적 시력이 엉망진창이 되었다. 우리는 자기 자신을 잘 모르며, 자기 자신을 명확히 보지 못한다. 내가 어떤 존재이고 내가 얼마나 옳게 행동하고 있는지 평가하려면 바로 그 명확한 시각이 필수인데 말이다.

우리는 모두 영적으로 눈먼 환자들이다. 그것이 다가 아니다. 우리는 자신의 눈먼 상태를 알지 못한 채 거의 평생을 살아간다. 우리는 자기 자신을 명확히 보지 못하면서도 명확히 본다고 생각하며, 자기 자신을 정확히 알지 못하면서도 정확히 안다고 믿는다. 이것이 바로 누군가가 죄, 약점, 실패를 지적할 때 우리 모두가 불쾌감을 느끼는 이유다. 나에 대해 그런 평가를 듣는 순간, 나는 그 사람의 말이 내가 나 자신에 대해 지금까지 가진 생각과 근본적으로 다르다는 사실과 씨름한다.

그래서 우리 모두에게는 도움이 필요하다. 이 도움은 하나님의 말씀이라는 선물을 통해서 온다. 잘못을 깨우치시는 성령님의 사역으로 능력을 받으면, 하나님의 말씀이 세상에서 내 모습을 가장 명확하게 비추는 거울이 된다. 이 거울 앞에 서면 내 모습을 실제 모습 그대로 볼 수 있다. 성경의 진단은 완벽하게 정확하다. 정확한 진단에는 효과적인 치료법이 따르기 마련이다. 나의 진짜 상태를, 내게 무엇이 진짜로 필요한지를 정확히 진단하기 때문에, 하나님의 말씀만이 그 상태에 대해 유일하게 믿을 만한 치료법을 제공할 수 있다.

그리고 여기 좋은 소식이 있다. 성경이 나에 관해 드러내는 것 외에는, 내가 나 자신 안에서 보지 못하는 그 모든 음울한 일들을 두려워할 필요가 없다. 예수님의 삶과 죽음과 부활을 통해 나의 것이 된 강력한 은혜가 그 모든 음울한 일들을 덮고 물리치기 때문이다.

더 깊은 묵상과 격려를 위해 히브리서 3장 12-13절을 읽으라.

히브리서 3장 12-13절로 연결됩니다.

36

**하나님의 은혜는 활력이 있고, 구원하며, 변화시키는 힘이 있다.
우리의 필요에 대해 우리가 은혜의 하나님만큼 진지하다면
이 은혜를 기뻐할 것이다.**

다음은 자신에게 하면 좋은 질문, 오래 생각해 보고 대답할 만한 질문이다. 역사상 가장 값비싼 희생을 치르게 한 죄에 대해 나는 얼마나 심각한가? 하나님이 죄를 얼마나 심각하게 여기시는지 생각해 보라. 이는 에덴 동산에서 벌어진 극적 사건을 묘사한 부분을 보면 알 수 있다. 창세기 3장 14-19절을 꼼꼼히 연구해 보라.

여호와 하나님이 뱀에게 이르시되
네가 이렇게 하였으니
네가 모든 가축과 들의 모든 짐승보다 더욱 저주를 받아
배로 다니고 살아 있는 동안 흙을 먹을지니라
내가 너로 여자와 원수가 되게 하고
네 후손도 여자의 후손과 원수가 되게 하리니
여자의 후손은 네 머리를 상하게 할 것이요
너는 그의 발꿈치를 상하게 할 것이니라 하시고

또 여자에게 이르시되
내가 네게 임신하는 고통을 크게 더하리니
네가 수고하고 자식을 낳을 것이며
너는 남편을 원하고 남편은 너를 다스릴 것이니라 하시고

아담에게 이르시되

네가 네 아내의 말을 듣고

내가 네게 먹지 말라 한 나무의 열매를 먹었은즉

땅은 너로 말미암아 저주를 받고

너는 네 평생에 수고하여야 그 소산을 먹으리라

땅이 네게 가시덤불과 엉겅퀴를 낼 것이라

네가 먹을 것은 밭의 채소인즉

네가 흙으로 돌아갈 때까지

얼굴에 땀을 흘려야 먹을 것을 먹으리니

네가 그것에서 취함을 입었음이라

너는 흙이니 흙으로 돌아갈 것이니라 하시니라.

하나님이 죄를 얼마나 심각하게 여기셨던지 최초의 범죄가 발생했을 때 두 가지 조치를 취하셨다. 첫째, 즉각 형벌을 내리셨고 둘째, 즉각 구속 계획을 시행하셨다. 두 가지 모두 우리가 쉽게 부인하거나 얕잡아 보는 일을 하나님이 얼마나 심각하게 여기시는지를 보여 준다.

더 깊은 묵상과 격려를 위해 출애굽기 34장 1-9절을 읽으라.

출애굽기 34장 1-9절로 연결됩니다.

37

> 모든 사람은 무언가에 소망을 둔다.
> 그리고 그 소망이 자신에게 무언가를 안겨 주기를 바란다.
> 나는 어디에 소망을 두는가?

　우리는 모두 소망을 품는 존재로 지어졌다. 우리는 자기 삶이 이러저러하게 되기를 바라며 미래를 상상한다. 우리는 모두 개인적인 소망과 꿈을 지니고 산다. 우리는 다 어떤 기대에 마음이 사로잡힌다. 우리는 상황이 지금과 달랐으면 좋겠다고 마음속으로 바란다. 우리는 모두 무언가에 소망을 두고 무언가를 소망한다. 인생을 어떻게 보고 삶을 어떻게 살아 나가느냐는 우리 삶의 근본적인 소망을 어디에 두느냐와 상당히 많이 연관된다.

　소망에는 세 가지 요소가 있다. 바로 평가, 대상, 기대. 첫째, 소망은 주변을 둘러보고 어떤 것 혹은 어떤 사람이 더 낫겠다고 평가하며, 그 무엇이나 누군가가 어떤 식으로든 망가졌다고 평가한다. 상황이 더는 완벽할 수 없을 만큼 완벽하다면 소망을 품을 필요가 없을 것이다. 둘째, 소망에는 언제나 대상이 있다. 내가 소망을 거는 그것이 바로 소망의 대상이다. 망가진 부분을 고치기를, 혹은 내 욕망이나 필요를 채우기를 나는 그 대상에게 요구한다. 셋째, 소망에는 기대가 있다. 소망의 대상을 향해 내가 요구하는 것, 소망의 대상이 내게 가져다 주었으면 하고 바라는 것이 바로 기대다.

　우리는 삶의 근본적인 소망, 즉 삶의 기본적인 의미와 목적, 삶의 의욕, 행복하다는 느낌, 내가 삶의 진정한 실체를 붙잡고 있다는 인식 등을 두 군데에서 찾는다. 우선 일상생활 속의 상황, 경험, 물질적 소유, 지위,

관계 등과 같은 수평적 차원에서 소망을 탐색할 수 있다. 그런데 수평적 차원에서 소망을 탐색하는 것에는 두 가지 문제가 있다. 첫째, 이것들은 모두 정도의 차이는 있어도 망가진 상태다. 이것들은 해결책이 아니라 문제의 일부이고, 그렇기 때문에 내가 찾는 것을 줄 수 없다. 둘째, 이것들은 원래 소망의 원천으로 창조되지 않았다. 이것들은 모두 우리가 어디에서 소망을 찾을 수 있는지 가리키도록 창조되었다.

바울은 로마서 5장 5절에서 하나님 안에 있는 소망은 우리를 부끄럽게 하지 않을 것이라고 말한다. 하나님께 둔 소망은 우리가 원하는 것을 주지 못해 우리를 난처하게 하는 일이 절대 없다. 다시 말해, 바울은 어디에 가면 소망을 찾을 수 있는지 우리에게 알려 준다. 소망은 오로지 수직적 차원에서만 발견된다.

하나님이 나의 소망일 때에만 내 소망은 안전하고 확실하다. 하나님만이 내 마음이 추구하는 생명을 주실 수 있다. 하나님만이 내 영혼에 필요한 안식을 주실 수 있다. 하나님만이 모든 인간이 갈급해하는 내면의 평안을 주실 수 있다. 은혜가 나를 하나님께로 낚아챌 때 나는 삶의 실체에 연결된다. 간단히 말해 바울은 우리가 이런 생각을 마주하게 한다. 내 소망이 나를 실망시킨다면, 그 소망이 잘못된 소망이기 때문이다. 오늘, 나는 무엇에 소망을 두는가?

더 깊은 묵상과 격려를 위해 욥기 1장을 읽으라.

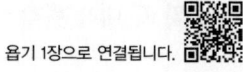

욥기 1장으로 연결됩니다.

38

**영원을 마음에 품고도,
지금 이 순간이 전부인 것처럼 사는
분열증을 앓고 있는가?**

영원을 망각하고 일종의 분열증 가운데 살아가는 사람이 얼마나 많은지 모른다. 슬픈 일이다. 우리는 영원하신 하나님과 영원한 관계를 맺으며 영원히 사는 존재로 창조되었다. 우리는 원래 생(生)에 대한 장기적인 안목을 가지고 살아야 하는 존재다. 우리는 한쪽 눈은 현재에 두고 다른 한쪽 눈은 영원에 두고 살도록 지음 받았다.

우리는 영원이 없는 것처럼 살 수 없다. 그런데 많은 이들이 그렇게 살려고 한다. 이들은 모든 소망과 꿈을 바로 여기, 바로 지금의 상황과 위치와 소유와 신분과 일상 속 사람들에게 둔다. 이들은 이룰 수 없는 기대를 매 순간 쌓는다. 이 세상에서는 절대 이를 수 없는 모습을 사람들에게 요구한다. 설령 이 세상이 망가지지 않았더라도 절대 줄 수 없는 것들을 이 심각하게 망가진 세상에 요구한다. 이렇게 무모하게 몰아붙이고 어리석게 행동하는 그 모든 행위에는 지금 이 순간이 낙원일 수 있다는 기대가 자리 잡고 있다. 지금 이 순간은 절대 낙원일 수 없는데 말이다.

행복한 결혼 생활을 한다는 것은 멋진 일이지만, 그 결혼이 절대 낙원일 수는 없다. 자녀들과의 관계가 좋다는 것은 대단한 일이지만, 자녀가 내게 낙원을 안겨 줄 수는 없다. 아름다운 집도 건축이 완료되는 순간부터 낡기 시작하니 그 집도 나의 낙원일 수 없다. 주변 사람들은 여전히 흠이 있고 따라서 그들과의 관계는 낙원 같을 수 없다. 내가 어떤 존재인지를 잊고, 내가 원래 어떻게 살도록 창조되었는지를 잊고, 하나님이 어떤 분이신지를 잊고, 앞으로 있을 일을 잊음으로써 나는 나 자신과 주변 사람들이 얼빠진 짓을 하게 만든다.

영원에 대한 망각은 비현실적인 기대를 갖게 하고, 유혹에 취약해지게 하고, 너무 저돌적으로 행동하게 하며, 실망만 안겨 줄 뿐인 사람과 물질을 의지하게 하고, 안타깝게도 걸핏하면 하나님의 선함을 의심하게 한다. 우리는 다가올 영원한 세상을 인식해야 한다. 그때 절망에 빠지지 않고, 현실적인 자세를 갖게 되고, 주변 상황이 그다지 희망적이지 않을 때도 소망을 갖게 된다.

그 증거는 명백하다. 생(生)에는 이 세상 말고 그 이상의 것이 있어야 한다. 망가지고 죄의 흉터가 남은 이 혼란스러운 세상이 전부일 수는 없다. 성경도 분명히 말한다. 이 세상은 지금도, 앞으로도 낙원이 아니다. 지금 이 순간은 앞으로 임할 낙원을 준비하는 시간이다. 그 세상이 임하면 죄가 망가뜨린 모든 것이 하나님이 원래 계획하신 모습으로 완전히 회복될 것이다.

내 삶에도 분열 현상이 있는가? 장차 임할 세상을 망각하여 낙원에 대한 갈망을 어리석은 일로 만들지 않는가? 순간순간 낙원을 향한 기대를 타락한 세상에 쌓지 않는가? 영원을 망각한 탓에 하나님의 선함을 자꾸 의심하게 되는가? 하나님을 기억하는, 하나님을 신뢰하는 모든 사람의 이야기에 하나님이 써넣으신 영원한 결말을 기억하도록 은혜를 달라고 기도하라. 긴 안목을 갖고 사는 삶이 지혜로운 삶이다. 긴 안목을 갖고 사는 삶이 하나님을 지향하는 삶이다. 긴 안목을 갖고 사는 삶이 소망 있는 삶이다. 긴 안목을 갖고 사는 삶이어야 은혜에 감사할 수 있다.

더 깊은 묵상과 격려를 위해 전도서 3장을 읽으라.

전도서 3장으로 연결됩니다.

39

공동 예배는 예수님의 은혜의 영광을 마주하게 함으로써
우리가 다른 어떤 삶이나 도움이나 소망을 구하지 않게 한다.

아내와 함께 발코니에 앉아, 공동 예배가 얼마나 중요하고 멋진지 일깨우는 한 가지 기억을 떠올렸다. 그날은 제10장로교회의 봄철 찬양 예배가 있었다. 그날 선보인 찬양은 죄가 우리와 우리가 사는 세상을 얼마나 비참한 상태로 만들었는지, 그리고 구속의 은혜가 우리를 얼마나 멋지게 구원했는지를 일깨워 주었다. 한 곡 한 곡이 복음으로 충만해서, 마음이 그 감격을 더는 감당할 수 없을 듯했다. 나는 시편 89편 1절을 생각했다. "내가 여호와의 인자하심을 영원히 노래하며 주의 성실하심을 내 입으로 대대에 알게 하리이다." 노래하고 노래하고 또 노래해도 주 예수 그리스도의 복음이라는 놀랄 만큼 아름다운 주제는 고갈되지 않을 거라는 생각이 들었다.

찬양은 복음을 풍성히 대접한 후 마침내 절정으로 치달았다. 복음의 영광을 너무도 아름답게 찬양하는 이 곡의 마지막 두 줄에 이르자 나는 노래를 멈추고 "아멘! 아멘! 아멘!" 하고 거듭 화답했다. 공동 예배는 내 마음에 다시 한 번 그 고유의 역사를 이루었다.

아주 솔직하게 말하자면, 그날 나는 찬양하는 마음으로 예배에 참석하지 않았다. 나는 투덜거리며 예배실로 들어갔다. 길게만 느껴졌던 지난 일주일, 나는 사역에 지쳐 있었다. 함께 가자고 아내가 채근하지 않았다면 그날 저녁 예배에 가지 않았을 것이다. 나는 정말이지 예배에 가고 싶지 않았다.

하지만 예배 중간에 무언가가 내 마음을 사로잡았다. 바로 영광이었다. 예수님의 은혜의 영광이 갑자기 내 몸의 피로나 내 마음의 고단함보다 불쑥 더 크게 모습을 드러냈다. 냉랭한 내 마음은 주 예수 그리스도의 은혜의 복음의 불길로 활기를 되찾았다. 연주자들의 재능과 회중의 목소리는 내가 누구이며 예수님의 십자가 은혜로 내게 무엇이 주어졌는지를 일깨워 주었다. 이 불평꾼은 다시 한 번 찬양자가 되었다. 예배를 위해 모인 하나님의 백성은 다시 한 번 본연의 임무를 다했다.

하나님이 우리가 예배를 위해 모이도록 정하신 이유는, 우리를 너무도 잘 아시기 때문이다. 하나님은 우리 마음이 변덕스럽고 불평 많고 너무나 쉽게 다른 데 정신이 팔린다는 사실을 잘 아신다. 죄인인 우리의 결핍이 얼마나 깊은지, 우리가 예수 그리스도 안에 하나님이 예비하신 것이 광대하다는 사실을 얼마나 쉽게 잊는지 잘 아신다. 하나님은 우리가 작은 거짓말에도 속아 넘어가고 작은 장애물에도 낙심한다는 사실을 잘 아신다. 하나님은 우리가 여전히 자기 의에 미혹된다는 것을 잘 아신다. 그래서 하나님은 은혜로써 함께 모여 그 영광을 다시 한 번 생각해 보라고, 다시 한 번 감격에 빠져 보라고, 다시 한 번 건짐을 받으라고 우리에게 명하신다.

공동 예배는 하나님의 은혜를 우리에게 상기시키기만 하지 않는다. 공동 예배 자체가 은혜의 선물이다. 언제든 기회를 놓치지 말고 예배가 베푸는 해방을 향해 기쁜 마음으로 달려가라.

더 깊은 묵상과 격려를 위해 시편 122편을 읽으라.

시편 122편으로 연결됩니다.

40

죄에는 용서, 약함에는 능력,
어리석음에는 지혜, 속박에는 자유,
이것이 바로 예수님의 은혜가 나가는 길이다.

나는 골로새서 2장을 좋아한다(지금 바로 1-15절을 읽어 보라). 그 이유는 내 아내 루엘라가 큰 규모의 사설 아트 갤러리 소유자 겸 디렉터이기 때문일 것이다. "글쎄요. 무슨 말인지 이해가 안 되네요, 폴." 이렇게 생각할지 모르겠다. 설명을 하자면, 골로새서 2장 1-15절은 하나님의 은혜가 전시된 갤러리와 같다.

매달 초가 되면 그달 전시회를 위해 아내의 갤러리에 작품이 도착한다. 그림은 종이나 나무틀로 안전하게 포장되어 배달된다. 한 달 동안 갤러리에 생명을 불어넣을 그 예술품을 처음 개봉하는 작업은 아내에게는 매우 흥분되는 일이다. 포장을 다 푼 뒤 루엘라는 각 작품이 가장 인상 깊게 전시될 만한 자리를 찾을 때까지 갤러리 이곳저곳에 배치하고 재배치하기를 반복한다. 다음 날, 그림을 벽에 거는 작업을 하는 사람들이 갤러리로 와서 아내를 도와 실제로 작품을 벽에 고정한다. 마지막 단계는 각 작품에 적절히 조명을 쏘는 일이다.

갤러리는 새로운 작품으로 사실상 매달 변신을 한다. 조명 작업까지 끝나면 나는 저녁 무렵 갤러리에 들러 더할 나위 없이 화려하게 반짝이는 작품들을 구경하기 좋아한다. 아내와 나는 종종 밤에 갤러리 건너편 길에 서서 건물의 거대한 창 안을 들여다보면서 그 아름다움에 푹 잠기고는 한다. 그런데 그때마다 아내는 나를 괴롭히는 행동을 한다. 가방에서 조명 리모컨을 꺼내고는 갤러리가 어둠에 잠기도록 하는 것이다. 그럴 때마다 나는 생각한다. "안 돼, 안 된다고! 그림들을 어둠 속에 두어서는 안 돼."

하나님의 자녀는 하나님의 영광스러운 은혜가 전시되는 갤러리다. 내 마음의 벽은 구속이라는 아름다운 예술품으로 장식되어 있다. 죄의 어리석음을 위한 지혜, 죄의 연약함을 위한 능력, 죄책을 위한 용서 그리고 죄의 속박으로부터의 해방이라는 작품으로 말이다. 은혜란 나를 위해 행해진, 그리고 내 안에서 일어나는 아름다운 일이다.

하지만 내게는 한 가지 염려가 있다. 많은 신자의 경우, 갤러리에 예술품은 전시되어 있는데 조명이 꺼져 있다는 사실이다. 이런 신자들은 주 예수 그리스도의 은혜로 자신에게 주어진 기가 막힌 아름다움을 보지 못하거나 제대로 이해하지 못한다. 그 은혜를 보지 못하거나 이해하지 못하기 때문에 그 은혜를 기뻐하지도 않고 그 장엄함의 빛 가운데 살지도 못한다. 그래서 이들은 능력이 자기 손에 쥐어져 있는데도 연약함에 굴복하고 만다. 이들은 지혜이신 분과 개인적으로 연결되어 있으면서도 어리석은 길로 간다. 완전히 사함 받았으면서도 죄책감에 숨는다. 자유하게 하는 은혜를 받았으면서 갖가지 중독에 빠지고 만다. 이들의 마음은 은혜의 예술품으로 장식되어 있지만, 조명이 꺼져 있다. 얼마나 슬픈 일인가!

우리는 어떠한가? 조명이 밝혀져 있는가? 그 조명이 내 삶의 방식을 속속들이 변화시켰는가?

더 깊은 묵상과 격려를 위해 갈라디아서 5장 16-26절을 읽으라.

갈라디아서 5장 16-26절로 연결됩니다.

41

그리스도 안에 있는 우리는
나 자신의 영광을 초월해 훨씬 더 위대한 영광,
곧 하나님의 영광을 향해 나아가도록 택함 받았다.

영광을 혼동한 그들은 영광을 도둑질한 자들이기도 했다. 그들은 삶을 변화시키는 영광을 목격하는 일이 절실히 필요했는데, 마침내 그 광경을 보았다!

엿새 후에 예수께서 베드로와 야고보와 그 형제 요한을 데리시고 따로 높은 산에 올라가셨더니 그들 앞에서 변형되사 그 얼굴이 해 같이 빛나며 옷이 빛과 같이 희어졌더라 그 때에 모세와 엘리야가 예수와 더불어 말하는 것이 그들에게 보이거늘 베드로가 예수께 여쭈어 이르되 주여 우리가 여기 있는 것이 좋사오니 만일 주께서 원하시면 내가 여기서 초막 셋을 짓되 하나는 주님을 위하여, 하나는 모세를 위하여, 하나는 엘리야를 위하여 하리이다 말할 때에 홀연히 빛난 구름이 그들을 덮으며 구름 속에서 소리가 나서 이르시되 이는 내 사랑하는 아들이요 내 기뻐하는 자니 너희는 그의 말을 들으라 하시는지라 제자들이 듣고 엎드려 심히 두려워하니 예수께서 나아와 그들에게 손을 대시며 이르시되 일어나라 두려워하지 말라 하시니 제자들이 눈을 들고 보매 오직 예수 외에는 아무도 보이지 아니하더라(마 17:1-8).

자기 영광에 속박되고, 그림자에 불과한 창조 세계의 온갖 영광에 중독된 제자들을 구하시기 위해 예수님은 더 크고 초월적인 영광을 나타내셔야 했다. 예수님은 휘장을 걷어 지존자 하나님의 유일무이한 아들로서 자신의 영광을 보이셨다. 이는 신적 영광이 심장이 멎을 만큼 충격적으로 드러나는 광경이었다. 이 순간 제자들은 아마 거룩한 경외감(거룩한 공포감)을 느꼈을 것이다. 이들은 삶을 영위하기 위한 사소한 영광은 얻을 만큼 얻었고, 자기 삶을 위한 째째한 계획들도 충분히 세웠다. 자신이 어떤 일로 부름 받았는지 인식이 부족한 것도 그 정도면 충분했다. 그런 제자들에게 예수님의 변화는 삶을 바꾸는 순간이어야 했다. 이들은 참된 영광으로 지상의 영광에서 구조되는 중이었고, 그래야 이 영광을 세상에 가지고 나가 전할 수 있을 터였다. 그 순간에는 누구도 사소한 걱정거리들을 생각하지 않았다. 개인의 꿈과 권세도 생각하지 않았다.

　삶이란 한마디로 이렇다. 경외로우신 영광의 하나님, 권세와 지혜와 신실함과 사랑과 은혜 가운데 영화로우신 하나님이 중심이 되시는 것이다. 그래서 모든 사람은 이 영광으로써 자기에게서 구조되어야 한다. 모든 사람은 이 영광을 위해 살도록 창조되었다. 은혜란 한마디로 하나님이 우리처럼 창피스럽고, 감사할 줄 모르고, 반역적이고, 자기중심적인 자들에게 그분의 영원한 영광을 주셨다는 사실이다. 예수님이 제자들에게 자신의 영광을 드러내신 일은 제자들의 성품이 아닌, 예수님의 성품의 영광에 근거한 일이다. 예수님이 자신의 영광을 우리에게 드러내지 않으신다면 우리에게는 아무 소망이 없을 것이다. 예수님이 이런 식으로 우리를 구하지 않으시면 우리는 다른 영광들이 쭉 적힌 두툼한 목록에 마음을 주고 만다. 예수님이 자신의 영광을 드러내시는 이 순간은 장엄한 은혜의 순간, 우리에게 필요한 바로 그 은혜의 순간이다.

　더 깊은 묵상과 격려를 위해 누가복음 9장 23-36절을 읽으라.

누가복음 9장 23-36절로 연결됩니다.

42

**우리의 죄책과 수치가 얼마나 대단하든,
은혜는 우리를
아버지의 뜻을 기뻐하는 사람으로 만든다.**

죄는 마음의 문제라는 사실을 본질적으로 깨닫지 못하는 한 우리는 죄와의 싸움을 절대 이해하지 못한다. 죄 문제를 따지다 보면 항상 나쁜 행실 이야기가 나오지만, 나쁜 행실이 첫 번째 문제는 아니다. 우리가 외부의 유혹에 끌려 넘어가기는 하지만, 외부의 유혹도 첫 번째 문제는 아니다. 죄 문제에는 항상 장소와 상황이 등장하지만 이것도 문제는 아니다. 죄는 마음의 문제다. 이 말이 무슨 뜻인지 설명해 보겠다.

성경은 여러 가지 용어로 우리의 내면, 영혼, 생각, 욕망, 행동 동기를 표현한다. 그런데 이 모두를 종합하면 중요한 집합명사 하나로 요약된다. 바로 '마음'이다. 마음은 성경에서 가장 자주 쓰이는 단어로 손꼽힌다. 사실 나는 이 단어를 이해하기 전에는 우리를 변화시키는 성경의 메시지를 이해할 수 없다고 확신한다. 성경을 읽을 때 이 단어를 이렇게 정의해야 하는지 알아보자면, 마음이란 '나라는 인격체가 형성되고 작동하는 인과적(因果的) 핵심'이다. 마음은 내 생각, 감정, 욕구, 행동 동기가 자리 잡은 곳이다. 마음은 내 자아의 예배 센터다. 마음은 내가 어떤 말과 행동을 하는 이유다. 우리는 말 그대로 마음에서 나오는 것을 바탕으로 살아간다.

죄는 우리 마음속에 살며, 그 때문에 죄는 우리의 생각과 욕구와 선택과 행동 동기를 오염시킨다. 우리는 하나님의 종으로 창조되었지만, 죄는 우리를 자기를 사랑하는 사람으로 만든다. 우리는 창조주를 예배하는 존재로 창조되었지만, 죄는 우리가 피조물을 예배하게 만든다. 우리는 원래 하나님의 영광을 위해 사는 존재로 창조되었지만, 죄 때문에 우리는 인생을 온통 우리 자신의 영광 중심으로만 살아가게 된다.

우리 마음속의 이 모든 상황이 변하지 않는 한 우리의 행실은 전혀 달라지지 않을 것이다. 설령 달라진다 해도 그 변화는 오래가지 않을 것이다. 자기 개혁에 아무리 전념해도 마음이 변화되지는 않는다. 나쁜 습관을 고치려고 아무리 애써도 마음이 변화되지는 않는다. 죄책감과 수치감으로 아무리 자책을 해도 마음이 변화되지는 않는다. 어떤 상황, 위치, 관계를 피해 달아난다 해도 거기에는 마음을 변화시킬 힘이 없다. 죄에서 도망칠 수 없는 이유는, 내가 나 자신에게서 도망칠 수 없기 때문이다. 세상에서 가장 훌륭한 참회 행위도 결국 우리 안에서 이루어지는 일이다. 우리 마음을 근본적으로 변화시키기란 불가능하다.

그러므로 우리에게는 오직 한 가지 선택밖에 없다. 이것만이 이치에 맞는 유일한 선택이다. 다른 모든 선택은 앞뒤가 맞지 않는 어리석은 짓일 뿐이다. 그리고 우리는 더는 필요가 없을 때까지 이 일을 하고 또 해야 한다. 무엇이냐면, 우리는 예수님의 은혜를 향해 달려가야 한다. 달려가서 죄 사함을 구해야 한다. 달려가서 구원을 청해야 한다. 그러니 달리라! 달리라! 달려가라! 더는 달릴 필요가 없는 곳 본향으로 예수님이 나를 데려가실 때까지 은혜를 향해 달리기를 멈추지 말라.

더 깊은 묵상과 격려를 위해 마가복음 7장 1-23절을 읽으라.

마가복음 7장 1-23절로 연결됩니다.

43

> 기도는 내 세상의 중심에서 자신의 자리를 치우고,
> 진심 어린 예배의 행위로서 날마다 그 자리를
> 오직 하나님 한 분께 내드리는 것이다.

기도는 내가 원하고 바라고 필요로 하는 것을 하나님께 아뢰는 행위 그 이상이다. 기도는 내가 누구이고 하나님이 어떤 분이시며 삶이란 무엇인가를 내게 일깨우는 철저한 예배 행위다. 기도란 굴복하는 것이다.

1. 기도란 나보다 궁극적인 어떤 존재가 있다는 현실에 나를 내맡기는 것이다. 우리는 자기의 소망, 꿈, 나날의 관심사를 자연스럽게 개인적 소원, 필요, 감정의 사소한 영역으로 축소시킨다. 하지만 기도는 "태초에 하나님이…"라는 성경의 처음 몇 마디가 지배하는 세계관에 나를 내맡기는 것이다. 그러면 그 세계관이 내게 합당한 자리를 찾아 준다.

2. 기도란 삶이 단순히 나를 중심으로 돌아가지 않는다는 현실에 나를 내맡기는 것이다. 하나님의 존재를 인정하지 않는다면 기도가 기도일 수 없다. 기도는 인간인 우리 또한 정의해 준다. 우리는 단순한 피조물도 아니고 자기 삶의 왕이나 소유자도 아니다. 우리는 하나님의 목적과 하나님의 영광을 위해 하나님께 속한 자들이다. 기도란 개인의 자율성을 내려놓고 경외하는 마음으로 하나님께 절하는 것이다.

3. 기도란 내게 도움이 필요하다는 현실에 굴복하는 것이다. 기도란 우리가 자율적 존재가 아닐 뿐만 아니라 자충족적인 존재도 아니라고 겸손히 고백하는 것이다. 기도는 우리가 원래 독립적으로 사는 존재가 아니라는 사실을 일깨워 준다. 우리는 우리를 만드신 분의 인격적이고 은혜

롭고 지속적인 간섭 없이는 창조된 목적대로 존재할 수 없으며, 부름 받은 일을 행할 수도 없다.

4. 기도란 내 지혜보다 더 큰 지혜가 있다는 현실에 굴복하는 것이다. 기도는 우리가 생각만큼 똑똑하지 않다는 사실을 직시하게 한다. 기도는 우리가 알지 못하거나 이해하지 못하는 일이 많다는 사실을 일깨워 준다. 기도는 우리의 제한된 이해 가운데서는 생명을 찾을 수 없으며, 그 지식이 세상의 처음과 나중을 초월하시며 그 사이에 있는 만물까지 포괄할 만큼 넓은 분의 돌보심에 우리 삶을 맡기는 데서 생명을 찾을 수 있다고 말해 준다.

5. 기도란 내 선택대로 살 권리를 포기하는 것이다. 기도는 자기 삶을 가지고 자기가 원하는 대로 할 선천적 권리가 우리에게는 전혀 없다는 현실 앞에 무릎 꿇는 것이다. 우리는 하나님이 정해 주신 경계 안에 살아야 할 존재로 창조되었다.

6. 기도는 내 소망을 하나님의 은혜 앞에 내놓는 것이다. 기도란 우리가 살든지 죽든지 하나님의 은혜에서 비롯되지 않는 소망은 없음을 기억하는 것이다. 나는 내 안에 있는 소망을 포기하고 하나님께 소망을 둔다.

그러므로 눈을 감고, 고개를 숙이고, 무릎을 꿇으라. 그리고 그렇게 하는 나를 맞아들이는 은혜에 감사하라.

더 깊은 묵상과 격려를 위해 시편 63편을 읽으라.

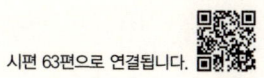

시편 63편으로 연결됩니다.

44

**마음의 소망을 사람에게 건다면 항상 실망할 것이다.
그 누구도 당신의 개인적인 메시아가 될 수 없다.**

하나님이 내 삶에 허락하신 사람들에 대해 감사해야 한다. 그 사람들을 소중히 여겨 사랑해야 한다. 그 사람들을 존귀하게 여기고 존중해야 한다. 그 사람들과의 관계에서 연합과 화평을 지키기 위해 내가 할 수 있는 모든 일을 해야 한다. 그들에게 기꺼이 베풀며 그들을 섬겨야 한다. 그들이 자기 삶에 대해 말하면 마음을 열고 들어야 한다. 나는 본디 이들과 같은 타인과 사랑의 공동체를 이루며 살아야 할 존재로 지음 받았음을 인식해야 한다. 하지만 오직 하나님만이 주실 수 있는 것을 이들에게 기대하며 바라서는 안 된다.

그리스도인들 사이 인간관계에 상처와 아픔이 있고 갈등과 실망이 두드러지는 이유는 당사자들이 그 관계에 짐을, 그 어떤 인간관계도 결코 감당할 수 없는 짐을 지우기 때문이다.

- 어떤 사람도 내 정체성의 근원일 수 없다.
- 어떤 사람도 내 행복의 근거일 수 없다.
- 어떤 한 사람이 내게 아침에 잠깨어 하루를 시작할 이유를 줄 수는 없다.
- 사랑하는 사람이라고 해도 그 사람에게 내 소망을 둘 수는 없다.
- 누구도 나를 속속들이 변화시킬 수는 없다.
- 인간은 나의 과거를 바꿔 놓을 수 없다.
- 어떤 사람도 내 잘못을 구속할 수 없다.

• 사람은 내 마음에 평강과 안식을 주지 못한다.

    나와 다를 바 없는 인간에게 위와 같은 기대를 갖는다는 것은 그 사람에게 삼위일체 하나님의 네 번째 위격이 되어 달라고 요구한 다음, 기대에 미치지 못한다고 비판하는 것과 같다. 그런 기대는 이루어질 수도 없고 소용도 없다. 인간의 사랑이 얼마나 멋진지 기억하는 것도 중요하지만, 마음을 변화시키고 영혼을 만족시키는 생명은 수직적 차원의 관계에서만 발견할 수 있다. 인간의 사랑을 누려야 하지만, 영적 활력과 힘은 하나님께 기대해야 한다. 사랑으로 오래 유지되며 서로 섬기는 관계에 헌신해야 하지만, 오직 하나님만이 나를 구원하실 수 있고 나를 변화시키실 수 있으며, 내게서 나를 구하실 수 있다. 타인을 위해 기꺼이 사랑으로 희생할 수 있어야 하지만, 나의 소망은 오직 주 예수 그리스도의 영원한 희생에만 두어야 한다.

    인간관계에서 내가 겪는 실망은 도달하기 어려운 비현실적인 기대의 결과일지 모른다. 어쩌면 나는 자기도 모르게 사람을 하나님 자리에 앉혔을지 모른다. 혹시 내 옆 사람에게 오직 하나님만이 하실 수 있는 일을 요구하지는 않았는가? 구주는 오직 한 분뿐이고, 그분은 영원히 나의 구주시다. 그 짐을 내 옆 사람에게 지울 수 없다.

    더 깊은 묵상과 격려를 위해 디모데후서 4장 9-18절을 읽으라.

디모데후서 4장 9-18절로 연결됩니다.

New Morning Mercies: A Daily Gospel Devotional / 103

45

죄가 저지르는 가장 큰 반역 중 하나는,
하나님이 그분의 말씀 모든 페이지에 드러내신 지혜를
듣고 따르기를 반복적으로 거부하는 것이다.

두 사람이 논쟁하고, 비난하고, 온통 상처와 분노로 물들어 서로의 잘못을 하나하나 생생하게 늘어놓는 말을 듣고 있노라니 서글픈 생각 하나가 나를 사로잡았다. 두 사람의 관계가 하나님이 원래 작정하신 대로 되는 데 이들에게 필요한 것은, 두 사람 모두 믿는다고 고백한 성경에 명백히 기록되어 있다는 사실이다. 이들의 결혼 생활은 일상에서 하나님의 지혜에 귀 기울이려 하지 않고, 또 그 지혜에 비추어 두 사람이 함께 살아가게 하려고 하나님이 주신 은혜를 추구할 마음이 없는 데서 비롯된 서글픈 재난이었다.

인간관계에 대한 본질적인 지혜가 담긴 다음 구절을 생각해 보라. "모든 겸손과 온유로 [함께 생활] 하고 오래 참음으로 사랑 가운데서 서로 용납하고 평안의 매는 줄로 성령이 하나 되게 하신 것을 힘써 지키라"(엡 4:2-3). 바울이 기록한, 관계를 위한 이 지혜로운 지침에 관해 자세히 생각해 보자.

1. "모든 겸손과…." 교만은 언제나 관계를 파괴한다. 교만은 섬기고 베풀기보다는 스스로 자격 있다 여기게 만들고 요구만 많이 하게 만든다. 교만은 나를 몰아서 상황을 내가 좌지우지하겠다고 주장하게 만든다. 교만은 나의 지배권에 복종하라고 타인에게 강요한다. 교만은 인간관계를 맺는 반(反)관계적 방식이다. 겸손이야말로 경건한 방식이다.

2. "온유로…." 누군가를 온유하게 대하면 그 사람이 내게 가까이 다가오기 마련이다. 상대방에게 온유한 태도로 화답하면 그 사람은 나의 돌봄 아래 있으면 안전하다는 것을 알게 된다. 온유함은 사람과 사람을 묶는 본질적인 띠다.

3. "오래 참음으로…." 기꺼이 기다리고자 하는 마음이 없으면, 나와 마찬가지로 흠결 많은 또 하나의 인간과 건강한 교제를 나눌 수 없다. 모든 일을 내가 정한 때에 내 방식대로 하기를 요구한다면, 나 자신을 사랑하는 데 너무 바빠 상대방을 사랑할 시간이 별로 남지 않은 것이다.

4. "사랑 가운데서 서로 용납하고…." 사랑은 기꺼이 참기를, 즉 기꺼이 견디기를 요구한다. 왜인가? 완전하지 못한 사람과 관계를 맺고 타락한 세상에서 함께 살고 있기 때문이다. 나도 상대방도 자주 실패한다.

5. "평안의 매는 줄로…." 사랑이란 전쟁이 아니라 화평을 이루는 데 헌신한다는 뜻이다.

6. "성령이 하나 되게 하신 것을 힘써 지키라." 사랑이란 올곧기, 내 방식대로 하기, 내가 원하는 것을 손에 넣기보다 '하나 됨'이 더 중요하다는 뜻이다. 사랑은 내 안에도 계시고 상대방 안에도 계신 성령님이 우리에게 놀라운 연합의 기반을 허락하신다는 사실을 기뻐한다.

관계상 의무에 관해 우리가 인용할 수 있는 말씀 중 이보다 더 중요한 말씀은 없다. 앞에서 언급한 부부는 이와 같은 지혜를 손에 쥐고 있으면서도 귀를 기울이지 않았다. 나는 어떠한가?

더 깊은 묵상과 격려를 위해 시편 119편 89-176절을 읽으라.

시편 119편 89-176절로 연결됩니다.

46

죄를 고백하는 것은 은혜다.
오직 은혜만이 우리가 자기 의를 포기하고
자비로우신 주님의 품으로 달려가게 할 수 있다.

죄를 고백하는 것은 우리에게 자연스럽지 않다. 자기 자신을 실제보다 더 의롭게 생각하는 것이 우리에게는 자연스럽다. 내 잘못을 다른 사람 탓으로 돌리는 게 더 자연스럽다. 힘든 상황 탓에 그렇게 행동할 수밖에 없었다고 말하는 게 더 자연스럽다. 죄, 연약함, 실패에 직면할 때는 내면의 변호사를 동원해 자기를 변호하는 것이 우리에게는 자연스럽다. 나를 비난하는 사람을 만나면, 당신이 분명 나보다 더 큰 죄인이라고 역습하는 것이 자연스럽다. 자신을 범법자보다 법을 준수하는 사람으로 보는 편이 자연스럽다. 또 성경을 배웠다는 것, 또는 신학 지식이 있다는 것을 자신의 영적 성숙의 증거로 내놓는 편이 자연스럽다. 자신의 죄보다 타인의 죄에 더 신경 쓰는 것이 자연스럽다. 나 자신의 태도와 행실보다는 타인의 태도와 행실에 더 비판적인 것이 자연스럽다. 자신의 영적 결핍이 얼마나 깊은지 보지 못하는 것이 우리에게는 더 자연스럽다.

모든 죄인에게는 자기 의라는 견고한 체계가 당연해서 밝은 눈으로 겸손하게 자기를 검토하며 잘못을 고백할 자세를 갖추기란 자연스럽지 않다. 가리워진 눈, 자기 만족적이고 자기를 찬양하기 좋아하는 마음이 상한 마음으로 잘못을 고백하는 길을 가로막고 서 있다. 우리가 자기 죄를 슬퍼하지 않는 이유는, 그 죄를 보지 못하기 때문이다. 있지도 않은 의(義)는 보면서 우리 삶을 하루도 빼놓지 않고 더럽히는 죄는 못 본다니 정말 아이러니다.

죄 고백이 어떻게 작용하는지 알아보자. 우리는 보지 못하는 일을 슬퍼할 수 없고, 슬퍼하지 않는 죄는 고백할 수 없으며, 고백하지 않은 잘못은 회개할 수 없다. 그러므로 하나님의 은혜가 하는 가장 중요한 일 중 하나는, 우리 죄를 볼 수 있는 눈과 그 죄를 고백할 수 있는 마음을 주는 것이다. 눈이 열려서 나 자신을 정확히 본다면, 그리고 본 것을 마음으로 겸손히 인정한다면, 바로 영광스럽고 관대하며 우리를 자유롭게 하고 변화시키는 능력의 은혜가 내게 임한 것이다. 왜인가? 정확히 보고 겸손히 인정하는 행동은 죄인에게는 자연스럽지 않기 때문이다. 자기 죄를 마주했을 때 아담은 하와를 탓했고 하와는 뱀을 탓했으며, 두 사람 모두 숨어 버렸다. 두 사람 중 누구도 앞으로 나와 자진해서 진심 어린 고백을 하지 않았다.

그러므로 오늘 볼 수 있는 눈을 달라고, 나 자신을 정확히 통찰하게 해 달라고 부르짖으라. 마음을 에워싼 방어벽을 무너뜨려 주시기를 부르짖으라. 죄가 드러날까 하는 두려움을 물리쳐 주시기를 하나님께 구하라. 기꺼이 걸음을 멈추고 보고, 듣고, 받아들이고, 슬퍼하고, 고백하고, 돌아설 수 있는 은혜를 달라고 부르짖으라. 탐색하고 폭로하는 하나님의 말씀의 거울 앞에 담대함과 소망을 가지고 서라. 두려워하지 말라. 벌거벗고 하나님 앞에 서라. 드러난 모든 일이 내 구주께서 흘리신 피로 충분하고도 완전하게 덮여 가려졌음을 알라. 구주가 계시기에 나는 내 불의함을 두려워할 필요가 없다. 그렇다. 내가 의롭다는 망상이 오히려 더 심각한 위험이다.

더 깊은 묵상과 격려를 위해 사도행전 3장 11-28절을 읽으라.

사도행전 3장 11-28절로 연결됩니다.

47

**우리는 여전히 자기 자신으로부터 구조되어야 한다.
죄가 남아 있는 한, 우리는 하나님이 악이라 부르신
욕망과 생각과 말과 행동에 끌리기 때문이다.**

우리가 이 일을 별 생각 없이 보게 되는 것은 어쩌면 이 일이 순식간에 벌어지기 때문인지 모른다. 뜬금없이 무슨 소리냐고? 죄와의 싸움 이야기다.

생활 속에서 죄와의 싸움은 짧은 순간에 벌어지고, 그래서 사실은 아주 심각한 일인데 그다지 큰 문제가 아닌 것처럼 여기기 쉽다. 설명을 좀 더 하자면, 우리는 무언가 대단한 순간 속에서만 살지 않는다. 삶을 바꿔 놓는 중대한 결단은 아마 평생 두어 번 정도 될까. 우리 중 역사책에 실릴 만한 삶을 살 사람은 많지 않을 것이다. 우리가 죽고 많은 시간이 흘러 후손들의 입에서 입으로 전해질 만한 대단한 사건은 우리 인생에 별로 없을 것이다. 우리는 다 사소하고, 눈에 띄지 않고, 남다를 것 없고, 평범한 순간들을 살아가며 그렇기 때문에 그 사소한 순간들에 끊임없이 드러나는 죄와의 심각한 싸움에서 뒷걸음질치기가 아주 쉽다.

내 삶의 사소한 순간들이 크게 중요하지 않은 이유는, 그 사소한 순간들이 어쩌다 보니 우연히 내가 사는 현주소가 되었기 때문이다. 이렇게 한번 생각해 보라. 한 사람의 삶은 그 사람의 일생에서 크고 중요한 두세 가지 순간으로 구체화되지 않는다. 한 사람의 성품은 일상생활의 수천 가지 사소하고 평범한 순간들 가운데 형성된다. 그 사소한 순간들 속에서 형성되는 성품이 평생 몇 번 안 되는 중대한 순간들을 만날 때 자신의 생각과 대처 방식을 결정한다.

그러므로 다음과 같은 '사소한 죄들'은 사실 그렇게 사소하지 않다.

- 심술궂은 앙갚음
- '나 먼저'라는 교만
- 충동적 구매 욕구
- 내 길을 가로막는 사람에 대한 분노
- 사소한 원한
- 사소한 쾌락에 중독되기
- 사랑하는 사람에 대한 조급함

우리가 알아차리지 못할 만큼 아주 짧은 순간에 벌어지는 이런 일들은 우리 마음이 얼마나 심히 곤궁한지를 생생하게 보여 준다. 이 일들은 우리가 아직 미성숙하며 나를 나로부터 구해내는 은혜가 얼마나 필요한지 일깨운다. 이 일들은 우리가 그리스도 안에서 발견한 것이 여전히 절실히 필요하다고 말해 준다. 이 일들은 경계를 늦추지 말고 사소한 죄들도 심각하게 생각하라고 우리에게 주의를 준다.

우리의 마음을 놓고 다투는 전쟁은 끝나지 않았다. 우리의 상태는 아직 정복하시는 구주를 필요로 한다. 이 사소한 순간들은 사실 크고 중요한 어떤 것을 가리키는 손가락이다. 바로 우리가 죄와 싸우고 있으며 우리의 구주, 왕, 어린양, 주 예수 그리스도 안에서만 찾을 수 있는 은혜가 아직도 우리에게 필요하다는 사실이다.

더 깊은 묵상과 격려를 위해 로마서 7장 14-25절을 읽으라.

로마서 7장 14-25절로 연결됩니다.

48

**하나님은 힘든 관계와 상황을 통해 우리 중심을 드러내시고,
우리로 오직 그분 안에서만 발견되는 은혜를 구하게 하신다.**

난관이 닥칠 때, 생각이 어디로 향하며 마음이 어디로 달려가는가? 괴로움 당하기를 좋아하는 사람은 없다. 예기치 못한 일 처리하기를 즐기는 사람도 없다. 누구나 다 일이 계획대로 진행되고 꿈이 실현되는 것을 좋아한다. 우리는 다 안락하고 예측 가능한 삶을 원한다. 평범한 사람이라면 역경의 영적 가치를 존중하지 않는다. 때문에 하나님의 계획표 안에 머무는 것이 우리로서는 힘든 경향이 있다.

우리 삶의 목표가 이생에서의 개인적 행복이라면(행복을 어떻게 정의하든), 어떤 신학을 고백했든 우리는 일상 차원의 문제들 가운데 우리 구주와 갈등을 일으키며 살게 될 것이다. 많은 그리스도인이 바로 그 지점에서 살고 있다. 이들은 성경의 진리를 믿는다 말하고, 메시아를 신뢰한다 말하시만, 그러면서도 하나님께 대한 무언의 실망, 짜증, 조급함, 좌절 상태에서 살고 있다. 이 상태의 특징은 흔히 다음과 같은 고전적 질문으로 요약된다. "하나님이 나를 사랑하신다면 왜 ~하시는 걸까?" 이 질문을 한번 풀어 헤쳐 보자.

첫째, 하나님의 사랑에는 "~한다면"(if)이 없다. 시편 기자의 말처럼 "그의 인자하심이 영원"하다(시 118:1). 하나님의 사랑은 절대 변덕스럽지 않다. 하나님의 사랑은 싫증내지 않는다. 하나님의 사랑은 고갈되지 않는다. 다시 말해 하나님의 사랑에는 의문의 여지가 없다는 뜻이다. 둘째, 이 질문의 본질이 무엇인지 생각해 보라. 이 질문을 하는 사람은 "나를

사랑하시는 하나님은 악하고 어리석어 보이는 일에서 과연 어떤 선하고 지혜로운 일을 하고 계신가?"라고 묻는다기보다, 하나님의 성품 자체에 직접적인 의심을 표하고 있다. 이런 종류의 질문에는 어떤 식으로 답변해도 절대 영적으로 선한 결론에 이르지 못한다.

결론은 이렇다. 우리가 하나님의 성실함에 관한 문제와 씨름하는 이유는 하나님이 성실하시지 않기 때문이 아니라 우리가 성실하지 않기 때문이다. "이봐요, 지금 무슨 말을 하는 겁니까?"라고 생각할지도 모르겠다. 세상의 첫날부터 하나님은 자신의 열심을 우리에게 분명히 전달하셨다. 우리를 구하고, 죄를 사하고, 변화시키는 은혜로써 우리가 하나님과 관계를 맺게 되는 것, 그리고 그 관계의 맥락에서 우리가 하나님의 아들의 형상으로 온전히 빚어져 가는 것이 하나님의 목적이다. 하나님은 우리가 개인적으로 정의 내리는 행복한 삶을 우리에게 주겠다고 약속하신 적이 없다. 그보다는 모든 수단을 다해 우리 마음과 삶 가운데서 시작하신 구속의 역사를 완성할 것이라고 약속하셨다. 하나님은 불성실하지 않으시다. 하나님은 자신의 모든 약속을 다 지키셨다. 하나님은 자신이 말씀하신 것은 다 행하실 것이다.

우리의 문제는, 하나님의 거룩한 사역에 불충한 채 나를 위한 내 계획과 내 삶을 위한 내 꿈에 혹하는 경향이 있다는 것이다. 우리 삶 가운데 시련이 있는 이유는 하나님이 우리를 잊으셨기 때문이 아니라 오히려 하나님이 우리를 기억하시고 그분의 은혜로 우리를 변화시키시기 때문이다. 이 점을 기억하면 불편한 가운데서도 기쁨을 누릴 수 있다.

더 깊은 묵상과 격려를 위해 고린도후서 4장 7-18절을 읽으라.

고린도후서 4장 7-18절로 연결됩니다.

49

**이 세상에서 누리는 일시적인 즐거움의 의미는
우리에게 하나님을 아는 영원한 즐거움을 가리키는 데 있다.**

이야기는 거기 모인 사람들의 생각처럼 끝나지 않았다.

바다 건너편에서 만나 랍비여 언제 여기 오셨나이까 하니 예수께서 대답하여 이르시되 내가 진실로 진실로 너희에게 이르노니 너희가 나를 찾는 것은 표적을 본 까닭이 아니요 떡을 먹고 배부른 까닭이로다 썩을 양식을 위하여 일하지 말고 영생하도록 있는 양식을 위하여 하라 이 양식은 인자가 너희에게 주리니 인자는 아버지 하나님께서 인치신 자니라… 예수께서 이르시되 나는 생명의 떡이니 내게 오는 자는 결코 주리지 아니할 터이요 나를 믿는 자는 영원히 목마르지 아니하리라… 내가 곧 생명의 떡이니라 너희 조상들은 광야에서 만나를 먹었어도 죽었거니와 이는 하늘에서 내려오는 떡이니 사람으로 하여금 먹고 죽지 아니하게 하는 것이니라 나는 하늘에서 내려온 살아 있는 떡이니 사람이 이 떡을 먹으면 영생하리라 내가 줄 떡은 곧 세상의 생명을 위한 내 살이니라 하시니라 (요 6:25-27, 35, 48-51).

예수님은 방금 한 소년이 준비해 온 점심으로 엄청나게 많은 사람을 먹이셨다. 사람들은 예수님의 권능에 놀랐고, 물질적으로 자신들의 필요를 채워 줄 수 있는 예수님의 능력에 흥분했다. 이들은 이분이야말로 자신들이 원하는 바로 그런 왕이라고 생각했다. 하지만 예수님은 이들의 생각에 전혀 관심이 없으셨다. 거기 모인 사람들에게는 놀랄 일이었지만 예수님은 이들에게서 달아나 몸을 숨기셨다. 마침내 예수님을 따라잡은 사람들은 예수님의 이런 태도가 혼란스럽다고 고백했고, 예수님은 본질적으로 이런 말씀을 하셨다. "내가 이 땅에 온 것은 단순히 너희에게 물질을 제공하기 위해서가 아니라, 너희의 가장 깊은 영적 필요를 채우기 위해서다. 내가 너희에게 주는 모든 선한 물질은, 내가 내 삶과 죽음과 부활을 통해 너희에게 마련해 줄 영적 양식을 가리키려는 것이다." 모든 물질적인 복은 우리 마음을 하나님께 바침으로써만 찾을 수 있는 영적인 복을 가리키도록 하나님이 계획하신 것이다.

그러면 다음과 같은 의문이 남는다. 우리는 삶에서 사실 무엇을 원하는가? 우리는 하나님께 무엇을 원하는가? 우리는 하나님의 은혜의 사역을 정말로 존중하는가? 우리는 하나님이 매순간 우리를 구해 주셔야 한다는 사실을 정말로 인정하는가? 우리는 하나님의 죄 사함을 가치 있게 여기는가? 우리는 정말로 변화되고자 하는가? 우리는 우리 마음의 특성과 영혼의 상태를 염려하는가? 우리는 하나님이 거룩하시듯 우리도 거룩해지는 일에 조금이라도 관심이 있는가? 이 모든 질문은 다음 한 가지 질문으로 요약된다. 우리는 하나님의 은혜를 소중히 여기는가, 아니면 멋진 집, 자동차, 휴가, 요리, 친구들이 있는 안락한 삶을 소중히 여기는가?

예수님이 어떤 선물을 주실 때 그분을 내 왕으로 삼고 싶은 마음이 들겠는가? 오늘 겸손히 이 질문을 묵상하라. 온통 그릇된 이유로 예수님을 내 왕으로 삼고자 하는가? 그렇다고 해도 예수님에게서 도망쳐 몸을 숨기지 말라. 그런 경우를 위한 은혜도 있기 때문이다!

더 깊은 묵상과 격려를 위해 디도서 2장 11-14절을 읽으라.

디도서 2장 11-14절로 연결됩니다.

50

**은혜는 다른 것은 절대 불가능한 일을 하는 능력을 지녔다.
바로 우리를 자신으로부터 구하여 본래 창조된 모습으로 회복시키는 일이다.**

구하여 회복시키기, 이것은 구속의 두 가지 본질이며 우리는 둘 중 어느 하나도 스스로의 힘으로는 할 수 없다. 하지만 우리 힘으로 해결할 수 없는 문제가 있음을 인정한다는 것도 쉬운 일이 아니다. 우리는 화가 날 때 이 일이 나 자신에 대해 무언가를 말해 준다기보다 내 주변의 흠결 많은 사람들에 대해 더 많이 말해 준다고 생각하기 좋아한다. 참을성 없이 행동하면서도 우리는 다른 사람이 계획성 없이 일했기 때문이라고 하거나, 날마다 접하는 사람들의 성격에 문제가 있기 때문이라고 핑계대기를 좋아한다. 우리의 죄에 대해서는 타락한 세상이 자꾸 우리를 유혹한다고 책임을 떠넘기기 좋아한다. 옳지 않은 말이나 행동을 해놓고는 상사, 배우자, 자녀, 친구, 힘든 상황, 분주한 하루, 나쁜 컨디션, 나쁜 부모, 부조리, 그 밖의 기나긴 핑계 목록을 가리킨다. 하지만 성경은 아주 분명하게 말한다. 우리는 모두 한 질병의 말기 환자인데 이 병의 원인은 주변 사람이나 상황이 아니다. 우리가 이 파괴자를 데리고 세상에 들어왔다. 다윗은 이렇게 표현한다. "내가 죄악 중에서 출생하였음이여 어머니가 죄 중에서 나를 잉태하였나이다"(시 51:5).

우리는 자기 자신을 속이려 할 수 있다. 우리는 책임 앞에서 발을 빼려 애쓸 수 있다. 주변 사람이나 상황으로 책임을 돌리는 기술을 연마할 수도 있다. 하지만 받아들이기 힘든 성경의 메시지, 즉 나의 가장 큰 문제는 바로 나 자신이다. 우리에게 도움이 필요한 이유는 바로 나 자신 때문이다. 나 자신만큼 내게 위험한 존재는 어디에도 없다. 우리에게는 도움이 필요하며, 이 도움은 내가 나 자신에게 줄 수 없는 도움이다. 우리에게는 교육, 사회화, 정치, 혹은 관계나 장소의 변화보다 더 근원적인 도움이 필요하다. 우리를 홀로 내버려 두면, "세상에서 소망이 없고 하나님도 없는 자"(엡 2:12)로 멸망할 수밖에 없다.

하지만 소망을 불어넣는 성경의 이야기가 있으니, 우리는 홀로 버려지지 않았다는 것이다. 하나님은 구하여 회복시키는, 중단할 수 없는 사역의 하나로서 세상의 모든 사건을 다스리신다. 하나님은 자신의 거룩한 아들을 이 땅에 보내사 죄의 혼란상으로 인해 고난당하게 하셨다. 하나님이 아들을 보내셔서 우리로서는 절대 불가능한 완벽한 삶을 살게 하시고, 죄 때문에 자기를 희생하게 하시고, 죄의 삯인 죽음을 물리치게 하셨다. 이는 길을 잃고 반역하며 자기 변명에 바쁜 우리에게 베풀어진 경외스러운 은혜인데, 심지어 우리에게는 그 은혜가 얼마나 필요한지 깨우치는 은혜도 필요하다. 이 은혜에 나를 내게서 구하는 일이 포함되는 이유는, 우리는 스스로 자신에게서 벗어날 수 없기 때문이다. 이 은혜에 회복이 포함되는 이유는, 우리는 스스로를 하나님이 창조하시고 구속하셨을 때 의도하신 모습으로 변화시킬 수 없기 때문이다. 그러므로 오늘 나의 필요를 고백하라. 은혜가 필요하다는 사실을 부인해서는 그 어떤 선한 결론에도 이를 수 없다. 나의 소망, 곧 구하여 회복시키시는 하나님께 감사하라. 그리고 하나님의 말씀이라는 거울을 정직하게 들여다보기로 결단하라. 그럴 때 하나님이 이미 값없이 주신 것을 내가 얼마나 필요로 하는지 계속 기억하게 될 것이다.

더 깊은 묵상과 격려를 위해 예레미야 17장 5-8절을 읽으라.

예레미야 17장 5-8절로 연결됩니다.

51

하나님이 우리에게 하라고 부르신 일을
할 수 없다고 말하는 것은 이단이다.
하나님의 소유로서 우리는 은혜로 할 수 있다.

우리는 쉼 없이
자기 자신에게 말한다.
우리는 쉼 없이
자기 자신에게
어떤 복음을 설교한다.

할 수 없다고 하는
스스로 만든 복음,
편파의 복음,
빈곤의 복음,
무능력의 복음,

아니면
예수 그리스도의
참 복음,
소망,
자비,
죄 사함,
구속,

사랑,
변화의 복음을.

절대 혼자가 아니라고 하는
반드시 도움이 있다고 하는
가까이 계신 분의 복음,
보살피시는 분의 복음,
승리에 흠뻑 잠긴
아름다운 영원의 복음을.

우리는 늘 귀를 기울인다.
우리가 자신에게 하는
설교에.

오늘, 어떤 종류의 복음을 자신에게 설교할 것인가? 그리고 그 설교는 내 삶의 방식에 어떤 영향을 끼칠 것인가?
더 깊은 묵상과 격려를 위해 시편 33편을 읽으라.

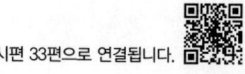

시편 33편으로 연결됩니다.

52

> 그렇다. 우리는 오늘 어떤 일을 겪을지 알 수 없다.
> 하지만 우리의 주권자이신 구주께서는 아시며,
> 그분의 자비는 새롭고 우리가 겪을 일에 딱 맞춰져 있다.

다음은 대단히 위로가 되는 말씀, 영원의 이편에 사는 하나님의 모든 자녀들의 마음속에 생생히 살아 있어야 할 그런 말씀이다. 히브리서 4장 14-16절에 귀 기울여 보자.

그러므로 우리에게 큰 대제사장이 계시니 승천하신 이 곧 하나님의 아들 예수시라 우리가 믿는 도리를 굳게 잡을지어다 우리에게 있는 대제사장은 우리의 연약함을 동정하지 못하실 이가 아니요 모든 일에 우리와 똑같이 시험을 받으신 이로되 죄는 없으시니라 그러므로 우리는 긍휼하심을 받고 때를 따라 돕는 은혜를 얻기 위하여 은혜의 보좌 앞에 담대히 나아갈 것이니라.

이 말씀에 새겨진 소망을 생각해 보자.

1. 우리에게는 대제사장이 계신다. 이 한 가지 사실만으로도 정말 놀라운 일이다. 그런데 예수님이 지금 아버지의 오른편에 앉아 우리를 위해 끊임없이 중보하신다니 이 사실은 영원히 기뻐할 가치가 있는 구속적 기적이다.
2. 우리의 대제사장은 우리의 연약함을 동정하신다. 뿐만이 아니라 우리의 대제사장은 독특하게도 우리 인간의 연약한 상태에 마음이 움직이는 분

이시다. 그분은 어떤 식으로든 우리의 몸부림에 냉담하거나 무관심하지 않으신다.

3. 우리는 우리가 겪은 일을 똑같이 겪으셨을 뿐만 아니라 그 이상까지 겪으신 분에게 달려간다. 우리의 대제사장이 우리의 몸부림에 쉽게 마음이 움직이시는 이유는 우리와 똑같은 일을 겪으셨기 때문이다. 이 사실을 기억하면 위로가 된다. 우리의 대제사장은 우리가 마주한 일을 기꺼이 마주하셨을 뿐 아니라 그 이상을 겪으셨다. 우리보다 더 심하고 더 깊은 곤경을 만나셨지만, 그럴 때 포기하는 우리와 달리 그분은 절대 굽히지 않으셨다.

4. 우리는 담대하게 우리의 대제사장께 나아갈 수 있다. 이 모든 일의 결과, 우리에게는 우리 안의 연약함과 우리 외부의 유혹과 맞서 싸울 때 완전한 확신과 확실한 소망을 가지고 찾아갈 수 있는 분이 있다. 실로 그분의 손에는 우리에게 필요한 모든 것이 들려 있다.

5. 우리의 특별한 필요에 최적화된 자비를 우리는 기대할 수 있다. 우리의 대제사장의 은혜를 힘입어 우리는 무엇을 기대하는가? 그분의 성실한 임재와 신뢰할 만한 약속에 근거해 우리는 지금 겪는 일에 딱 들어맞는, 절대 부족하지 않은 자비를 기대할 수 있다.

자신의 약점과 직면하며 싸울 때 스스로에게 이렇게 말하라. "내게는 이럴 때 신뢰할 수 있는 이해심 깊은 대제사장이 계시다."
더 깊은 묵상과 격려를 위해 히브리서 1장을 읽으라.

히브리서 1장으로 연결됩니다.

53

우리가 무엇을 예배하는지는 주일 아침이 아니라,
나머지 6일 동안 우리가 하는 말과 행동에서
가장 잘 증명된다.

'예배'(worship)라는 단어는 대단히 오해되고 있다. '예배'라는 말을 들을 때 사람들은 대개 일정한 형식을 갖춘 집단적 종교 활동을 즉각 떠올린다. 가장 먼저 떠올리는 것은 아마 순례자들이 모여 부처의 발 밑에 촛불을 밝혀 놓은 광경, 혹은 같은 신앙을 가진 다수의 신자들이 찬송을 부르는 광경, 또는 수요일 밤의 소그룹 모임일 것이다. 달리 말해, 대다수 사람에게 '예배'란 생활 가운데서 겉으로 드러나는 영적 활동을 요약하는 단어다. 하지만 성경은 이 단어를 근본적으로 다르게 사용한다.

성경은 우리를 '예배자'로 묘사한다. 이 말은 가끔 한 번씩 예배하는 사람을 뜻하지 않는다. 이 말은 단순히 우리 삶에 신앙적 측면이 있다는 뜻도 아니다. 그렇다. 이 예배라는 것은 그보다 훨씬 근본적이다. 하나님은 우리를 예배자로 만들 계획이셨다. 다시 말해 예배는 먼저 우리의 정체성이며, 그런 다음 우리의 활동이 된다는 뜻이다. 예배 성향 혹은 예배 욕구가 우리 모두의 마음에 자리 잡은 것은 우리를 하나님께로 이끌기 위해서다. 우리는 하나님께 예배드리는 자로 창조되었다. 세상에 예배하지 않는 인간은 없다. 인간을 나누는 유일한 기준은 무엇을 혹은 누구를 예배하느냐이다.

그렇다면, 우리가 모두 예배자라는 말은 무슨 뜻인가? 무엇보다 이 말은 우리가 자신의 정체성, 소망과 꿈, 행복에 대한 내면의 인식, 삶의 의미와 목적을 무언가에 둔다는 뜻이다. 우리는 자기 마음을 주관할 권리를 다른 무언가에게 넘긴다. 우리는 모두 무언가를 좇아 산다. 우리는 자신에게 생명을 주리라고 생각하는 것 앞에 굴복하고 그것을 섬기는 경향이 있다.

성경은 우리 예배의 대상이 될 수 있는 것은 두 가지밖에 없다고 말한다. 무엇을 믿든 우리는 일상에서 창조주를 예배하며 그분께 삶을 바치든지, 아니면 피조물을 적극적으로 예배한다. 죄는 우리 모두를 어떤 식으로든 우상 숭배자로 만든다. 우리는 하나님이 계셔야 마땅한 자리에 자기 자신이나 다른 사람, 혹은 다른 어떤 것을 갖다 놓는다.

참되고 살아 계신 한 분 하나님을 예배하는 자리야말로 우리가 생명을 찾을 수 있는 유일한 곳이다. 하나님 아닌 다른 무엇을 예배하는 것은 멸망으로 가는 길이다. 오늘, 내가 하는 모든 말, 내가 하는 모든 선택, 내가 하는 모든 행동은 한 예배로써 구체화될 것이다. 내게는 예수 그리스도의 은혜가 필요하다. 다시 말해, 오늘 내 마음에서 예배 전쟁이 벌어진다는 뜻이다.

더 깊은 묵상과 격려를 위해 역대상 16장 28-34절을 보라.

역대상 16장 28-34절로 연결됩니다.

54

**하나님이 싫어하시는 것을 애통해하는 슬픔은 선하다.
그러나 하나님의 선하심과 사랑을
의심하는 슬픔은 위험하다.**

자신은 아삽의 몸부림과 아무 상관이 없다고 말할 사람 누가 있을까? 그럴 수 있는 사람은 없다. 우리도 그 몸부림을 겪어 왔다. 시편 73편을 보라.

> 나는 거의 넘어질 뻔하였고 나의 걸음이 미끄러질 뻔하였으니
> 이는 내가 악인의 형통함을 보고 오만한 자를 질투하였음이로다
> 그들은 죽을 때에도 고통이 없고 그 힘이 강건하며
> 사람들이 당하는 고난이 그들에게는 없고
> 사람들이 당하는 재앙도 그들에게는 없나니…
> 볼지어다 이들은 악인들이라도
> 항상 평안하고 재물은 더욱 불어나도다
> 내가 내 마음을 깨끗하게 하며
> 내 손을 씻어 무죄하다 한 것이 실로 헛되도다
> 나는 종일 재난을 당하며 아침마다 징벌을 받았도다…
> 내 마음이 산란하며 내 양심이 찔렸나이다
> 내가 이같이 우매 무지함으로 주 앞에 짐승이오나(2-5, 12-14, 21-22절).

아삽은 애통해하고 있다. 좋다. 하지만 이는 완전히 그릇된 애통함이다. 아삽은 슬픔으로 가득하다. 하지만 이는 위험하고 성난, 비난 어린

슬픔이다. 나도 그런 적이 있다. 나도 아삽과 같은 심정이었던 적이 있다. 나도 아삽하고 비슷한 말을 했다. 타락한 세상에서 살다 보면, 슬퍼할 이유가 생긴다.

우리는 죄와의 싸움을 애통해해야 한다. 나의 현주소인 타락한 세상의 망가지고 안타까운 상태를 애통해해야 한다. 부패, 불의, 빈곤, 오염, 질병을 애통해해야 한다. 이런 일들을 애통해하는 것은 옳다. 그러나 우리는 자신의 애통함을 경계해야 한다. 나의 애통함은 절대 중립적이지 않기 때문이다. 우리는 그분이 만든 세상의 상태를 보고 우시는 하나님과 더불어 애통해하든지, 아니면 하나님의 선함과 지혜와 사랑을 의심하면서 하나님을 대적해 애통해하든지 둘 중 하나다.

하나님을 의심하는 쪽으로 마음이 끌리는 이유는, 하나님의 자녀로서 내가 마주하는 현실과 내 옆 사람(하나님을 무시하는 사람)이 마주하는 현실이 너무 크게 대조되어 도무지 받아들이기 어려운 순간을 만나기 때문이다. 좋은 사람은 심히 두드려 맞고 나쁜 사람은 모든 게 쉽게 풀리는 것 같다. 이런 현실 앞에서 아삽은 본질상 이런 의도로 말한다. "나는 순종했는데 고작 이것뿐이란 말인가?" 이는 분노에 차서 하나님의 선함을 고발하는 말이다. 눈앞의 현실이 이해되지 않을 때는 하나님이 정말 선하신지 의심하기보다 그 선함으로 달려가라. 그러면 아삽과 같은 결론에 이를 것이다. "내 육체와 마음은 쇠약하나 하나님은 내 마음의 반석이시요 영원한 분깃이시라"(26절).

더 깊은 묵상과 격려를 위해 시편 74편을 읽으라.

시편 74편으로 연결됩니다.

55

**하나님은 내가 말하는 '좋은 삶'의 도구가 되기를 거부하신다.
좋은 삶에 대한 정의는 반드시 하나님과 나의 관계여야 한다.**

우리는 하나님을 일종의 배달원으로 만드는 경향이 있다. 우리는 하나님이 우리를 위해 해주실 수 있는 일과 우리에게 주실 수 있는 것을 생각하면서 마음이 들뜬다. 우리는 기도란 우리가 작성한 자기중심적이고 개별적인 소원 목록에 결재를 받는 일이라고 생각한다. 하나님이 무엇을 주셨으면 하고 바라는가? 우리는 자신을 행복하게 해주리라 생각되는 것에 마음을 둔다. 어쩌면 그것은 어떤 사람의 사랑일 수도 있고 사람들이 시시콜콜 말하는 행복한 결혼 생활일 수도 있다. 어쩌면 어느 정도의 풍족함과 그 덕분에 경험하고 누리는 모든 것일 수 있다. 사역에 성공해서 영향력을 갖고 박수갈채를 받는 것일 수도 있다. 질병이나 고난에서 벗어나는 것일 수 있다. 어쩌면 그저 일주일 동안 아무것도 안 하는 것, 혹은 먼지 때 띨 시 않는 것일 수도 있다. 멋진 휴가나 속 썩이지 않는 자녀일 수도 있다. 자, 어떤 면에서 이 모든 소원은 본래 악하지 않다. 하지만 전체적으로는 무언가 잘못되었다.

'훌륭한 삶'이 무엇인가에 대한 우리의 관념에는 사실상 하나님이 빠진 경우가 많다. 우리는 하나님의 임재와 약속과 예비하시는 은혜와 전혀 동떨어진 '훌륭한' 것을 생각한다. 어떤 식으로든 하나님 밖에서 생명을 찾을 수 있다는, 세상이 우리의 구원자가 되어 줄 수 있다는 교묘한 믿음이 있다. 이런 믿음에 빠져들기 때문에 하나님이 우리 꿈의 중심이 되지 못하신다. 우리의 꿈에 하나님이 안 계신다. 그러면 하나님을 우리가 꿈꾸는 바람직한 삶의 배달원처럼 여기고 그 삶을 달라고 요구하는 것만이 하나님이 실제로 우리 꿈과 접촉하는 유일한 길이 되고 만다. 이 경우, 하나님은 우리에게 생명이 아니라, 생명을 배달하는 존재가 된다. 우리가 갈급해하는 목표가 아니라, 우리가 갈망하는 그 목표에 이르는 수단이 된다.

완전히 거꾸로 뒤집혔다. 훌륭한 삶에 관한 우리의 환상 속에서는 우리가 곧 주권자다. 무엇이 옳은지, 무엇이 바람직한지, 무엇이 중요한지, 무엇이 가치 있는지 우리가 결정한다. 삶이 무엇인지 우리가 규정한다. 삶의 의제를 우리가 좌우하고 시간표도 우리가 정한다. 훌륭한 삶의 차림표도 우리가 작성한다. 이렇게 해서 우리가 중심이 된다. 우리가 하나님을 고용해서 우리 명령을 행하게 하고, 하나님이 따라 주실 경우 우리는 하나님께 감사하며 하나님은 선하시다고 선포한다. 이는 성경이 말하는 믿음과 별로 닮은 데가 없는 자기중심적인 이단이다. 하지만 우리는 자기 자신을 주권자로 삼기가 아주 쉽다. 내게 무엇이 최선인지 내가 가장 잘 안다는 생각은 아주 유혹적이다. 수직적 관계에서만 찾을 수 있는 것을 수평적 차원에서 돈 주고 구매하면서 하나님은 왜 이것을 주지 못하셨는지 의문을 갖기가 우리로서는 아주 자연스럽다.

시편 103편은 하나님이 "좋은 것으로 네 소원을 만족하게 하사 네 청춘을 독수리 같이 새롭게 하시는도다"(5절)라고 말한다. "좋은(good) 것"은 한 인격체인데, 그분의 이름은 바로 예수다. 그렇다. 사실이다, 예수님이 바로 내게 필요한 '훌륭한 삶'이시다. 나의 소원 목록에 무엇이 기록되었든 말이다.

더 깊은 묵상과 격려를 위해 요한복음 10장 1-18절을 읽으라.

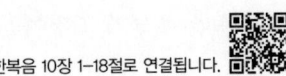

요한복음 10장 1-18절로 연결됩니다.

56

**낙심은, 우리를 회복시키는 하나님의
성품과 임재와 약속의 영광이 아니라
피조물의 망가진 영광에 더 주목하게 한다.**

그들은 하나님이 약속하신 땅의 경계에 서 있었다. 그 땅이 눈앞에 아름답게 펼쳐져 있었다. 그들은 정탐꾼을 보내 땅을 살펴보게 했다. 돌아온 정탐꾼들은 그 땅이 풍요롭고 비옥해 즙과 꿀이 가득한 열매를 생산한다고 보고했다. 그러나 이스라엘 백성은 기쁨과 기대로 펄쩍펄쩍 뛰지 않았다. 이들은 빨리 그 땅에 들어가고 싶어 안달하지 않았다. 오히려 그 반대였다. 발을 땅에 붙인 채 한 발짝도 움직이려 하지 않았다. 그들은 그 자리에 서서 여호와를 향해 불평했다. "여호와께서 우리를 미워하시므로 아모리 족속의 손에 넘겨 멸하시려고 우리를 애굽 땅에서 인도하여 내셨도다… 그 백성은 우리보다 장대하며 그 성읍들은 크고 성곽은 하늘에 닿았으며"(신 1:27-28).

이 역사적 순간을, 영적 판단과 결정이 필요했던 중요한 시기가 기록되어서 우리에게 본보기와 교훈이 된 것은 바로 우리가 그들과 똑같은 사람이기 때문이라고 성경은 말한다. 이 순간은 그들의 삶에서 가장 놀랄 만한 순간이었다. 그들은 분에 넘치는 것, 자기 힘으로는 획득하지 못할 것을 받기 직전이었다. 생명, 풍성하고 충만한 생명이 저 경계 너머에 있었다. 이 생명이 그들의 몫인 이유는, 그들을 속박에서 구원하신 분이 단순히 자유를 전하시는 분이 아니었기 때문이다. 그분은 생명을 주시는 분이기도 했다. 그들은 아무것도 자기 힘으로 획득하지 않았지만, 곧 그 모두를 손에 넣기 직전이었다. 하지만 그들은 거절했다. 움직이려 하지 않았다. 모든 것이 비현실적이고 불가능해 보였다. 모든 것이 잔인한 함정처럼 보였다. 이것은 크고 영적인 미끼일 뿐이며, 이 미끼를 무는 순간 모든 상황이 반전될 것 같았다. 그들은 자기 소유의 땅을 약속 받았는데, 그 땅은 그들을 원하지 않는 사람들로 가득했다. 하나님은 도대체 무엇을 어떻게 하시려는 걸까?

그들의 실망에는 치명적 결함이 있었다. 하나님의 계획을 가로막는 장애물처럼 보였던 것은 사실 하나님의 계획의 일부였다. 그들의 믿음을 약하게 만든 상황은 사실 그들의 믿음을 확고히 하기 위한 하나님의 도구였다.

하나님은 내가 오늘 어떤 일을 마주하고 있는지 아신다. 나를 에워싼 세상이 얼마나 망가진 상태인지 잘 아신다. 하나님은 이 모든 장애물 앞에서 자신의 계획을 어떻게 진척시켜 나갈지 몰라 당황하고 계시지 않는다. 그러니 낙심하지 말라. 하나님은 그분이 원하는 바로 그 위치에 나를 두신다. 내 믿음을 확고히 하기 위해, 나를 두렵게 하는 그 일을 어떻게 활용할지 하나님은 잘 아신다. 하나님은 내가 마주한 곤경에 놀라지 않으시며, 그런 일을 나 혼자 힘으로 감당하게 두실 생각도 없다. 하나님은 권능, 영광, 선함, 지혜, 은혜로써 내 편이 되신다. 내가 물리칠 수 없는 것을 하나님은 물리치실 수 있다. 그분은 이 곤경을 나를 끝장내는 원수가 아니라 나를 변화시키는 은혜의 도구로 삼을 작정이시다.

더 깊은 묵상과 격려를 위해 여호수아 1장을 읽으라.

여호수아 1장으로 연결됩니다.

57

**자신을 의롭게 여기는 사람은
다른 사람들도 그러기를 바라며 점점 요구가 많아지고,
판단하게 되고 늘 실망하게 된다.**

우리가 인간관계에 실망하게 되는 이유는 대개 타인에게 비현실적인 기대를 갖기 때문이 아니라 나 자신에 대해 왜곡된 견해를 갖기 때문이다. 가혹하고, 참을성 없고, 흠 잡기 좋아하고, 걸핏하면 짜증내고, 비판적이고, 퉁명스럽고, 불친절한 태도로 타인을 대할 때 이런 태도는 그 상대방보다 내가 나 자신을 어떻게 생각하는지를 더 잘 드러내 보여 준다. 무슨 말인지 모르겠는가? 다시 설명해 보겠다.

밤 늦게 중학생 아들에게 물어볼 게 있어서 아이의 방으로 들어간다. 그런데 갖가지 잡동사니 때문에 문이 잘 열리지 않는다. 방 안에는 땀 냄새나는 옷가지, 치우지 않은 그릇들, 온갖 전자기기 부품들이 널브러져 있다. 사람 사는 방이라고 믿어지지가 않는다! 그간 참을 만큼 참은 나는 마침내 폭발하고 만다. "내가 낳은 아이가 이렇게 지저분한 인간일 수 있다고는 생각해 본 적이 없다. 너는 자존감이라고는 눈곱만큼도 없니? 어른이 되어서 나잇값을 할 때까지 이 쓰레기를 죄다 쓸어서 창고에 넣고 아무것도 없는 빈 방에서 살게 해야겠구나. 아빠가 네 나이 때는 자기 물건을 이런 식으로 취급한다는 건 생각도 못했어."

자, 이제 나와 함께 이 말을 해독해 보자. 내가 방을 나간 후 중학생 아이는 이렇게 혼잣말하지 않을 것이다. "이것 참, 도움이 되는 말씀이군. 정말 유익한 말씀을 해주시는 진짜 지혜로운 어른이야. 이런 어른이 내 아버지라니 얼마나 감사한지." 그렇다. 아이는 이렇게 생각하지 않는다.

왜냐하면 그 순간 나는 하나님이라면 과연 이 아이의 마음과 삶 가운데서 어떻게 행동하셨을지 생각하며 말하지 않았기 때문이다. 오히려 나는 하나님의 방식에 걸림돌이 되고 있었다. 왜 걸림돌이 되었는가? 마지막에 한 말 "아빠가 네 나이 때는…"이 모든 걸 망쳤다.

나의 자기 의가 자녀에게 화를 내고 자녀를 불친절하게 대하게 만든다. 너그러운 부모의 지혜로 자녀의 게으름을 대하지 못하는 이유는 내가 본질적으로 자녀와 다르다고 생각하기 때문이다. 내가 아이에게 한 말은 사실상 이런 뜻이다. "네가 나처럼 의롭다면 이렇게 하지 않을 텐데." 스스로 의롭다 여기는 사람은 주변 사람들이 내가 생각하는 나만큼 의롭기를 기대하게 되고, 그들이 그 기대에 부응하지 못하면 비판적인 태도로 그들을 대하게 된다. 바리새인처럼 나는 나 자신도 감당치 못하는 짐을 다른 사람에게 지운다(마 23:1-12을 보라).

내게 은혜가 얼마나 절실히 필요했으며 또 여전히 얼마나 필요한지 겸손히 깨닫고 행할 때 타인을 은혜로 대하게 된다. 중학생 자녀의 방에 들어설 때 나는 이 아이와 다르다고 생각하기보다 나도 이 아이와 다를 바 없다고 생각하며 들어간다면, 아이의 잘못을 다루는 방식에 동정심이 깃들게 된다. 누구에게나 힘겹게 싸워나가는 일이 있고, 그런 일은 어떤 형태로든 내 삶에도 존재한다는 사실을 인정하면, 그들에게 판사봉을 휘두르기보다 하나님의 은혜로 감싸 안게 된다. 타인을 얼마나 합당하게 대하는가는 내가 나 자신을 얼마나 정확히 보는가와 직접적으로 연관된다. 그리고 은혜는 바로 이를 위한 것이기도 하다.

더 깊은 묵상과 격려를 위해 마태복음 23장을 읽으라.

마태복음 23장으로 연결됩니다.

58

**경탄과 믿음 사이에는 중요한 차이가 있다.
하나님은 단순히 우리 마음을 격앙시키기 원하지 않으신다.
그분은 우리 마음을 사로잡기 원하신다.**

중요한 구분인데, 충분히 강조되지 않는 경우가 많다. 믿음은 확실히 머리를 써야 하는 일이지만, 근본적으로 그 이상의 일이다. 믿음은 삶으로 하는 어떤 일이다. 진정한 성경적 믿음은 생각에 그치지 않고, 우리 삶 가운데서 모든 것을 해석하는 방식을 철저히 재조정한다. 이에 비해 경탄(amazement)은 내가 일반적인 범주로 설명하거나 정의할 수 없는 일에 대한 경험을 말한다. 경탄은 믿음으로 가는 과정의 한 단계이지만, 경탄과 믿음 사이에는 엄청난 차이가 있다. 예를 들어, 저지 쇼어(Jersey Shore, 미국 뉴저지주 중남부에 위치했으며 유명 해변들이 있다.-편집자주)의 방파제 위에 있다고 가정해 보라. 우리는 그곳 놀이공원의 슬링샷(Slingshot)이라는 신형 놀이기구를 구경하고 있다. 높이가 족히 15미터는 되고, 제정신으로는 도저히 탈 수 없을 것 같다. 직원은 그 기구에 사람이 타면 마치 새총을 쏘듯 대서양의 밤하늘을 향해 이 기구를 날려 보내 앞뒤로 흔들어 댄다. 그 기구를 보고 우리 모두 경탄하기는 하지만, 거기에 실려 밤하늘로 날아갈 생각은 전혀 없다. 그 놀이기구가 경탄스러운가? 그럴 것이다. 하지만 우리는 그런 기구에 믿음을 두지는 않는다. 아래의 경우도 마찬가지다.

- 성경에 기록된 구속 사역에 경탄하면서도 믿음으로 살지 않을 수 있다.
- 그 미로처럼 복잡한 하나님의 지혜에 경탄하면서도 믿음으로 살지 않을 수 있다.

- 훌륭한 예배 음악에 경탄하고 매주 예배에 참석하면서도 믿음으로 살지 않을 수 있다.
- 소그룹 사람들의 사랑에 경탄하면서도 믿음으로 살지 않을 수 있다.
- 귀에 들려오는 멋진 성경적 설교와 가르침에 경탄하면서도 믿음으로 살지 않을 수 있다.
- 예수님의 십자가의 은혜에 경탄하면서도 믿음으로 살지 않을 수 있다.

경탄과 믿음 사이에는 중요한, 그렇다. 아주 깊은 차이가 있다. 하나님은 우리를 경탄하는 상태에 버려두지 않으신다. 하나님은 은혜로 역사하셔서 우리를 착실하고, 소망 있고, 담대하며, 적극적이고, 기쁨이 있고, 하나님을 영화롭게 하는 믿음의 사람들로 빚어 가신다. 하나님은 이에 미치지 못하는 상태에서 멈추지 않으실 것이다. 하나님은 우리가 마음으로 경탄하는 정도에 만족하지 않으실 것이다. 하나님은 삶을 바꾸는 규범을 우리 마음에 확립하실 때까지 기세를 늦추지 않으실 것이다. 하나님은 우리가 "그가 계신 것과 또한 그가 자기를 찾는 자들에게 상 주시는 이심을 믿"도록 역사하신다(히 11:6). 우리 스스로는 그 믿음을 성취할 수 없다. 이는 하나님의 은혜의 선물이다. 십자가는 그 선물을 바로 지금 여기서 우리 손에 쥐어 준다.

더 깊은 묵상과 격려를 위해 요한복음 20장 24-29절을 읽으라.

요한복음 20장 24-29절로 연결됩니다.

59

**하나님이 우리가 사는 세상의 모든 면을 다스리시고
하나님의 은혜가 우리의 모든 죄를 덮는다면,
두려워할 이유가 무엇이겠는가?**

나는 내게 이렇게 많은 것을 바란다.

절대 두려워하지 않는다고 말할 수 있다면 좋겠지만, 사실은 그렇지 못하다. 걱정 때문에 잠 못 이루는 일이 없다고 말할 수 있다면 좋겠지만, 사실은 그렇지 못하다. 하나님은 대체 무얼 하고 계시는지 의심해 본 적 없다고 말할 수 있다면 좋겠지만, 사실은 그렇지 못하다. 시기심 앞에 무릎 꿇은 적이 없다고 말할 수 있다면 좋겠지만, 사실은 그렇지 못하다. 하나님이 가까이 계심을 늘 의식한다고 말할 수 있다면 좋겠지만, 사실은 그렇지 못하다. "~이기만 하다면"이라는 생각을 한 번도 해본 적 없다고 말할 수 있다면 좋겠지만, 사실은 그렇지 못하다. 저 모퉁이를 돌아가면 무슨 일이 기다리고 있을지 두려워한 적이 없다고 말할 수 있다면 좋겠지만, 사실은 그렇지 못하다. 내 마음에는 늘 평강이 있다고 말할 수 있다면 좋겠지만, 사실은 그렇지 못하다. 내가 하는 모든 행동은 두려움이 아니라 믿음에서 비롯되는 행동이라고 말할 수 있다면 좋겠지만, 사실은 그렇지 못하다.

알다시피, 나는 성경과 성경의 교리를 잘 아는 사람이지만, 그럼에도 여전히 내 마음속에서는 두려움과 믿음이 싸움을 벌이며 나는 이 사실을 매우 강하게 인식한다. 이 말이 무슨 뜻인지 설명해 보겠다. 우리는 집 안, 주방, 침실, 거실, 일터 그리고 자동차 같은 일상 속에서 신자의 삶에 왜 여전히 두려움이 머물고 있는지 이해하는 것이 중요하다. 신자는 두려움에서 벗어날 모든 이유를 가졌고 두려움은 과거의 유물이라고 주장할 수 있어야 한다. 그런데 왜 두려움과의 싸움이 계속되는가?

두려움은 하나님의 주권과 은혜를 망각한 신자의 마음에 깃들여 살며 그 마음을 지배한다. 나 혼자 버려진다면 두려워할 수밖에 없다. 이 타락한 세상에는 나보다 크고 나보다 힘센 시련, 유혹, 위험, 대적들이 많다. 나는 내 통제권 밖에 있는 많은 일을 처리해야 한다. 하지만 나는 혼자 버려지지 않으며 임마누엘께서 주권적 권위와 강력한 은혜로 나와 함께하신다는 것이 복음의 메시지다. 하나님은 내가 두려워하는 모든 상황과 장소를 완벽한 지혜로 다스리신다. 하나님은 내 앞에 어떤 난관을 두기로 결정하시고, 내가 그 난관을 맞닥뜨릴 때 필요한 모든 것을 은혜로 내게 베푸신다. 나는 언제, 어디서, 어떤 일에서든 절대 혼자가 아니다. 현장에 맨 처음 도착하는 이는 절대 내가 아니다. 하나님의 통제권을 벗어나는 어떤 상황에 내가 발을 들여 놓는 일은 절대 없다. 내가 하나님의 권한이 미치지 못하는 곳에 갈 일은 전혀 없다. 내가 결국 어디서 걸음을 멈추든, 어떤 일에 직면하든, 하나님은 절대 놀라지 않으신다.

하나님은 절대 나 자신의 지혜, 힘, 의라는 제한된 자원에 나를 맡겨 두지 않으신다. 하나님은 절대 지치는 법 없이 나를 보호하시고 내게 필요한 것을 마련해 주신다. 하나님의 주권과 하나님의 은혜를 망각할 때 두려움이 우리 마음에서 사람을 쇠약하게 하는 그 성가신 일을 시작한다. 은혜를 기억하도록 바로 지금 기도하라. 주권자이신 내 주님은 듣고 응답하기를 좋아하신다.

더 깊은 묵상과 격려를 위해 이사야 44장 1-8절을 읽으라.

이사야 44장 1-8절로 연결됩니다.

60

> 하나님의 자녀는 죄를 짓는다고 하나님께로부터 도망치지 않는다.
> 우리는 하나님께 달려갈 수 있다.
> 예수님의 보혈이 우리의 모든 죄를 덮었기 때문이다.

두드러지게 대조되는 두 가지 장면이 있는데, 하나는 성경 시작 부분에 있고 다른 하나는 성경 끝 부분에 있다. 첫 번째 장면에서 우리는 아담과 하와가 그들이 저지른 죄의 슬픈 결과인 죄책감과 수치심으로 서둘러 옷을 지어 입은 후 하나님을 피해 숨는 모습을 본다(창 3장). 이는 너무 끔찍해서 인간의 제한된 언어로는 다 표현하지 못할 재난이다. 이들은 주님이시며 창조주시고 우주의 왕이신 분과 그 어떤 방해 없이 교제할 수 있는 복을 받았고, 모든 선한 것이 차고 넘치는 동산을 복으로 받았으니 사실상 모든 것을 가진 거였다. 이들은 하나님께 지음 받았고, 하나님을 위해 지음 받았다. 이들의 삶은 원래 하나님을 중심에 모시는 삶이어야 했다. 이들은 하나님과 영원한 관계를 누리도록 처음부터 정해져 있었다. 하나님 사랑과 하나님 예배, 이 두 가지가 이들이 하는 모든 행동의 주된 동기여야 했다.

그런데 이 유대 관계가 어떻게 그렇게 빨리 깨질 수 있었을까? 이들이 어떻게 하나님을 두려워하게 될 수 있었을까? 어떻게 그들 전 존재의 이유이신 분의 눈을 피해 숨으려 할 수 있었을까? 너무 안타까워서 납득하기 어렵지만, 이들 질문에 대한 답변은 명확하다. 죄가 그 죄책감과 수치심으로 이들을 하나님에게서 떼어 놓고 하나님의 임재와 예비하심이 있는 동산에서 이들을 몰아낸다. 이들과 하나님 사이의 유대는 깨졌다. 이 유대는 어떻게 회복될까? 과연 회복되기는 할까?

두 번째 장면은 어린양의 혼인 잔치 장면이다(계 19장). 이 잔치 역시 죄인들의 모임이지만, 이들은 수치심 때문에 위축되지 않는다. 이들은 죄책감으로 몸을 숨기지 않는다. 그분의 임재를 무서워하지 않는다. 그분의 진노의 위력을 두려워하지 않는다. 그렇다. 이 죄인들이 기뻐하는 이유는, 에덴동산에서 깨진 유대가 회복되었기 때문이다.

이들은 자신의 구주와 영원히 결혼했다. 이들은 영원히 그분의 임재 안에 있을 것이다. 다시는 그분에게서 멀어지지 않을 것이다. 다시는 숨지 않을 것이다. 다시는 쫓겨나지 않을 것이다. 그분과의 교제는 절대 끝나지 않을 것이다. 이들이 기뻐하며 축하하는 소리는 절대 잠잠해지지 않을 것이다. 이들의 의복은 더없이 희게 씻길 것이다. 이들은 자기 의가 아닌 예수님의 의로 옷 입을 것이다. 그분 덕분에 이들은 하나님께 받아들여질 것이다. 이들 앞에는 정죄가 없다. 이들을 그분에게서 떼어 놓는 그 어떤 죄도 이제는 없다. 이는 터무니없을 만큼 아름다운 광경이어서 이 장면을 인간의 언어로 묘사한다는 것은 그 언어의 한계를 넘어서는 일이다.

무엇이 이 두 장면을 이토록 다르게 만드는가? 인간의 지혜도, 힘도, 지위도, 의로움도 아니다. 이 두 장면의 차이는 영광스럽게 변화를 일으키는 한 단어에서 포착된다. 이 단어는 예수님의 이름을 제외하면 성경 전체에서 가장 중요한 단어일 것이다. 그 단어는 바로 은혜다. 예수님의 위격과 사역(삶과 죽음과 부활)에 나타난 은혜가 바로 이런 차이를 만든다. 하나님의 자녀라면, 수치심이라는 나무 뒤에 숨는 행동을 이제 그만두라. 빛으로 나아오라. 나의 장래에는 기쁜 잔치가 있다!

더 깊은 묵상과 격려를 위해 요한계시록 21장을 읽으라.

요한계시록 21장으로 연결됩니다.

61

그리스도의 의를 힘입은 우리는
거룩하신 하나님 앞에서도 두려움 없이 설 수 있는데,
사람들의 생각을 두려워할 이유가 무엇인가?

많은 이들이 복음의 이편과 저편 사이에 있는 커다란 틈에 살면서도 그것을 알지 못한다. 나도 오랫동안 그랬다. 대다수 그리스도인은 구원의 과거, 즉 어린양 주 예수 그리스도의 상한 몸과 그분이 흘리신 피 덕분에 받은 죄 사함의 은혜에 대해 기본적 이해를 갖고 있다. 그리고 대다수가 구원의 미래, 즉 성삼위 하나님의 영원한 영광과 은혜의 임재 안에서 누리는 완전한 화평과 조화라는 무한히 영원한 은혜를 기대로 바라본다. 하지만 슬프게도 많은 그리스도인이 구원의 현재, 즉 바로 지금 여기서 예수 그리스도의 사역이 주는 유익은 잘 모른다. 우리는 주 예수 그리스도의 복음의 '현재'를 이해하는 것이 지극히 중요하다.

예수님은 단순히 나의 과거와 나의 미래를 위해 죽지 않으셨다. 예수님은 사실 나의 지금 여기(here and now)를 위해서 피를 흘리셨다. 예수님은 내가 배우자, 말 안 듣는 중학생 자녀 또는 친구와 나눠야 할 힘든 대화를 위해 죽으셨다. 예수님은 늘 불만스러운 표정에 걸핏하면 화를 내는 상사 밑에서 일해야 하는 나의 몸부림을 위해 죽으셨다. 예수님은 문제 많고 엉망인 우리 집안에 감도는 긴장감을 위해 죽으셨다. 예수님은 성적 매력을 드러내라는 세상 문화의 유혹을 받는 나를 위해 죽으셨다. 예수님은 나를 낚아채는 물질만능주의를 위해 죽으셨다. 예수님은 타인의 의견에 대한 나의 두려움을 위해 죽으셨다. 예수님은 나의 불안이 주는 고통과 우울이 끌고 오는 어둠을 위해 죽으셨다.

예수님은, '이미' 회심했으나 '아직' 부활하지 않은 내가 예수님의 뜻대로 살아가는 데 필요한 모든 것을 소유하게 하려고 죽으셨다. 내가 하나님의 자녀로서 소유하게 된 멋지고 새로운 정체성과 하나님의 예비하심을 알게 될 때 실제로 내 사고방식과 생활 방식에 변화가 있을 것이다.

하나님이 나를 완전하고도 철저하게 받아들여 주셨는데, 심지어 내 최악의 모습까지 받아들여 주셨는데, 결함 많은 인간의 인정을 받는 데서 마음의 평안을 누리려는 이유가 무엇인가? 하나님의 현재의 은혜는 관계를 왜곡시키는 수많은 두려움과 통제에서 우리를 자유롭게 한다. 하나님이 우리와 함께하시며 우리가 하나님이 명하신 일을 하는 데 필요한 모든 것을 그분의 임재와 은혜로 다 마련해 주시는데, 저 모퉁이를 돌면 무엇이 있을지 왜 두려워하는가?

바로 지금, 바로 여기서 은혜로 내게 주어진 것을 알아가기 시작하면, 사람이나 지위나 사물에게 나의 구주가 되어 달라고 청하는 일을 멈출 것이다. 하나님이 나를 어떻게 생각하시는지 알기에, 내 옆 사람이 나를 어떻게 생각하는지 염려를 덜 수 있다. 그 자유는 우리들 모두가 활용할 수 있는 자유다!

더 깊은 묵상과 격려를 위해 시편 121편을 읽으라.

시편 121편으로 연결됩니다.

62

**낙심은 우리의 미래가
하나님의 책에 이미 기록되었다는 것을 잊게 한다.**

무엇 때문에 낙심하는가?

- 죄와의 씨름
- 신의를 지키지 않는 친구
- 반항하는 자녀
- 힘든 결혼 생활
- 불화하는 교회
- 사방에서 나를 유혹하는 것들
- 이 타락한 세상의 불의함
- 육체의 질병에 따른 고통과 염려
- 실직
- 노년의 역경
- 꿈이 사라짐

그렇다. 이런 일들을 마주한다는 건 힘든 일이다. 그래서 어찌할 바를 모르고 헤매기 쉽다. 하나님은 도대체 무엇을 하시는 건지, 나에게 신경은 쓰시는지, 내 기도를 듣기는 하시는지 의심이 들려고 한다. 하나님의 약속을 의지하기가 힘들다. 바람직한 영적 습관을 유지하기가 어렵다. 낙심하지 않으려 해도 낙심이 되고 자꾸 포기하고 싶은 마음이 든다.

그러나 낙심 앞에서 꼭 기억해야 할 것이 있다. 바로 시편 139편에 포착된 짧고도 힘 있는 몇 마디 말이다. "내 형질이 이루어지기 전에 주의 눈이 보셨으며 나를 위하여 정한 날이 하루도 되기 전에 주의 책에 다 기록이 되었나이다"(16절). 내가 가는 길에 문제가 생겨서 낙심이 내 마음을 사로잡기 시작할 때 이것을 반드시 기억하라. 내가 인생의 첫날을 살기도 전에 내 삶의 하루하루가 모두 하나님의 책에 기록되었다.

내 인생의 단 하루도, 그리고 그날들을 살면서 내가 겪은 일이나 겪을 일 가운데 단 한 가지도 내 주님께는 뜻밖이 아니다. 주님은 내 인생의 하루하루를 채우는 모든 일을 자신의 손으로 꼼꼼히 저술하셨다. 내 인생 이야기의 발단, 전개, 위기, 절정, 결말을 모두 짜셨다. 그리고 그 플롯에 따라 등장할 인물과 장소를 결정하셨다. 주님이 그 책에 쓰시지 않은 일은 내게 일어나지 않는다. 또한 주님은 그 이야기의 결말을 이미 결정하셨다.

나를 낙심시키는 일이 주님께 뜻밖이 아닌 이유는, 주님이 지혜와 은혜를 아름답게 조합해서 그 모든 일들을 창작하셨기 때문이다. 그 어떤 일도 하나님의 통제 밖에 있지 않다. 내 주님은 주권자이시다. 무엇이 최선인지 주님은 아시며, 최선의 일을 행하실 것이다. 낙심이 내 마음의 결단을 흔들 때 바로 이 사실에서 쉼과 용기를 얻으라.

더 깊은 묵상과 격려를 위해 시편 135편을 읽으라.

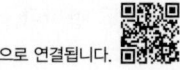

시편 135편으로 연결됩니다.

63

**공동 예배는 우리 마음을
창조세계라는 영광의 그림자에서 돌이켜
우리를 충족시킬 단 하나의 영광을 향하게 한다.**

다음은 이스라엘 백성에게 주어진 경고지만, 우리 모두가 듣고 마음에 새겨야 할 말씀이기도 하다.

네 하나님 여호와께서 네 조상 아브라함과 이삭과 야곱을 향하여 네게 주리라 맹세하신 땅으로 너를 들어가게 하시고 네가 건축하지 아니한 크고 아름다운 성읍을 얻게 하시며 네가 채우지 아니한 아름다운 물건이 가득한 집을 얻게 하시며 네가 파지 아니한 우물을 차지하게 하시며 네가 심지 아니한 포도원과 감람나무를 차지하게 하사 네게 배불리 먹게 하실 때에 너는 조심하여 너를 애굽 땅 종 되었던 집에서 인도하여 내신 여호와를 잊지 말고 네 하나님 여호와를 경외하며 그를 섬기며 그의 이름으로 맹세할 것이니라 너희는 다른 신들 곧 네 사면에 있는 백성의 신들을 따르지 말라 너희 중에 계신 너희의 하나님 여호와는 질투하시는 하나님이신즉 너희의 하나님 여호와께서 네게 진노하사 너를 지면에서 멸절시키실까 두려워하노라(신 6:10-15).

영원의 이편에서 물질적 풍요는 위험하다. 그렇다고 물질이 그 자체로, 제 스스로 악하다는 말이 아니다. 하나님은 원래 자신의 세상이 아름다운 곳이 되게 할 생각이셨다. 또 물질 세상을 향유하는 것이 잘못이라는 말도 아니다. 하나님은 이 아름다움을 누릴 능력을 우리에게 주셨다.

실제로 하나님은 우리 마음에 아름다움에 대한 욕망을 심어 주셨다. 물질 세계와 관련된 문제점은 물질 그 자체가 아니라 우리 자신에게서 찾아야 한다. 바로 우리 마음이 문제다. 이 문제는 앞서 물질적 영광이 넘치는 땅으로 들어가는 백성에게 주신 하나님의 경고에 잘 포착되어 있다. 무엇이냐면, 물질적 풍요에는 하나님을 망각하게 하는 힘이 있다는 것이다. 창조 세상의 풍경, 소리, 촉감, 맛, 광휘는 이 모두를 소유하는 데 생명이 있다고 착각하게 하고 이 모두를 소유하면 우리에게 필요한 전부를 가지는 것이라 생각하게 한다. 이런 것들은 우리가 하나님을 인식하고 갈망하는 일을 약화시키며, 그래서 우리는 이 모든 것을 창조하신 분을 예배하기보다 창조된 것들을 예배하는 데 마음을 두게 된다. 말로는 여전히 하나님을 믿는다고 하지만 실제로는 이런 물질적 아름다움을 창조하여 우리에게 공급하신 하나님을 버리게 된다.

이 경고의 말씀은 다음 몇 마디로 요약될 수 있다. "배가 부를 때 하나님을 잊지 않도록 주의하라." 물질 세상은 여러 가지 아름다운 것들로 가득하다. 하지만 이런 빛나고 아름다운 것들은 내가 간절히 필요로 하는 생명을 줄 능력이 전혀 없다. 이것들을 추구하는 데 마음이 휘둘려서는 안 된다. 생명은, 땅에 매인 그 모든 영광이 가리키는 분, 즉 생명의 근원이시자 생명을 주시는 분인 경외로운 영광의 하나님 안에서만 찾을 수 있다. 그 생명은 우리를 만족시키며 언제까지나 없어지지 않을 생명이다. 하나님은 은혜의 하나님이시기에 이 땅의 영화와 번영을 나에게 부으셔서 그 영화와 번영이 나를 하나님께로 이끌어가게 하신다.

더 깊은 묵상과 격려를 위해 신명기 9장을 읽으라.

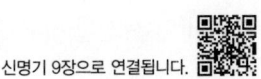

신명기 9장으로 연결됩니다.

64

**예수님이 값을 모두 치르셨다! 우리에게 남겨진 죗값은 없다!
우리는 이제 다만 믿고 순종하기만 하면 된다.**

스스로 하나님께 무언가를 획득하려는 노력을 그만두라. 하나님의 용납을 더 많이 받으려는 노력도 멈추라. 하나님의 은총을 획득하려고 하지 말라. 하나님의 성실을 얻어내려고 하지 말라. 하나님의 복에 값을 치르려고도 하지 말라. 도덕적인 행동으로 하나님의 진노에서 벗어날 길을 찾으려고 하지 말라. 하나님과 영원히 화목할 수 있는 수준에 이르려는 노력을 중지하라. 한마디로, 그만 노력하라. 그만하라.

굳이 지지 않아도 될 짐을 짊어지는 그리스도인이 많다. 이들은 매일 아침 잠깨어 하루를 시작할 때마다 어떻게든, 어떤 식으로든 하나님 앞에서 무언가를 성취하려고 무거운 짐을 짊어진다. 불가능한 일을 성취하기를 바라면서, 있지도 않은 능력을 발휘하려고 무진 애를 쓴다. 아무리 애써 봤자 그건 헛일이다. 그런 노력이 어떤 결과를 낳을까? 자기 의라는 무시무시한 교만, 즉 나는 이 정도 의를 성취했는데 너는 왜 못 했느냐며 아무 문제 의식 없이 상대를 비판하는 도덕주의적 자화자찬을 낳거나 두려움과 낙심, 즉 하나님이 두려워서 자기 죄를 가지고 하나님께 달려 나가지 못하는 현상을 낳는다.

바울은 "하나님 앞에서 아무도 율법으로 말미암아 의롭게 되지 못할 것이 분명"하다고(갈 3:11) 딱 잘라 말하며 '내 노력으로 은혜를 획득하려는' 왜곡된 문화를 모조리 쓸어버린다. 바울의 이 말은 서문이나 개정이 필요치 않은 선언이다. 율법을 지켰다고 해서 하나님께 용납된 이는 단

한 사람도 없다. 단 한 사람도 말이다. 더 보탤 말이 없다. 타협과 절충은 필요치 않다. 그 이유는 첫째, 죄가 나를 범법자로 만들기에 내 노력으로 하나님의 은총을 얻기란 불가능하기 때문이고 둘째, 내게 날아온 계산서는 예수 그리스도의 십자가로 단번에 충분하고도 완전히 납부되었기 때문이다. 그리스도께서는 도덕적으로 저당 잡힌 나를 위해 1회 차 납부금만 지불하신 게 아니다. 한 번에 모두 납부하셔서 내가 모든 부채에서 영원히 자유로운 상태로 하나님과 관계를 맺으며 살 수 있게 하셨다. 그러므로 우리는 마치 납부 계획을 짜듯 하나님의 율법을 지키려 하지 않아도 된다. 저당금이 단번에 납부되어 영원히 충족되었기에 납부 계획 같은 것은 존재하지 않는다.

하나님께 무엇을 얻으려거든, 어떤 기준에 도달하려는 노력은 그만두라. 기준에 이르지 못했을 때 하나님을 피하는 행동도 그만두라. 내가 다른 사람들보다 '선하지' 않아서 하나님이 나를 덜 사랑하시는 것은 아닐까 의심하며 나 자신을 타인과 비교하는 행동을 그만두라. 내가 행하는 선한 일들을 의로 여기면서 그 덕분에 하나님께 더 가까이 갈 뿐만 아니라 타인에게 나를 증명할 수 있다는 생각을 멈추라. 오직 은혜만이 가능한 일을 율법에 요구하지 말라. 예수님이 십자가에서 모든 계산을 다 치르셨기에 내게는 이제 도덕 고지서가 날아들지 않는다. 이 사실에서 쉼을 누리라. 그리고 죄를 지었을 때는, 아닌 척하지 말고 공포에 질리지도 말고 숨지도 말라. 예수님께 달려가 도움을 구하고 자비를 얻으라. 예수님이 내 대신 값을 치르고 나로 누리게 하신 그 자비를 말이다.

더 깊은 묵상과 격려를 위해 이사야 53장을 읽으라.

이사야 53장으로 연결됩니다.

65

> 싸움에 지쳤을 때 이것을 기억하라.
> 우리의 힘이 되시는 분은 결코 쉬지 않으시며,
> 결코 주무시지도 않고, 결코 지치지 않으신다.

이 타락한 세상에서의 삶은 고단하다. 죄인이 죄인과 결혼해 사랑과 화평으로 공존하려 애쓰는 결혼 생활은 심신을 지치게 만든다. 솔직히 말해 부모 노릇도 피곤하다. 아이들이 서로 작당이나 한 듯 단체로 말을 안 듣는 날은 특히 더 그렇다. 만사를 아는 듯 행동하면서 불평거리를 찾는 이웃집 사람을 별로 친절히 대하고 싶지 않을 때가 있다. 때로는 내 마음을 대하는 것만으로도 기진맥진하다. 알다시피, 품어서는 안 되는 욕망이 있고, 해서는 안 되는 생각이 있지 않은가. 어떤 때는 나 자신을 질질 끌고 가다시피 해서 예배나 소그룹 모임에 가기도 한다. 기독교라는 다람쥐 쳇바퀴에서 빠져나와 그냥 멍하니 있고 싶지만 그러지 못할 때도 있다. 다음 날 아침 눈을 뜨면 이 모든 일을 또 되풀이해야 한다. 또 유혹에 시달리고, 부부가 또 서로를 오해하고, 친구와 또 갈등하고, 아이는 오늘도 말을 안 듣고, 감정의 사계절을 오늘도 한순간에 느낀다.

지치고 무력한 기분일 때는 시편으로 달려가라. 우리가 찾아야 할 은혜가 거기 있다.

> 내가 산을 향하여 눈을 들리라
> 나의 도움이 어디서 올까
> 나의 도움은
> 천지를 지으신 여호와에게서로다

여호와께서 너를 실족하지 아니하게 하시며
너를 지키시는 이가 졸지 아니하시리로다
이스라엘을 지키시는 이는 졸지도 아니하시고
주무시지도 아니하시리로다
여호와는 너를 지키시는 이시라
여호와께서 네 오른쪽에서 네 그늘이 되시나니
낮의 해가 너를 상하게 하지 아니하며
밤의 달도 너를 해치지 아니하리로다
여호와께서 너를 지켜 모든 환난을 면하게 하시며
또 네 영혼을 지키시리로다
여호와께서 너의 출입을
지금부터 영원까지 지키시리로다(시 121편).

    이 시편은 우리가 늘 기억해야 할 두 가지 진리를 우리 앞에 들이민다. 첫째, 우리는 홀로 이 싸움을 하는 게 아니다. 우리를 지키시는 분이 계시며 그분은 우리가 안전하리라고 약속하신다. 둘째, 우리를 지키시는 분은 절대 쉬지 않으신다. 그분은 하루 24시간, 일주일 내내, 영원히, 늘, 우리를 지키고 돌보신다. 지치지 않고 우리를 지키시는 분이 나의 도움과 힘이 되신다. 지칠 때는 그분께 달려가라.
    더 깊은 묵상과 격려를 위해 시편 91편을 읽으라.

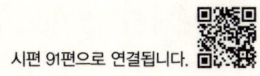

시편 91편으로 연결됩니다.

66

**약함은 능력으로 연결된 창이다.
자신의 무력함을 고백할 때
오직 예수님 안에서만 찾을 수 있는 힘에 대한 갈망이 생긴다.**

이 책에서 나는 이 말을 여러번, 아주 여러 번 했는데, 앞으로도 한 번 이상 또 할 것이다. 곧 우리의 연약함은 문제가 아니다. 연약함은 하나님의 은혜에 맡기면 된다. 문제는 우리가 강하다는 망상이다. 이 망상 때문에 연약할 때 우리를 강하게 하는 은혜를 구하지 못하게 된다. 우리는 정말 연약한 상태를 싫어한다. 우리는 스스로 약하다고 생각하기 싫어하며, 타인이 나를 그렇게 약하게 보는 것도 싫어한다. 그래서 우리는 모르는 것도 아는 것처럼 행동하고 물어야 할 것을 묻지 않는다. 해결할 수 없는 것을 해결할 수 있는 듯 행동하고 받을 수 있는 도움을 받으려 하지 않는다. 정복하지 못한 것을 정복한 것처럼 행동하고 싸울 때 도움을 청하지 않는다. 이 모든 행동은 독립적인 영광을 자축하려다 실패한 모습이다.

우리는 독립적으로 존재하지 않는다. 세상에 그런 사람은 없다. 우리는 독립적인 존재로 창조되지 않았다. 우리는 우리를 만드신 분에게 의지하며 사는 존재로 빚어졌고, 예수 그리스도 안에서 그분의 은혜에 의지해서 살아야 할 존재로 재창조되었다. 하나님은 내게 독립적인 능력을 기르도록 기준을 제시하지 않으신다. 하나님은 내가 가지지 못한 것을 내게 기대하지 않으신다. 하나님은 내가 어떤 존재인지 아신다. 하나님은 절대 내 연약함에 충격을 받거나 낙담하지 않으신다. 하나님이 은혜로 내게 다가오시는 이유는 내가 연약해서 하나님 없이는 사나 죽으나 아무 소망이 없기 때문이다. 내 연약함에 충격 받고 낙심하는 이는 바로 나 자신이다. 내 연약함이 나를 괴롭힌다. 내 연약함 때문에 나는 창피하다. 내 연약함 때문에 나는 숨고 싶고, 나를 덮어 가리고 싶다. 연약함 때문에 나는 사람들 앞에서 과장된 몸짓을 보이고 혼자 있을 때는 나 자신을 기만한다. 예수님의 복음을 깨닫지 못하는 한 연약함은 나를 미칠 지경으로 몰아갈 것이다.

복음의 메시지는 무엇인가? 근본적으로 약하고 무력한 백성에게 그분의 강력한 은혜를 부어 주시는 강하고 능력 있는 구주 이야기다. 그분은 내 연약함을 직시하게 하시며, 그리하여 그분에게 달려와 능력을 구하게 하신다. 그분은 나를 너무 거대해서 올라갈 수 없는 산으로 부르시고, 그래서 내가 무력함을 깨닫고 그분을 바라보게 하신다. 그분은 나를 인도해 실패를 맛보게 하시고, 그래서 내가 그분 안에서 소망을 발견하게 하신다. 그분은 내가 사실 얼마나 연약한지 힘써서 증명하시고, 그래서 내가 은혜로 나를 능력 있게 하시는 그분의 부르심을 반가이 받아들이게 하신다. 낭떠러지 끝에 이르는 것도 어쩌면 그리 나쁜 일은 아니다. 나를 기꺼이 돕고자 하시는 능력 있는 구주를 거기서 만난다면 말이다.

그러므로 연약함 중에 부르짖기를 두려워하지 말라. 내 연약함을 인정하는 일은 나를 강하게 하는 은혜를 존중하고 축하하는 법을 내 마음에 가르치는 일이다. 우리는 다음 주 어느 시점에 또 자신의 연약함을 마주하게 될 것이다. 그럴 때 스스로 강하다고 자신을 설득하려 하겠는가, 아니면 강하신 분께 달려가겠는가.

더 깊은 묵상과 격려를 위해 출애굽기 15장 1-18절을 읽으라.

출애굽기 15장 1-18절로 연결됩니다.

67

> 우리가 받은 은혜는
> 다만 용서받고 용납받는 은혜가 아니다.
> 우리에게 능력을 주는 은혜다. 그러니 일어나서 따르라.

연약함에 대한 두려움은 신자의 삶에서 하나님을 망각하게 한다. 소심한 마음은 복음의 약속을 기억하지 못하게 한다. 하나님의 부름 앞에서 어쩔 줄 모른다면 예수 그리스도께서 바로 지금, 바로 여기서 주시는 은혜를 망각하는 것이다. 유혹에 무릎을 꿇을 때 내게 능력 주시는 성령님의 임재를 간과하는 것이다.

나는 복음의 은혜로 사함을 받고 영원한 세상에 내 구주와 함께할 거처를 보장받았다. 뿐만 아니라 하나님이 내게 정해 주신 삶의 자리에서 하나님이 계획하신 존재가 되어 하나님이 부르신 일을 하는 데 필요한 모든 것을 바로 그 은혜로써 부여받았다.

그렇다면 이 사실이 어떻게 작동하는지 보자. 하나님은 우리에게 필요한 것을 채우시고 능력을 주겠다고 약속하셨나. 내가 할 일은 날마다 내가 살아가는 곳에서 믿음으로 하나님을 따르는 것뿐이다. 필요한 것이 마련되기를 기다렸다가 움직이는 게 아니다. 하나님은 필요한 것이 사전에 주어질 것이라고 약속하지 않으셨다. 하나님이 이 다음은 어떻게 인도하실지, 내 필요를 어떻게 충족시키실지 굳이 알려고 하지 않아도 된다. 하나님이 나와 함께, 나를 위해, 그리고 내 안에 계시다는 것을 확신하고 앞으로 나아가면 된다. 이 놀라운 권능의 하나님이 내가 해야 할 일을 해낼 능력을 주실 것이다. 이것이 바로 하나님이 내게 주시는 확실하고도 믿을 만한 언약적 약속이다.

그렇다면 내가 삶을 의탁한 이 하나님께는 어떤 권능이 있는가? 성경 전체에서 가장 기이한 말씀을 살펴보자. 우리의 경외감을 불러일으키는 하나님의 권능을 극적으로 묘사하는 말씀인데, 바로 출애굽기 11장에 나온다. 하나님은 이스라엘 백성을 애굽의 포로 생활에서 구원하는 한 과정에서 애굽에서 태어난 모든 첫째가 죽을 것이라고 말씀하셨다. 하나님은 이 일의 결과 애굽 전역에서 이때까지 한 번도 없었던 큰 울부짖음이 있으리라고 하셨다. 그리고 이렇게 말씀하셨다. "그러나 이스라엘 자손에게는 사람에게나 짐승에게나 개 한 마리도 그 혀를 움직이지 아니하리니 여호와께서 애굽 사람과 이스라엘 사이를 구별하는 줄을 너희가 알리라"(7절). 하나님께는 과연 어떤 권능이 있는 것일까? 하나님께는 애굽의 개들이 으르렁거리는 소리를 잠잠케 할 능력이 있다. 또 개들에게 이스라엘 사람과 애굽 사람을 구별하는 능력을 주실 만한 권능이 있다. 개들은 애굽 사람을 보면 짖고 이스라엘 사람 앞에서는 잠잠할 텐데, 이 모두는 온 세상을 다스리는 하나님이 거기 계시기 때문이다. 하나님은 짐승들에게 명하사 하나님이 원하시는 일을 하게 할 능력이 있으시다.

그렇다. 내 하나님께는 경외스러운 권능, 다른 모든 것과 구별되는 특유의 권능이 있다. 하나님은 누가 자기 백성인지 아시고, 그 백성이 어디에 있는지 아시며, 이들에게 무엇이 필요한지 아시고, 그것이 언제 필요한지도 아시며, 자신의 뜻이 이뤄지기 위해 무엇이 주어져야 하는지 아시고 무엇을 제어해야 하는지 아신다. 하나님은 자기 백성에게 필요한 능력을 반드시 주신다.

더 깊은 묵상과 격려를 위해 출애굽기 6장 1-9절을 읽으라.

출애굽기 6장 1-9절로 연결됩니다.

68

**하나님의 자녀는
가만히 앉아 소망을 기다리지 않는다.
그렇다. 은혜는 우리를 일으켜 소망으로 살게 한다.**

복음이 상다리가 부러지도록 차린 소망을 보라. 굉장한 것들이 아주 많아서 한 입에 다 집어넣기 힘들다. 그렇다. 성경의 소망은 우리에게 많은 영적 자양분을 주어 꼭꼭 씹어 먹게 한다. 그런데 마치 소망을 박탈당한 듯 살아가는 신자들이 많다. 교회의 안타까운 비밀 중 하나는 우리가 하는 일이 믿음이 아니라 두려움에서 비롯될 때가 너무도 많다는 사실이다. 우리는 스스로 보잘 것 없고, 무력하고, 고독하고, 아무 준비가 안 되어 있고, 가진 것 없는 존재라고 느낀다. 눈앞의 현실이 너무 엄청나며 내게 너무나 많은 것을 요구한다고 혼잣말을 한다. 우리는 근심의 산 밑에 서서 한 발짝도 오르지 않고 포기해 버린다.

우리는 소망이 눈에 잘 띄고 잘 보이는 방식으로 찾아오기를 기다린다. 그런데 도무지 감감무소식 같다. 기도도 하지만 아무 소용이 없는 듯하다. 하나님이 거기 계시며 정말로 우리를 보살피신다고 믿고 싶지만, 혼자 버려진 것 같다. 하루하루 지날 때마다 결혼에 대한 소망도, 자녀에 대한 소망도, 교회에 대한 소망도, 우정에 대한 소망도 희미해진다. 아니, 그냥 온전한 정신으로 믿음을 가지고 모든 근심거리를 버텨낼 능력만이라도 있으면 좋겠다는 소망조차 점점 품기가 어렵다. "어디에서 소망을 찾아야 할까?" 우리는 의문을 품는다.

우리가 깨닫지 못하는 한 가지가 있는데, 문제는 소망이 아니라 우리의 시력이다. 소망은 이미 임했다.

"뭐라고요? 소망이 어디에 있어요?"라고 물을지 모르겠다. 소망은 물건이 아니다. 소망은 어떤 환경이 아니다. 무엇보다 소망은 어떤 개념이 아니다. 소망은 한 인격체이며, 그 이름은 예수다. 예수님은 내가 지금 맞닥뜨린 일을 직면하고 나를 좌절시키는 일을 물리치며 그리하여 내가 소망을 갖게 하려고 이 땅에 오셨다. 구원이란 내가 이제 소망이신 분과 인격적 관계를 맺고 있다는 뜻이다. 나에게 소망이 있음은 그분이 존재하시며 그분이 내 구주이시기 때문이다.

나의 문제는 소망이 아니다. 내게는 실제적이고 변치 않는 소망이 주어져 있다. 문제는 내가 그 소망을 볼 수 있느냐의 여부다. 바울은 에베소서 1장 18-19절에서 이렇게 말한다. "너희 마음의 눈을 밝히사 그의 부르심의 소망이 무엇이며 성도 안에서 그 기업의 영광의 풍성함이 무엇이며 그의 힘의 위력으로 역사하심을 따라 믿는 우리에게 베푸신 능력의 지극히 크심이 어떠한 것을 너희로 알게 하시기를 구하노라."

바울은 우리의 영적 시력이 잘 작동하여 그리스도 안에서 우리에게 주어진 소망을 '볼' 수 있기를 기도한다. 이 소망은 무엇인가? 이 소망은 풍성한 기업이다. 예수님은 죽으실 때 우리에게 풍성한 은혜의 기업을 남기셔서, 지금 여기서 어려운 일에 맞닥뜨릴 때 사용하게 하셨다. 또한 이 소망은 우리가 심히 연약한 순간에 발휘할 수 있는 큰 능력이다. 소망은 이미 임했고, 예수님은 부요와 권능과 함께 오셔서 그것을 나에게 주셨다. 알다시피, 진짜 문제는 소망이 아니다. 문제는 영적 시력이며, 그래서 우리 눈을 밝히는 은혜가 바로 여기 있다.

더 깊은 묵상과 격려를 위해 에베소서 2장 11-22절을 읽으라.

에베소서 2장 11-22절로 연결됩니다.

69

**우리는 항상 어떤 사고방식을 가지고 삶에 접근하는데,
성경에 따르면 오직 두 가지 방식만이 가능하다.
'땅의 것'을 향하는 방식과 '위의 것'을 향하는 방식.**

나는 생각한다. 절대 생각을 멈추지 않는다. 나는 내가 의식하는 것보다 훨씬 더 많은 생각을 한다. 나의 생각은 의외로 내게 많은 영향을 끼친다. 내가 죽을 때 비로소 내 생각도 멈출 것이다. 그런데 우리 모두가 알아야 할 것이 있다. 생각은 절대 중립적이지 않다는 사실이다. 우리의 모든 생각에는 깊은 신앙적 뿌리가 있다. 우리의 모든 생각은 인생의 중요한 질문들에 어떤 식으로 답변하느냐에 따라 구체화된다. 사람은 누구나 그 질문에 관해 생각하며, 누구나 어떤 식으로든 그 질문에 답변한다.

집에 가는 버스에서 나는 어떤 남자 옆자리에 앉았다. 사실 그때 나는 피곤해서 아무 말도 하고 싶지 않았다. 옆에 아무도 없는 좌석이 있었다면 거기 앉았을 것이다. 그러나 빈 자리는 20대 후반의 이 남자 옆 좌석밖에 없었다. 얼마 지나지 않아 이 남자는 내게 어디서 왔으며 무슨 일을 하느냐고 말을 걸었다. 필라델피아에 살고 있고 목사이자 작가라고 대답했다. 이어서 그는 무슨 글을 쓰느냐고 물었고 나는 성경의 관점에서 일상생활의 문제들에 관해 쓴다고 대답했다. 그러자 그는 이렇게 말했다. "나는 성경을 믿지 않습니다. 아직도 성경을 믿는 사람들이 있다는 게 놀라워요. 사실 다른 누군가에게 제시할 수 있는 진리 같은 게 존재한다고 생각하지 않아요." 내가 말했다. "당신이 지금 그렇게 하고 있는걸요. 한 진리를 아주 자신만만하게 내게 제시하고 있지 않습니까?" 바로 그때부터 시작된 우리의 대화는 그 후 한 시간 반이나 이어졌다.

나중에 그와의 대화를 생각해 보다가 나는 그가 한 말이나 내가 한 말에 중립성이 전혀 없다는 사실을 깨닫고 깜짝 놀랐다. 그의 발언과 나의 발언 모두 각자의 깊은 도덕적 신념에 뿌리를 두고 있었다. 우리의 대화는 자기를 어떤 존재로 생각하는지, 하나님에 관해 어떻게 생각하는지, 자연에 관해서나 삶의 목적에 관해 어떤 생각을 하는지, 그리고 진리의 본질에 관해서나 미래에 관해 어떤 생각을 하는지에서 흘러나왔다.

모두 마찬가지다. 여기 몇 가지 현실적인 질문들이 있다. 어떤 가치관에 따라 일정을 결정하는가? 어떤 인생관에 따라 의사결정을 하는가? 자연을 어떤 관점에서 보며 내 존재의 목적은 무엇이라고 보는가? 그리고 그것이 일상의 우선순위를 어떤 식으로 결정짓는가? 내가 가진 생각은 날마다 내가 하는 행동과 말을 어떻게 구체화하는가?

바울은 이렇게 말한다. "그러므로 너희가 그리스도와 함께 다시 살리심을 받았으면 위의 것을 찾으라 거기는 그리스도께서 하나님 우편에 앉아 계시느니라 위의 것을 생각하고 땅의 것을 생각하지 말라"(골 3:1-2). 나에게는 두 가지 선택지밖에 없다. 바로 여기, 바로 지금의 물리적 순간만 생각하는 '땅의' 사고방식, 아니면 장대한 구속 역사의 관점에서, 좀 더 구체적으로는 주 예수 그리스도의 위격과 사역이라는 관점에서 인생을 보는 '위의' 사고방식이다.

나의 선택은 어느 쪽인가? 유일한 현재로서의 물질적 현실인가, 아니면 예수 그리스도의 복음이라는 근본적인 진리를 통해서 보는 물질적 현실인가? 어느 쪽이 나를 위한 현실인가? 어느 현실이 내 일상생활에서 진가를 발휘하는가?

더 깊은 묵상과 격려를 위해 사도행전 17장을 읽으라.

사도행전 17장으로 연결됩니다.

70

**죄의 가장 무서운 속임수는,
죄를 짓는 그때는 그다지 죄처럼 보이지 않는다는 것이다.**

우리는 죄를 죄로 보는, 악을 악으로 보는 시각을 잃었다. 그래서 우리를 유혹하는 것들이 우리 마음을 호리며 거짓말을 할 때 쉽게 넘어간다. 이것이 아마 다음 이야기가 성경에 기록된 한 가지 이유일 것이다.

예수께서 물으시되 너희가 무엇을 그들과 변론하느냐 무리 중의 하나가 대답하되 선생님 말 못하게 귀신 들린 내 아들을 선생님께 데려왔나이다 귀신이 어디서든지 그를 잡으면 거꾸러져 거품을 흘리며 이를 갈며 그리고 파리해지는지라 내가 선생님의 제자들에게 내쫓아 달라 하였으나 그들이 능히 하지 못하더이다 대답하여 이르시되 믿음이 없는 세대여 내가 얼마나 너희와 함께 있으며 얼마나 너희에게 참으리요 그를 내게로 데려오라 하시매 이에 데리고 오니 귀신이 예수를 보고 곧 그 아이로 심히 경련을 일으키게 하는지라 그가 땅에 엎드러져 구르며 거품을 흘리더라 예수께서 그 아버지에게 물으시되 언제부터 이렇게 되었느냐 하시니 이르되 어릴 때부터니이다 귀신이 그를 죽이려고 불과 물에 자주 던졌나이다 그러나 무엇을 하실 수 있거든 우리를 불쌍히 여기사 도와 주옵소서 예수께서 이르시되 할 수 있거든이 무슨 말이냐 믿는 자에게는 능히 하지 못할 일이 없느니라 하시니 곧 그 아이의 아버지가 소리를 질러 이르되 내가 믿나이다 나의 믿음 없는 것을 도와 주소서 하더라 예수께서 무리가 달려와 모이는 것을 보시고 그 더러운 귀신을 꾸짖어 이르시되 말

못하고 못 듣는 귀신아 내가 네게 명하노니 그 아이에게서 나오고 다시 들어가지 말라 하시매 귀신이 소리 지르며 아이로 심히 경련을 일으키게 하고 나가니 그 아이가 죽은 것 같이 되어 많은 사람이 말하기를 죽었다 하나 예수께서 그 손을 잡아 일으키시니 이에 일어서니라 집에 들어가시매 제자들이 조용히 묻자오되 우리는 어찌하여 능히 그 귀신을 쫓아내지 못하였나이까 이르시되 기도 외에 다른 것으로는 이런 종류가 나갈 수 없느니라 하시니라 (막 9:16-29).

이런 이야기를 통해 하나님은 우리가 두 가지를 직시하게 하신다. 하나는 악의 충격적인 사악함이고 또 하나는 이 악에서 우리를 건질 유일한 분이다. 악이 이 소년에게 무슨 짓을 저지르는지 그 생생한 묘사를 살펴보라. 악이 사람의 마음을 휘어잡고 있을 때는 그 어떤 선한 일도 일어나지 않는다. 죄는 정말 무시무시하고 끔찍하다. 악은 추하고 파괴적이며, 그래서 절대 얕잡아봐서는 안 된다. 이 이야기를 읽고 악이 정말로 이렇게 악한가 생각만 해서는 안 된다. 이 이야기의 의도는 우리 마음에 거룩한 공포를 불러일으키는 것이다.

그러나 거기서 그치지 않는다. 이 이야기는 구원의 은혜라는 현실을 우리에게 확신시킨다. 죄의 죄성이 얼마나 대단하든, 하나님의 은혜는 그보다 크다. 악의 폐해가 얼마나 강력하든, 하나님의 구원의 능력은 그보다 더 크다. 우리는 도덕적 의미에서는 죄를 두려워해야 하지만, 패배한 사람처럼 두려워해서는 안 된다. 우리에게는 구주이신 예수 그리스도의 강력한 구원의 은혜가 있다. 이러한 균형 감각을 가지고 살고 있는가?

더 깊은 묵상과 격려를 위해 사무엘상 13장을 읽으라.

사무엘상 13장으로 연결됩니다.

71

**처음에는 갖고 싶었을 뿐인데, 이제 필요하다고 생각되는가?
그래서 그것이 결핍되었다고 결론지었는가?
이제 당신은 그것의 노예다.**

이 말은 귀에 걸면 귀걸이 코에 걸면 코걸이 식으로 가장 포괄적으로 쓰이는 단어일 것이다. 바로 필요(need)라는 단어다. 우리는 너무 많은 것을 '필요'의 범주에 집어넣는다. 그래서 예수님은 바로 우리에게 무엇이 필요한지 정확히 아시는 하늘 아버지가 계시다고 일깨워 주셨다(마 6장을 보라). 우리를 일깨우는 그 말씀은 위로를 전할 뿐 아니라 현실을 직시하게 한다. 위로라 함은, 일찍이 만물을 창조하셨고 지금은 그 만물을 다스리시며 놀라운 권능을 발휘하여 우리가 원래 창조된 목적대로 존재하고 부름받은 대로 행하는 데 필요한 모든 좋은 것을 주시는 분이 존재한다는 사실이다. 그분의 은혜로운 손으로써 채워지지 못할 결핍이란 없다. 하지만 예수님의 이 말씀에는 우리를 겸손하게 하는 꾸짖음도 담겨 있다. 우리에게는, 우리에게 무엇이 필요한지 다 아시는 하늘 아버지가 필요하다. 우리는 사실 무엇이 우리에게 필요한지 모른다. 우리는 원하는 것과 필요한 것을 늘 혼동한다.

필요하지 않은 것도 필요하다고 생각하며 끌려가는 이 필요 중독 상태(영적 노예 상태)가 어떻게 전개되는지 알아보자. 이 모두는 욕망에서 시작된다("나는 ~을 갖고 싶어"). 욕망 자체에는 악하다 할 것이 없다. 하나님은 우리를 욕망하는 존재로 지으셨다. 우리가 말하고 행하는 모든 것이 욕망의 산물이다. 하지만 무언가를 욕망만 할 뿐 손으로 움켜쥐지 않는 것이 죄인들로서는 여간 힘들지 않다. 우리의 욕망은 그리 오래지 않아 요구로 바뀐다("나는 …해야 해"). 한때 욕망이었던 것이 이제 우리를 쥐고 흔든다. 이제 그것 없이 살고 싶지가 않다. 그걸 꼭 가져야겠다는 생각이 점점 강해진다. 그러면 요구가 필요로 바뀐다("나는 ~할 거야"). 이제 우리는 굳은 결의로 확신한다. 그것 없이는 살 수 없다고. 한때 단순한 욕망이었던 것이 꼭 필요한 것으로 명명된다. 이제 우리는 그것 없이는 살 수 없다고 믿어 의심치 않는다. 그리고 그것이 우리 마음을 좌지우지한다. 우리는 하루종일 그것만 생각한다. 그것이 없어지면 어떡하나 두려워한다. 어떻게 하면 그것을 늘 지니고 살 수 있을지 궁리하기 시작한다.

그러나 이 노예 상태의 순환 고리는 거기서 끝나지 않는다. 무언가가 필요하다고 믿게 되면, 하나님이 어떻게 하셔야 한다는 기대가 생긴다("~을 해주셔야 합니다"). 무언가가 필요하다고 믿게 되면, 내가 그것을 가질 자격이 있다고 생각하게 되고, 그것을 요구할 권리가 있다고 믿게 되며, 하나님이 기꺼이 그것을 주시느냐에 따라 하나님의 사랑을 판단하게 된다. 만약 하나님이 주시지 않으면 기대는 실망으로 바뀐다("~하시지 않는군요"). 이런 '필요'도 채워 주시지 않는다니 하나님의 사랑을 믿을 수 없다.

그러나 사실은 이렇다. 하나님은 우리에게 하신 모든 약속에 충실하시다. 하지만 하나의 필요로 변한 이 욕구는 하나님이 우리에게 주겠다고 약속하신 게 아니다. 이렇게 되면 우리의 실망은 일종의 분노로 바뀐다("이 필요를 안 채워 주셨으니까 나는 ~할 겁니다"). 이제 하나님을 불성실한 분으로 판단하기 때문에 더는 하나님을 신뢰하지 않게 되고 그동안 바람직한 신앙 습관들에서 손을 떼고 만다. 그러나 예수님은 우상 숭배에서 우리를 자유롭게 하려고 오셨다. 이 사실을 기억하자.

더 깊은 묵상과 격려를 위해 고린도전서 10장 1-13절을 읽으라.

고린도전서 10장 1-13절로 연결됩니다.

72

**하나님이 우주의 중심이시다.
우리가 자신을 하나님의 자리에 둔다면
결국 하나님과의 망가진 관계와 개인적인 실망을 경험할 것이다.**

세상의 중심에 누군가가 존재한다. 하늘과 땅을 다스리는 누군가가 계시다. 순전한 사랑, 권능, 지혜, 신실함, 의로움, 은혜가 어떤 것인지 규정하는 누군가가 계시다. 물질의 본질이 지니는 힘을 통제하고 인간 역사를 통제하는 누군가가 계시다. 이 땅에 존재한 모든 인생의 이야기를 세세히 써내려가는 어떤 분이 계시다. 존귀와 주권과 권능을 받기에 합당한 어떤 분이 계시다. 모든 사람에게서 완전한 충성과 영원한 예배를 받아 마땅한 분이 계시다. 그런데 그 존재가 우리는 아니다.

지금까지의 설명은 절대 우리 이야기가 아니다. 왜냐하면 우리는 근본적으로 우리보다 크신 분을 찬미하는 세상 가운데 태어났기 때문이다. 누가 세상의 중심인지 성경은 더할 수 없이 명쾌하게 선언한다.

태초에 하나님이…(창 1:1).

너는 내 아들이라 오늘 내가 너를 낳았도다 내게 구하라 내가 이방 나라를 네 유업으로 주리니 네 소유가 땅 끝까지 이르리로다(시 2:7-8).

이는 한 아기가 우리에게 났고 한 아들을 우리에게 주신 바 되었는데 그의 어깨에는 정사를 메었고 그의 이름은 기묘자라, 모사라, 전능하신 하나님이라, 영존하시는 아버지라, 평강의 왕이라 할 것임이라(사 9:6).

하늘의 군대에게든지 땅의 사람에게든지 그는 자기 뜻대로 행하시나니 그의 손을 금하든지 혹시 이르기를 네가 무엇을 하느냐고 할 자가 아무도 없도다(단 4:35).

이는 만물이 주에게서 나오고 주로 말미암고 주에게로 돌아감이라 그에게 영광이 세세에 있을지어다 아멘(롬 11:36).

만물이 그에게서 창조되되 하늘과 땅에서 보이는 것들과 보이지 않는 것들과 혹은 왕권들이나 주권들이나 통치자들이나 권세들이나 만물이 다 그로 말미암고 그를 위하여 창조되었고 또한 그가 만물보다 먼저 계시고 만물이 그 안에 함께 섰느니라(골 1:16-17).

우리 주 하나님이여 영광과 존귀와 권능을 받으시는 것이 합당하오니 주께서 만물을 지으신지라 만물이 주의 뜻대로 있었고 또 지으심을 받았나이다(계 4:11).

하지만 에덴동산의 메시지는, 죄가 우리로 하여금 하나님의 자리를 추구하게 만든다는 것이다. 우리는 인생이 우리 뜻에 따라, 우리 계획에 맞게 움직이기를 바란다. 중심이 되고자 하는 이 욕망은 개인적으로나 관계 면에서 절대 어떤 선한 결과에 이르지 못한다. 죄의 역기능 그 한가운데에 자기중심적인 태도가 자리하고 있다. 그리고 이는 우리에게 구원의 은혜가 필요하다는 또 하나의 강력한 증거다.

더 깊은 묵상과 격려를 위해 다니엘 4장 28-37절을 읽으라.

다니엘 4장 28-37절로 연결됩니다.

73

**이 타락한 세상에서 산다는 것은 힘든 일이다.
그래서 우리에게는 사랑의 공동체가 필요하다.**

신약성경 전체를 관통하는 주제 중 하나는, 하나님과의 동행은 하나님이 한 공동체 프로젝트로 계획하신 일이라는 것이다. 익명의, 소비자 중심의, 고립되고, 독자적이고, 자충족적이고, 예수님과 나만 있으면 되는 기독교는 신약성경이 말하는 믿음과는 거리가 먼, 왜곡된 복사판에 지나지 않는다. 우리는 홀로 살라고 창조되지 않았으며(창 2:18), 홀로 살라고 예수 그리스도 안에서 다시 태어나지도 않았다(고전 12:14). 성경에서 성전을 묘사하는 표현(하나님이 거하시는 곳이 되도록 석재를 함께 이어 붙인 공간)과 몸을 묘사하는 표현(각 지체가 다른 지체의 기능에 의존한다)은 공동체를 떠나서도 건강한 기독교 신앙이 가능하다는 개념을 모두 배격한다.

하지만, 교회 안에서 보여지는 모습과 사적인 삶의 세밀한 부분 사이에 엄청난 괴리를 안고 살아가는 그리스도인이 너무도 많다. 우리는 날씨, 스포츠, 정치에 관한 짧고 비인격적인 대화에 능숙하다. 사람들의 질문에 무응답으로 대답하거나 영적으로 진부한 대답을 하는 법을 습득한다. 우리는 비참할 만큼 변덕스럽고 가벼운 인간관계의 장기적 네트워크 속에서 살아간다. 정교하게 연출해서 보여 주는 겉모습 이면에 무엇이 있는지 누구도 사실은 알지 못하며, 알지 못하기 때문에 섬기지 못한다. 자기가 알지 못하는 것을 섬길 수 있는 사람은 없기 때문이다.

더 나아가, 우리는 자기 자신을 안다고 생각하며, 우리를 눈멀게 하는 죄의 위력을 망각한 채 자신에게 아무 문제가 없다고 생각한다. 그것이 바로 우리들 다수에게 교회가 주일에 한 번 출석하는 곳 그 이상이 되지 못하는 이유다. 교회는 갖가지 공식적 종교 활동의 집합체다. 교회는 연령적 특성에 따라 구성된 신앙 프로그램이 정기적으로 제공되는 일종의 뷔페이다. 교회는 음악을 즐길 수 있고 설교를 들을 수 있는 곳이다. 교회는 우리를 세계 선교와 연결시켜 주는 곳이다. 교회는 우리 자녀들에게 건전한 활동을 제공하는 곳이다. 하지만 오늘날 교회는 사랑과 은혜를 중심으로 서로 의지하고 인격적으로 씨실과 날실로 엮이는 공동체가 되지 못하고 있다.

그러나 성경의 가르침은 분명하다. 각 지체가 제 역할을 할 때 그리스도의 몸은 그리스도 안에서 점점 성숙한다(엡 4장을 보라). 우리 각 사람은 의도적으로, 그리스도 중심의 은혜로 움직이는 구속의 공동체 안에서 살 필요가 있다. 이 공동체는 본디 우리를 각성시키고 보호하기 위한 공동체다. 이 공동체는 원래 우리에게 동기를 부여하고 힘을 북돋아 주는 공동체다. 이 공동체는 원래 우리를 구하고 회복시키는 공동체다. 이 공동체는 우리에게 소망과 용기를 불어넣는 공동체다. 이 공동체는 우리의 현실을 직시하게 하고 잘못된 것을 책망하는 공동체다. 이 공동체는 우리에게 길을 안내하고 우리를 보호하는 공동체다. 이 공동체는 미래를 바라보게 하고 건전한 경고를 주는 공동체다. 이 공동체는 내가 낙심하여 혼자인 듯 느껴질 때 예수님의 사랑과 은혜를 구체화해서 보여 주는 공동체다. 이 공동체는 나의 소망인 예수님의 은혜를 가시적으로 나타내는 공동체다. 이 공동체는 사치가 아니다. 이 공동체는 영적으로 필수불가결하다. 문제는 "내가 이 공동체 안에 한 몸으로 엮였는가?"이다.

더 깊은 묵상과 격려를 위해 로마서 12장을 읽으라.

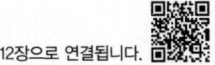

로마서 12장으로 연결됩니다.

74

우리는 정체성을 찾겠다는 소망으로 일하지 않는다.
우리는 그리스도 안에서 주어진 정체성을 찬양하며 일한다.

'정체성'
이제는 저 스스로
찾아다닐 필요가 없습니다.

제 삶의 의미나
제가 하는 일의 목적을
이해하려 애쓸 필요가 없습니다.

내면의 평안, 곧
누구나 마음으로 갈망하는
행복한 느낌을
바랄 필요가 없습니다.

누군가가,
혹은 무언가가
저를 행복하게 해주기를,
또는 제게 기쁨을 주기를
바랄 필요가 없습니다.

이제 이런 것들이
제게는 필요가 없습니다.

은혜로 저는
주님과 관계를 맺었고
주님이 저를
자녀라 부르셨기 때문입니다.

더 깊은 묵상과 격려를 위해 갈라디아서 4장 4-7절을 읽으라.

갈라디아서 4장 4-7절로 연결됩니다.

75

**우리는 경험이나 연구를 통해 지혜를 얻지 않는다.
우리는 관계를 통해 지혜를 얻는다.
그 관계는 은혜를 통해 가능해진다.**

죄가 낳는 결과 중 우리가 자주 절제해서 표현하지만 실은 더할 수 없이 암울하고 위험한 것이 하나 있다. 바로 죄는 우리 모두를 바보로 만든다는 사실이다. 슬프게도 우리는 자신이 바보라는 사실을 날마다 증명한다. 그렇게 내키는 대로 소비하며 끝없는 욕망을 채우다가는 갚을 길 없는 빚더미에 앉을 수도 있다는 생각을 하지 않는다. 만족과 살아 있음을 느끼기 원하는 우리 마음의 갈망을 섹스, 맛있는 음식, 유흥이 채워 줄 거라고 생각한다. 또 권위에 반항해도 된다고, 결국은 모든 게 잘될 거라고 생각한다. 인간관계에서 좀 이기적으로 요구해도 되며, 그래도 내가 사랑하는 사람은 여전히 내 곁을 떠나지 않을 거라고 생각한다.

우리는 언제 어떤 식으로든 내가 원하는 대로 창조 세계가 주는 쾌락을 추구할 수 있다고, 그래도 건강을 해치거나 무언가에 중독되거나 빚더미에 앉는 일은 없을 거라고 생각한다. 하나님의 영역에 발을 들여 놓아도 무사할 거라고 생각한다. 자격이 없는데 자격이 있다고 생각하고, 하지 못할 일을 할 수 있다고 생각한다. 충격적인 것은, 스스로 하나님보다 똑똑하다고 생각하면서도 이를 미처 깨닫지 못하거나 깨달아도 인정하지 않으려 할 때가 많다는 사실이다.

죄인에게는(여기에는 우리 모두가 포함된다) 지혜가 자연스럽지 않다. 지혜를 찾는 일은 인류에게 가장 중요한 탐색으로 손꼽힌다. "지혜가 어디에 있을까?" 이보다 더 중요한 질문은 별로 없을 것이다. 연구나 경험으로 지혜를 얻기 힘든 이유는, 연구나 경험은 우리의 어리석은 마음이라는 필터로 걸러지고 해석되기 때문이다!

바로 이 지점에서 성경은 근본적이고 반직관적인 메시지를 가지고 우리를 맞이한다. 지혜는 돈으로 살 수 없다. 노력으로도, 많은 경험으로도 얻을 수 없다. 그렇다. 지혜는 구원과 관계에 따르는 결과다. 지혜로우려면 먼저 나 자신에게서 구조되어야 한다. 새로운 마음이 주어져야 한다. 그 마음은 곤핍하고 겸손한 마음, 이 땅에서는 찾을 수 없는 것을 추구하는 마음, 그것을 위로부터 받을 자세가 된 마음이다. 그런 다음 지혜이신 분과 관계를 맺어야 한다. 골로새서 2장 3절은 예수님에 대해 "그 안에는 지혜와 지식의 모든 보화가 감추어져 있느니라"고 말한다. 생각해 보라. 은혜는 나를 지혜이신 분과 연결시킨다. 은혜는 지혜가 내 안에 살게 만든다. 다시 말해 지혜가 늘 나와 함께 있고 나는 언제라도 지혜를 활용할 수 있다는 뜻이다.

지혜이신 분이 지금 나를 인도하신다. 지혜가 나를 보호하신다. 지혜가 나를 깨우치신다. 지혜가 나를 가르치고 성숙시키신다. 지혜가 나를 격려하고 위로하신다. 지혜가 내 생각을 변화시키려 애쓰고 내 욕망의 방향을 다시 교정하신다. 지혜가 내 과거를 용서하고 그 손 안에 내 미래를 쥐고 계신다. 그리고 지혜가 나를 더는 어리석음이 없는 영원한 세상으로 반갑게 맞아들이실 것이다.

오늘 내게는 지혜의 수고가 필요하다는 사실을 나는 다시 증명하게 될 것이다. 여기에 저항하지 말라. 감사하는 마음으로 손을 내밀어 도움을 청하라. 지혜는 나와 영원히 함께 거하려고 오셨다.

더 깊은 묵상과 격려를 위해 잠언 2장을 읽으라.

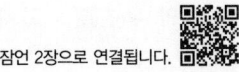

잠언 2장으로 연결됩니다.

76

우리는 하나님을 의지하도록 지어졌다.
자기 힘으로 스스로 필요를 채우겠다는 꿈은
결국 악몽으로 바뀔 것이다.

도움 구하기를 어려워하는 사람이 많다. 왜 그럴까? 모른다는 것을 인정하는 게 왜 그리 힘들까? 처음 하는 일을 왜 아무런 교육도 받지 않고 하려는 것일까? 혼자 힘으로 할 수 없다는 것을 인정하기가 왜 그토록 어려울까? 왜 자신의 약점과 무지를 인정하지 못해 그 발버둥을 치는 것일까? 자녀는 왜 부모의 훈육을 받으려 하지 않을까? 직장인은 왜 상사에게 지시받기를 싫어할까? 왜 우리는 지침을 듣기 싫어할까? 왜 우리는 사실 준비도 안 되어 있고 아는 것도 별로 없고 유능하지도 않으면서 그렇게 보이려고 애쓰는 것일까? 왜 우리는 도움을 주겠다는 사람을 그렇게 자꾸 밀어낼까? 왜 우리는 괜찮지 않으면서 괜찮다고 말할까? 사실은 잘 알지도 못하면서 왜 일을 해결할 수 있다는 듯 행동할까? 왜 의사나, 상담원이나, 지혜로운 친구의 조언 받기를 그리 주저할까? 왜 우리는 독립적인 체 행동하면서 그렇잖아도 어려운 문제를 더 어렵게 만들까? 도대체 왜 그럴까?

너무 솔직하고 과장되게 단순한 답 같지만, 그래도 답은 답이다. 이 모든 질문에 대한 답은 바로 '죄'다. 자기를 의존하며 스스로 만족시키려는 것이 죄가 우리 마음에 저지르는 일이다. 호세아 10장 13절은 이 현상을 아주 힘 있게 말한다. "너희는 악을 밭 갈아 죄를 거두고 거짓 열매를 먹었나니 이는 네가 네 길과 네 용사의 많음을 의뢰하였음이라." 이 구절의 인과 구조를 놓치지 말라. 호세아 선지자는 본질적으로 이렇게 묻고 있다. "너희가 도덕적 불결을 겪는 이유가 무엇이냐? 너희가 불의한 처사를 당하는 이유가 무엇이냐? 너희는 왜 진실이 아닌 것을 받아들였느냐?" 이 질문들에는 오직 한 가지 답만 있을 수 있는데, 우리가 듣고 싶어 하는 답은 아니다. 선지자에 따르면, 이 모든 일이 일어나는 이유는 바로 우리가 자기 나름의 길을 원하고 신뢰하며 자신의 힘을 의지하기 때문이다.

아마도 받아들이기 힘들겠지만, 겸손히 인정하는 것이 중요하다. 우리는 그렇게 살도록 창조된 목적에서 벗어날 때 나쁜 일이 일어난다. 죄 때문에 우리는 하나님이 필요하고 이웃이 필요하다는 사실을 부인한다. 죄 때문에 우리는 있지도 않은 지혜와 힘과 의로움이 있는 것처럼 행동한다. 죄는 우리가 하나님을 보좌에서 밀어내고 우리 스스로 그 보좌에 앉게 만든다. 죄는 충격스러울 만큼 교만하고 자신만만하다. 죄는 실제로 우리 모두를 기만해 우리가 하나님과 같아질 수 있다는 망상에 빠지게 만든다.

우리 모두에게 이런 짓을 저지르는 죄는 음울하고 기만적이고 위험하다. 우리가 기본적으로 자기를 의지하며 스스로 만족해하는 태도로 삶에 접근한다면 그 어떤 선한 결과에도 이르지 못할 것이다. 죄는 늘 어떤 식으로든 죽음으로 귀결된다. 그래서 우리는 독립적인 삶을 추구하는 자세에서 구조받아, 우리에게 필요한 모든 일을 실제로 해 주시는 분과 관계를 맺고 살아야 한다. 그리고 그것이 바로 예수님의 은혜가 우리를 위해 하는 일이다!

더 깊은 묵상과 격려를 위해 야고보서 3장 13-16절을 읽으라.

야고보서 3장 13-16절로 연결됩니다.

77

**칭의가 인격적 변화의 토대다.
인격적 변화가 칭의를 낳는 것이 결코 아니다.**

"모든 사람에게 구원을 주시는 하나님의 은혜가 나타나 우리를 양육하시되 경건하지 않은 것과 이 세상 정욕을 다 버리고 신중함과 의로움과 경건함으로 이 세상에 살고 복스러운 소망과 우리의 크신 하나님 구주 예수 그리스도의 영광이 나타나심을 기다리게 하셨으니 그가 우리를 대신하여 자신을 주심은 모든 불법에서 우리를 속량하시고 우리를 깨끗하게 하사 선한 일을 열심히 하는 자기 백성이 되게 하려 하심이라"(딛 2:11-14). 이만큼 강하게 진실을 직시하고 우리를 겸손하게 하며 격려를 주는 말씀은 없을 것이다.

먼저 이 말씀은 다음과 같은 현실을 직시하게 한다. 곧, 자기 의라는 수단으로는 도무지 하나님의 용납을 받을 길이 없다. 하나님과의 관계는 언제나 하나님이 주도하신 결과이지 우리가 앞장선 결과가 아니다. 하나님이 우리를 위해 자기를 버리셨다. 하나님이 우리를 구속하셨다. 하나님이 우리를 자기 백성으로 삼으셨다. 하나님이 우리를 깨끗하게 하셨다. 하나님은 왜 자신의 주권적인 주도권을 이런 식으로 행사하실까? 그 이유는 다른 길이 없기 때문이다. 인간의 의로움이 먼저 있고 그 다음에 칭의가 있는 것이 절대 아니다. 우리가 불경건함을 거부하고 세상 일에 대한 열심을 버리고 스스로 삼가며 정직한 방식으로 살 수 있는 것은 하나님의 은혜 덕분이다. 그 은혜가 없으면 우리는 도덕적으로 엉망진창인 자들이다. 칭의는 하나님이 우리의 정결함과 의로움을 알아보고 이에 화답하시는 것이 절대 아니다. 왜냐하면 우리를 변화시키는 은혜가 없으면 우리에게는 정결함도 의로움도 없기 때문이다. 하나님과 관계를 맺을 때 우리가 들고갈 것은 간절한 영적, 도덕적 궁핍함이다. 우리는 속됨, 불경건함, 스스로 삼가지 못하는 태도 등으로 더럽혀지고 무거운 짐을 진 상태로 하나님께 나아간다. 우리에게는 우리를 의롭다 하고 변화시키는 은혜가 필요하며, 그 은혜가 우리를 깨끗하게 하고 능력을 주어서 하나님이 우리를 창조하셨을 때 뜻하신 대로 살 수 있게 한다.

하나님이 우리를 취하신다. 하나님이 우리를 의롭다 여겨 주신다. 하나님이 우리를 깨끗케 하신다. 하나님이 우리를 변화시키신다. 하나님이 우리에게 능력을 주신다. 하나님이 우리에게 영원한 소망을 주신다. 하나님이 우리를 자기 백성으로 삼으신다. 만약 하나님이 우리를 위해 기꺼이 자기를 주지 않으셨다면 이들 중 단 한 가지도 일어나지 않았을 것이다. 우리 자신에게는 위와 같이 하려는 성향이나 능력이 없기 때문이다. 그러므로 우리는 스스로 자랑할 이유가 하나도 없으며, 오직 감사의 예배로 우리 자신을 바칠 이유만 있다. 동시에 우리에게는 크게 용기를 얻을 이유가 충분하다. 우리의 구주께서 우리를 구원하셨고, 지금도 구원하고 계시며, 우리가 그분의 백성으로 완전히 정결하게 되어 언제까지나 영원히 그분 앞에 설 때까지 계속 우리를 구원하실 것이기 때문이다.

만약 우리가 스스로 이런 일들을 할 수 있었다면 예수님의 삶, 희생, 죽음, 부활은 필요하지 않았을 것이다. 우리 삶에서 가장 소중한 것, 즉 하나님과의 관계는 우리가 획득한 것이 아니다. 우리를 변화시키는 힘이 있는 영원한 은혜의 선물이다.

더 깊은 묵상과 격려를 위해 에베소서 1장 3-14절을 읽으라.

에베소서 1장 3-14절로 연결됩니다.

78

**죄는 자신의 의로움을 지나치게 확신하게 하고,
타인의 죄를 지나치게 주목하게 한다.**

다음은 죄의 무시무시한 독선을 혹독하게 꾸짖는 엄격한 말씀이다.

라오디게아 교회의 사자에게 편지하라 아멘이시요 충성되고 참된 증인이시요 하나님의 창조의 근본이신 이가 이르시되 내가 네 행위를 아노니 네가 차지도 아니하고 뜨겁지도 아니하도다 네가 차든지 뜨겁든지 하기를 원하노라 네가 이같이 미지근하여 뜨겁지도 아니하고 차지도 아니하니 내 입에서 너를 토하여 버리리라 네가 말하기를 나는 부자라 부요하여 부족한 것이 없다 하나 네 곤고한 것과 가련한 것과 가난한 것과 눈 먼 것과 벌거벗은 것을 알지 못하는도다 내가 너를 권하노니 내게서 불로 연단한 금을 사서 부요하게 하고 흰 옷을 사서 입어 벌거벗은 수치를 보이지 않게 하고 안약을 사서 눈에 발라 보게 하라 무릇 내가 사랑하는 자를 책망하여 징계하노니 그러므로 네가 열심을 내라 회개하라(계 3:14-19).

이 가혹한 말씀에는 우리 모두에게 경고하는 한 가지 문제가 있다. 바로 나보다 자신을 더 분명히, 더 정확히 아는 사람은 없다고 생각하는 것이다. 너나 할 것 없이 우리는 자신을 보는 스스로의 관점을 너무 신뢰하는 경향이 있다. 그 이유는 영적으로 눈이 멀면 어떤 일이 일어나는지 성경이 하는 말을 진지하게 받아들이지 않기 때문이다. 죄가 사람을 속인다면(실제로 그렇다), 죄가 우리 눈을 가린다면(실제로 그렇다), 그 죄가 우리 안에 여전히 잠복해 있는 한 우리가 영적으로 눈멀어 보지 못하는 부분이 있을 것이다. 한마디로, 나는 생각만큼 정확하게 나 자신을 보지 못한다. 이 구절은 가난과 부요에 빗대어 이렇게 말하는 것이다. "스스로를 보며 이만하면 괜찮다고 생각하겠지만, 너는 괜찮은 것과는 거리가 멀다."

죄는 우리 눈을 멀게 한다. 뿐만 아니라 죄인인 우리는 자기 자신의 눈먼 상태에 가담한다. 우리는 스스로를 기만해, 자기 자신을 실제보다 더 훌륭하다 생각하면서, 우리의 행동이 하나님의 눈에 사실상 괜찮지 않은데 스스로 괜찮다고 생각한다. 벌거벗은 노숙자와 다를 바 없는 것이 우리의 영적 현실인데, 우리 스스로는 풍족하고 좋은 옷을 입고 있다고 생각한다. 이 말씀은 우리가 우리 자신을 보는 시선이 얼마나 깊이 왜곡되고 기만적일 수 있는지 직시하게 한다. 자신을 변호하는 자세로 이 말씀을 읽지 말라. 경고를 받아들이라.

우리의 눈먼 상태 때문에 어떤 일이 벌어지는지 보자. 이 의에 관한 문제를 스스로 쉽게 해결했다고 생각하는 사람은, 그때부터 자기 걱정은 하지 않고 다른 사람의 죄에만 관심을 갖기 시작한다. 나 자신의 죄 문제보다 내 옆 사람의 죄에 더 관심이 갈 때는 사실상 나에게 영적으로 문제가 있는 것임을 알아야 한다. 영적 시력이 좋으면 이웃을 정죄하는 게 아니라 스스로를 비통해하며 자기 죄를 고백하는 결과에 이른다. 자신은 눈을 크게 뜨고 있다고 생각하지만 어쩌면 눈을 감고 있는 것인지 모른다. 나 자신을 잘 안다고 생각하지만 어쩌면 잘 모르고 있을 수 있다. 성령님이 친절하고 다정하게 역사하셔서 영적 시력을 주시고 내 죄를 깨닫게 하시기를 기도하라. 성령님이 내 안에 임재하시는 것이 은혜다.

더 깊은 묵상과 격려를 위해 요한계시록 2-3장을 읽으라.

요한계시록 2-3장으로 연결됩니다.

79

**하나님의 은혜는 우리를 고통으로, 인내로 이끌지만
결코 우리가 자신의 힘으로, 홀로 감당하게 하지 않는다.**

성경은 절대 현실을 부인하지 않는다. 성경은 절대 안전제일주의가 아니다. 성경은 절대 타락한 세상을 아름답게 꾸며서 보여 주지 않는다. 성경은 절대 우리가 현실을 실제보다 더 낫게 여기도록 술수를 쓰지 않는다. 성경은 솔직하고 정직하지만 그렇다고 소망이 없는 것도 아니다. 성경은 이 망가진 세상에서 살아가는 일이 얼마나 어려운지 매우 솔직하게 보여 주지만, 대단히 소망에 차 있기도 하다. 정직이 소망을 짓뭉개지 않으며, 소망이 정직을 무효로 만들지 않는다. 시편 28편은 이 두 가지 주제가 의미 있게 조화를 이루는 좋은 예를 보여 준다.

여호와여 내가 주께 부르짖으오니
나의 반석이여 내게 귀를 막지 마소서
주께서 내게 잠잠하시면
내가 무덤에 내려가는 자와 같을까 하나이다
내가 주의 지성소를 향하여
나의 손을 들고 주께 부르짖을 때에
나의 간구하는 소리를 들으소서
악인과 악을 행하는 자들과 함께
나를 끌어내지 마옵소서
그들은 그 이웃에게 화평을 말하나

그들의 마음에는 악독이 있나이다
그들이 하는 일과
그들의 행위가 악한 대로 갚으시며
그들의 손이 지은 대로 그들에게 갚아
그 마땅히 받을 것으로 그들에게 갚으소서
그들은 여호와께서 행하신 일과
손으로 지으신 것을 생각하지 아니하므로
여호와께서 그들을 파괴하고 건설하지 아니하시리로다
여호와를 찬송함이여
내 간구하는 소리를 들으심이로다
여호와는 나의 힘과 나의 방패이시니
내 마음이 그를 의지하여 도움을 얻었도다
그러므로 내 마음이 크게 기뻐하며
내 노래로 그를 찬송하리로다
여호와는 그들의 힘이시오
그의 기름 부음 받은 자의 구원의 요새이시로다
주의 백성을 구원하시며 주의 산업에 복을 주시고
또 그들의 목자가 되시어 영원토록 그들을 인도하소서.

　　이 환란의 시는 빛나는 소망의 시로 끝난다. 그것이 바로 모든 신자의 이야기다. 왜냐하면 우리는 환란 때 절대 혼자가 아니기 때문이다. '구원의 요새'가 늘 우리와 함께한다!
　　더 깊은 묵상과 격려를 위해 시편 35편을 읽으라.

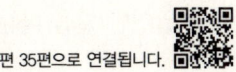
시편 35편으로 연결됩니다.

80

**하나님은 우리가 그분의 위로를 구할 때 힘든 상황을 허락하셔서,
우리와 같은 위로를 구하는 주변 사람들에게
부드러운 마음을 품게 하신다.**

때로 우리는 상대를 위로하기보다 섣불리 비판하고는 한다. 얼마 전 내가 바로 그런 행동을 했다. 길거리에서 구걸을 하는 젊은 노숙자를 보고는 '젊은 사람이 어쩌다 이 지경이 되었을까?'라는 생각이 들었다. 그를 불쌍히 여기기보다 비판부터 한 것이다. 우리에게는 몰인정한 태도가 생각 외로 자연스럽다. 아이들이 그 나이 때는 다 그렇고 나도 다를 것 없었으면서 마치 아이의 태도에 충격이라도 받은 양 고함을 지를 때가 그렇다. 음식점에서 자기 자녀를 통제하지 못하는 부모, 혹은 음식값 계산을 잘 못하는 사람들을 은근히 경멸의 눈초리로 볼 때가 바로 그렇다. 우리 안에 어떤 식으로든 여전히 살아 있는 자기 의가 작동하기 때문이다. 스스로 강하고, 지혜롭고, 유능하고, 성숙하고, 의롭다고 생각할 때 우리는 그 정도의 수준에 이르지 못했다고 여겨지는 사람들을 얕잡아보는 경향이 있다.

그래서 하나님이 우리를 겸손하게 하신다. 우리의 약함, 어리석음, 미숙함이 드러나는 상황에 처하게 하신다. 아버지가 돌아가신 후 고통스러운 시간 속에서 하나님의 주권 문제와 씨름했던 기억이 난다. 그때까지 나는 하나님의 주권이라는 이 중요한 교리를 내가 얼마나 잘 이해하고 있으며 얼마나 잘 전할 수 있는지 생각하며 우쭐해했다. 그런데 아버지의 죽음 앞에서 나는 하나님의 계획과 씨름하지 않을 수 없었다. 아버지에게 일어난 일을 나는 도무지 납득할 수 없었다. 하나님이 도대체 무엇

을 하고 계시는지 이해되지 않았다. 모든 게 혼란스럽고 엉망으로 보였다. 내가 그렇게 몸부림쳤다는 것을 인정하기는 참 자존심 상하는 일이지만, 그런 일이 있었기에 나는 힘든 시기를 겪으며 하나님의 주권과 씨름하는 사람들에게 훨씬 세심해질 수 있었고 이들을 인내할 수 있었다.

바울은 고린도후서 1장에서 다음과 같이 말한다. "찬송하리로다 그는 우리 주 예수 그리스도의 하나님이시요 자비의 아버지시요 모든 위로의 하나님이시며 우리의 모든 환난 중에서 우리를 위로하사 우리로 하여금 하나님께 받는 위로로써 모든 환난 중에 있는 자들을 능히 위로하게 하시는 이시로다… 우리가 환난 당하는 것도 너희가 위로와 구원을 받게 하려는 것이요 우리가 위로를 받는 것도 너희가 위로를 받게 하려는 것이니"(3-6절).

내게 힘든 순간이 있는 것은 내가 은혜 안에서 자라기 위해서일 뿐만 아니라 나와 비슷한 고난을 겪는 사람의 삶에서 은혜의 통로가 되어야 할 내 소명 때문이기도 하다. 역경 중에 있을 때 하나님은 내 마음을 부드럽게 하시고 내 장점을 예리하게 다듬어 주셔서, 인생길에서 만나는 순례자들의 삶에서 보이지 않는 아버지의 위로가 눈에 보이도록 만들 준비를 시키신다. 하나님은 내게 주어진 위로를 내가 또 다른 사람에게 전하게 하신다. 내게 소망을 준 은혜는 원래 내 옆에 있는 사람을 위한 소망으로 흘러넘쳐야 한다. 이 얼마나 놀라운 계획인가!

더 깊은 묵상과 격려를 위해 고린도후서 1장 3-11절을 읽으라.

고린도후서 1장 3-11절로 연결됩니다.

81

은혜는 다만 우리의 행위를 바꾸는 것이 아니라,
우리 마음에서부터 우리를 변화시켜
우리가 완전히 다른 사람이 되게 한다.

성경에서 가장 잘 알려진 기도 한 가지를 보려고 한다. 그런데 문제는 이 기도가 우리들 대다수에게 너무 친숙하다보니 이제 그 내용을 자세히 살펴보지 않게 되었다는 점이다. 이 기도가 우리에게 제시하는 자유를 받아들이려면 자세히 살펴보는 일이 반드시 필요한데 말이다. 바로 시편 51편 1-12절에 기록된 다윗의 기도다.

하나님이여 주의 인자를 따라 내게 은혜를 베푸시며
주의 많은 긍휼을 따라 내 죄악을 지워 주소서
나의 죄악을 말갛게 씻으시며 나의 죄를 깨끗이 제하소서
무릇 나는 내 죄과를 아오니 내 죄가 항상 내 앞에 있나이다
내가 주께만 범죄하여 주의 목전에 악을 행하였사오니
주께서 말씀하실 때에 의로우시다 하고
주께서 심판하실 때에 순전하시다 하리이다
내가 죄악 중에서 출생하였음이여
어머니가 죄 중에서 나를 잉태하였나이다
보소서 주께서는 중심이 진실함을 원하시오니
내게 지혜를 은밀히 가르치시리이다
우슬초로 나를 정결하게 하소서 내가 정하리이다
나의 죄를 씻어 주소서 내가 눈보다 희리이다

내게 즐겁고 기쁜 소리를 들려 주시사

주께서 꺾으신 뼈들도 즐거워하게 하소서

주의 얼굴을 내 죄에서 돌이키시고 내 모든 죄악을 지워 주소서

하나님이여 내 속에 정한 마음을 창조하시고

내 안에 정직한 영을 새롭게 하소서

나를 주 앞에서 쫓아내지 마시며 주의 성령을 내게서 거두지 마소서

주의 구원의 즐거움을 내게 회복시켜 주시고

자원하는 심령을 주사 나를 붙드소서.

다윗의 기도를 세심히 살펴보라. 이는 고백의 기도일 뿐만 아니라 변화에 대한 부르짖음이기도 하다. 다윗은 자신의 문제가 환경에서 비롯된 것이 아니라 태어날 때부터 문제였다고 인정한다. 그는 그 문제를 안고 세상에 들어왔다. 다윗은 자신의 문제가 외부가 아닌 내면에서 비롯된 문제라고 인정한다. 즉, '중심'의 문제라는 것이다. 그래서 다윗은 죄인이라면 누구에게나 필요한 것을 얻으려고 부르짖는다. 바로 새로운 마음을 구한다.

새로운 마음은 오직 하나님만이 창조하실 수 있다. 새로운 마음은 하나님의 은혜의 역사가 일어나는 진원지다. 하나님은 행동이 교정되는 것 그 이상을 원하신다. 하나님은 자기 아들을 보내 죽게 하심으로써 우리가 새 마음을 가질 수 있게 하셨는데, 그 마음은 꾸준히 새로워진다. 마음이 우리의 문제라면, 마음을 변화시키는 은혜만이 우리의 유일한 소망이다.

더 깊은 묵상과 격려를 위해 마태복음 15장 10-20절을 읽으라.

마태복음 15장 10-20절로 연결됩니다.

82

**고민할 것도 없다. 하나님의 방식이 우리의 방식보다 뛰어나다.
하나님의 계획은 우리가 스스로를 위해 세우는
그 어떤 계획보다 무한히 훌륭하다.**

나는 너무 낙심한 상태였다. 더는 어찌할 수 없었다. 나는 빠져나갈 전략을 세웠다. 계획은 그럴 듯했고, 그때까지 겪은 고생에 비해 훨씬 나아 보였다. 그 출구로 나가면 어디에 이를지 어느 정도 확신이 있었다. 나는 이제 악몽에서 탈출해 꿈을 실현할 생각이었다. 문제는, 하나님이 나를 위해 훨씬 더 좋은 계획을 세우셨다는 것이다. 나는 내가 하나님보다 더 잘 안다고 생각했다. 다음 번에 어떤 일이 닥칠지 정확히 알고 있다고 생각했다. 나는 내 인생 스토리의 다음 장을 써내려갔다. 하지만 내가 아니라 다른 누군가가 그 스토리의 저자라는 사실을 나는 잊고 있었다.

나는 사역자로서의 꿈을 좇고 있었으면서도 내 인생 스토리의 저자가 내가 아니라는 것을 알지 못했다. 내가 세운 변변치 않은 자기중심적인 계획은 제대로 작동하지 않았다. 내 신가를 인정받아야 마땅하다고 생각했지만 나는 인정받지 못했고, 크지도 않은 교회에서 발생하는 어려움은 생각했던 것보다 훨씬 컸다. 꿈은 악몽이 되었고, 그래서 나는 빨리 그 악몽에서 벗어나 새 출발을 하는 게 가장 현명하다고 생각했다. 하지만 하나님께는 다른 계획이 있었다.

그날 교인들 앞에서 사임을 알리고 예배를 마쳤을 때였다. 우리 교회에서 가장 연로하신 남자 성도님이 예배당 현관에서 교인들을 배웅하셨다. 교인들이 다 빠져니기고 나와 단 둘이 남게 되자 그분은 내게 다가와 이야기를 청했다. "목사님이 낙심하셨다는 걸 우리는 알고 있습니다. 그리고 목사님이 좀 미숙한 부분이 있다는 것도 알고 있지요. 하지만 우리는 목사님께 사임을 요구하지 않았습니다. 미숙하다는 이유로 목사님을 떠나보내면 교회가 언제 성숙한 목사님을 얻겠습니까?" 하나님이 내 계획을 가로막으셨다. 나는 그분의 말이 맞다는 것을 곧 깨달았다. 나는 내가 도망치려 하고 있으며, 떠나서는 안 된다는 사실을 바로 그때 거기서 깨달았다. 나는 집으로 가서 아내에게 말했다. 떠날 수 없게 되었다고. 그리고 장로님들께 전화를 걸어 내 사임을 취소해 줄 것을 부탁했다.

나는 그 교회에 여러 해 더 머물렀다. 그동안 나 자신도 은혜 안에서 성장했고 사역도 성장했다. 그날 이후로 내게 있었던 일들은 그때 만약 사임하고 떠났다면 경험하지 못했을 일들이다. 교회를 섬기면서 경험한 모든 축복과 시련 덕분에 지금 내가 하는 일을 할 수 있었고, 그 시간들이 없었다면 아마 이 일들을 다 놓치고 말았을 것이다. 나는 목회를 그만두고 배에 올라타려고 했었다. 그러나 감사하게도 나는 내 인생 저자가 아니었다.

우리의 인생 이야기는 자서전이 아니다. 우리의 이야기는 다른 저자가 쓰시는 지혜와 은혜의 전기(傳記)다. 이야기가 꼬이고 반전이 생기는 것은 모두 우리의 최선을 위한 장치다. 새로운 인물이 등장하거나 예기치 못한 사건이 발생하는 것도 다 하나님의 은혜의 도구다. 새 장이 시작될 때마다 하나님의 목적이 진척된다. "누가 지혜가 있어 이런 일을 깨달으며 누가 총명이 있어 이런 일을 알겠느냐 여호와의 도는 정직하니"(호 14:9). 하나님의 방식이 내 방식보다 낫다는 말은 아주 절제된 표현이다. 어떻게 안 그렇겠는가? 하나님은 지혜와 은혜가 무한하시니 말이다!

더 깊은 묵상과 격려를 위해 시편 118편을 읽으라.

시편 118편으로 연결됩니다.

83

**공동 예배는 우리 마음의 묵상을 자기중심적 불평에서
하나님을 영화롭게 하는 찬양으로 옮겨 준다.**

　살다 보면 단 하루도 불평할 이유가 없는 날이 없고, 단 하루도 감사할 이유가 없는 날도 없다. 불평과 감사라는 이 두 주제는 저마다 우리의 마음을 끌어당긴다. 근본적으로 불평과 감사는 세상을 보는 두 가지 다른 방식을 형성한다. 이 둘은 근본적으로, 나 자신을 보는 두 가지 다른 방식에 뿌리를 두기 때문이다.

　나의 언어는 기본적으로 어떠한가? 감사보다 불평하기가 더 쉬운가? 투덜거리는 소리가 내 삶을 에워싸고 있는가? 쉽게 발끈하고 금방 조급해하지 않는가? 재미없는 일과 때문에 짜증이 나는가? 나와 가장 가까운 사람들은 나를 가리켜 감사하는 사람이라고 하는가, 아니면 불평하는 사람이라고 하는가? 내가 속한 세상을 둘러보며 날마다 감사할 수많은 이유 앞에서 감격하는가? 스스로 넘칠 만큼 복 받은 사람이라고 생각하는가? 일상 속에서 무수한 일들을 꾸준히 누리며 겸손해하되, 이 모두는 내가 그럴 만한 자격이 있어서 누리는 것이라는 말을 절대 안 하는가? 하나님을 향해 낮은 목소리로 감사하다는 말을 얼마나 자주 하며, 주변 사람들에게 감사의 뜻을 얼마나 자주 표현하는가?

　사실 위에서 나는 한 가지 도발적인 발언을 했다. 나는 불평하는 생활 방식과 감사하는 생활 방식 두 가지 모두 내가 나 자신을 보는 방식에 뿌리를 두고 있다고 말했다. 불평은 사실 정체성 문제다. 나 자신을 내가 속한 세상의 중심에 놓으면, 다시 말해 내가 능동적으로 관심을 가질 분

야를 욕구, 필요, 감정 같은 사소한 범위로 축소시켜 놓으면, 나라는 사람을 말해 주는 것이 그런 것들뿐이라면, "나는 ~할 자격이 있다."는 태도로 살게 될 것이고, 그러기에 끊임없이 불평할 이유가 생길 것이다. 늘 내가 원하는 것에 초점을 맞출 것이고, 내게 무엇이 필요한지 과장된 인식을 가질 것이고, 내 기분을 너무 의식하게 될 것이고, 그래서 사는 동안 계속 불평하게 될 것이다. 왜일까? 내가 불평하는 이유는, 내가 생각과 달리 세상의 중심이 아니기 때문이다. 삶은 나를 중심으로 돌아가지 않는다. 세상은 내 욕망을 충족시키는 방향으로 돌아가지 않는다. 이렇게 산다는 것은 음울하고 낙심되는 일이다. 그러나 죄인으로서 나는 오직 하나님의 진노만을 받아 마땅하다는 사실을 겸손히 인정하면, 하나님이 정말 터무니없는 은혜로 나에게 자비롭고 친절한 얼굴을 보이신다는 것을 인정하면, 내 삶의 모든 선한 일들은 다 과분한 복이라는 것을 인정하면, 내 시선이 어디를 향하든 거기서 감사의 이유를 발견할 것이다. 스스로 자격이 있다고 여기다가 실망하는 게 아니라 나는 부족하다는 느낌과 감사하다는 느낌이 내 마음을 가득 채울 것이다.

바로 이 부분에서 공동 예배가 우리에게 큰 도움을 준다. 예배를 위해 꾸준히 모이는 하나님의 백성의 연합은 자신이 사실은 어떤 존재인지 일깨워 준다. 또 나를 향한 하나님의 아름답고 신실한 자비를 마주 대하게 함으로써 내 묵상을 불평에서 감사로 바꾸어 준다. 복음은 나를 내 위치에 있게 할 뿐 아니라 내 입에 찬양을 넣어 주는데, 이는 아주 바람직한 일이다.

더 깊은 묵상과 격려를 위해 빌립보서 4장 4-9절을 읽으라.

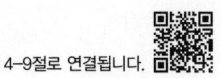

빌립보서 4장 4-9절로 연결됩니다.

84

**하나님은 우리가 할 수 없는 일을 하도록
우리를 부르실 것이다.
그리고 그 일에 필요한 모든 것을 주실 것이다.**

노아는 그 모든 짐승을 방주 안으로 데리고 들어갈 능력이 없었지만, 여호와께서 그렇게 하는 데 필요한 모든 것을 주셨다.

요셉은 자기 목숨을 보전하고 애굽에서 권세자의 자리에 오를 능력이 없었지만, 여호와께서 그런 일이 일어나게 하셨다.

모세는 이스라엘 백성을 애굽의 종살이에서 해방시킬 능력이 없었지만, 여호와께서 능력을 주셔서 그들을 약속의 땅으로 인도하게 하셨다.

이스라엘 백성은 홍해를 건너갈 방도가 없었지만, 여호와께서 이들을 위해 홍해를 가르셨다.

광야를 떠도는 순례자들은 식량을 비롯해 생명을 부지할 수단이 전혀 없었지만, 여호와께서 이들에게 필요한 모든 것을 마련해 주셨다.

이스라엘 백성은 요새와도 같은 여리고성을 처부술 방도가 전혀 없었지만, 여호와께서 이들에게 승리를 안겨 주셨다.

다윗에게는 골리앗을 이길 능력이 전혀 없었지만, 여호와께서 다윗에게 용기와 힘을 주셨다.

사드락, 메삭, 아벳느고는 그 타오르는 풀무불 속에서 자기를 지킬 능력이 전혀 없었지만, 여호와께서 이들의 목숨을 보전하셨다.

제자들에게는 예수님의 말씀을 들으러 모인 배고픈 무리를 먹일 방도가 전혀 없었지만, 예수님이 한 소년의 점심 도시락으로 이들을 배불리 먹이셨다.

바울은 배가 조난당했을 때 자기 자신과 일행의 목숨을 보전할 능력이 없었지만, 주님이 능력을 발휘하셔서 단 한 사람도 목숨을 잃지 않았다.

사도들은 예수 그리스도의 복음을 당대 세상으로 들고 나갈 능력이 없었지만, 주님이 이들에게 은사를 주시고 필요한 것을 마련하셔서 그렇게 할 수 있게 하셨다.

우리는 일어나 나가서 하나님이 명하신 일을 수행할 능력을 타고 나지 않았지만, 하나님은 우리가 우리 자신의 능력이나 수단을 의지하게 버려두지 않으신다. 하나님은 우리에게 할 일만 주시고 그 일을 할 능력은 주지 않을 만큼 지각 없거나 불친절하거나 불성실하지 않으시다. 나는 예수님이 교회를 사랑하시는 것처럼 아내를 사랑할 능력이 없지만, 하나님은 내가 나 자신의 성품과 힘에만 의지해 아내를 사랑하게 버려두지 않으신다. 나는 내 마음을 정결하게 지킬 능력이 없지만, 능력 주시는 성령님이 나를 충만케 하신다. 알다시피, 베드로후서 1장 3절은 정말 진리다. 우리에게는 생명과 경건을 위해 필요한 모든 것이 다 주어졌다. 철저히 새로운 삶의 방식으로 우리를 부르시는 하나님은 철저하게 능력을 주는 은혜로 우리를 맞이하신다. 담대하라. 적극적으로 행동하라. 내 구주께서는 정말로 내 힘이 되신다.

더 깊은 묵상과 격려를 위해 느헤미야 6장을 읽으라.

느헤미야 6장으로 연결됩니다.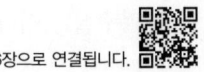

85

> 오늘, 완전히 혼자라고 느껴지는가?
> 낙심하지 말라.
> 당신은 아버지께 사랑으로 복을 받은 자이다.

혼자인 듯한 기분인가? 소외되고 사랑받지 못하는 느낌인가? 사람들이 나를 그냥 지나치고 내 존재를 당연히 여기는 듯한 느낌인가? 어딘가가 망가져서 수선이 필요하다고 느껴지는가? 삶을 지속해나갈 이유를 찾으려 애쓰는가? 산다는 게 그만한 값어치가 있는 일인지 의심이 드는가? 마음을 나눌 사람이 하나도 없는가? 누가 나에게 신경이나 쓸까 하는 생각이 드는가? 외로움과 낙심의 파도가 덮쳐올 때 과연 어디로 달려가는가, 어디로 피하는가?

나는 하나님의 다정한 돌보심을 표현한 이사야 42장 3절 말씀을 좋아한다. "상한 갈대를 꺾지 아니하며 꺼져가는 등불을 끄지 아니하고." 얼마나 아름다운 묘사인가! 수풀 사이를 지나다가 어린 나무 한 그루와 마주쳤는데, 가지 하나가 서의 부러진 채 좀 기괴한 각도로 매달려 있는 모습을 상상해 보라. 나는 무의식적으로 나무 가까이 다가가 가지를 완전히 떼어내 버린다. 그러나 하늘에 계신 내 아버지라면 절대, 절대, 그렇게 경솔하지 않으실 것이다. 아버지라면 나의 남은 인생길을 그렇게 꺾어버릴 생각은 하지 않으실 것이다. 오히려 은혜로 내게 다가와 위로하시고, 강하게 하시고, 격려하시며, 회복시키실 것이다. 나를 향한 아버지의 사랑은 자상하고 성실하다. 주위에 아무도 없는 것 같을 때 아버지께서 내 옆에 계신다. 다른 누구도 나를 보살펴주지 않을 때 아버지께서 나를 살펴주실 것이다. 내가 얼마나 다쳤는지 아무도 모르는 것 같을 때 아버지께서 내 상처를 치유하실 것이다. 아버지는 내 약점을 조롱하지도, 이를 이용하지도 않으신다. 내 존재를 알아차리지 못하는 일도, 나를 등한시하는 일도 없다. 내가 아버지의 자녀라면 사랑받지 못한 채 홀로 있는 일은 있을 수 없다. 하늘에 계신 아버지가 내 가까이에서, 회복시키는 자상한 사랑으로 내게 손을 내미시기 때문이다.

내게 빛을 비추던 초가 다 녹아 마지막 작은 불꽃이 희미하게 깜박거리다가 꺼지려 하는 모습을 상상해 보라. 낭패감으로 짜증이 난 나는 손가락으로 심지를 눌러 불꽃의 그 희미한 생명마저 빼앗아 버린다. 그러나 하늘에 계신 내 아버지께서는 내게 절대 그렇게 하지 않으신다. 아버지께서는 생명을 멸하는 분이 아니라 생명을 주는 분으로서 은혜로 내게 다가오신다. 내 소망이 꺼져가고 믿음이 약해질 때, 아버지께서는 절대 조급해하지 않으시며 낙심하지도 않으신다. 아버지의 아름다운 자비는 내 마음에 생명을, 내 영혼에 생기를 불어넣어 준다. 아버지는 노하기를 더디 하시며 자비가 풍성하시다. 아버지는 모든 참된 긍휼의 근원이시다. 아버지는 실로 위로의 아버지시다. 우리가 연약하다고 느낄 때 아버지는 이에 마음이 움직이는 자상한 대제사장으로서 우리에게 자비가 필요한 바로 그때 자비를 베푸신다. 아버지는 변함없이 신실한 친구이시다. 그분은 자기 무릎으로 우리를 불러 자신의 사랑으로 위로받게 하는 아버지시다.

그렇다. 인생은 매우 힘들 수 있고, 사람들은 매우 무자비할 수 있으며, 혼자가 되는 때도 있지만, 내 아버지께서 나를 회복시키는 다정한 사랑으로 나와 함께하시니 나는 절대 혼자가 아니다.

더 깊은 묵상과 격려를 위해 히브리서 5장 1–5절을 읽으라.

히브리서 5장 1–5절로 연결됩니다.

86

오늘 나에게 필요한 것이 충분히 주어질지 의심하겠는가,
아니면 "주님이 주실 것이다."라고 자신에게 말하며
믿음으로 앞으로 나아가겠는가?

부름 받은 대로, 은혜 받은 대로 살려면 나의 현주소를 알아야 한다. 곧 내 삶의 현장에서 하루하루 살아간다는 게 무슨 의미인지 깨달아야 한다. 예를 들어, 도시에 사는 사람은 주차가 큰 문제라는 것을 알고 있다. 시외에 사는 사람이라면 대중교통이 얼마나 불편한지 알 것이다. 도심에 사는 사람은 한밤의 길거리에 어떤 위험이 도사리는지 알아야 한다. 오래된 집에 사는 사람은 목공 기술, 전기 다루는 법, 배관 기술 등을 연마해야 한다. 집안 구조물이 여기저기 망가질 것이기 때문이다. 영적인 면에서도 마찬가지다. 내가 지금 이곳에 산다는 게 어떤 의미인지 그 함축적인 의미를 알아야 한다. 그렇지 않으면 자꾸 당황하게 되고 내 앞에 닥치는 일을 아무 준비 없이 맞게 될 것이다.

우리는 '이미'와 '아직' 사이에 살고 있다. 예수님이 궁극의 희생을 하셨다. 말씀의 지혜가 우리 손에 주어졌다. 성령님이 오셔서 내 안에 거하신다. 하지만 내 안에서, 나를 위해, 나를 통해 이루어지는 하나님의 역사는 아직 완성되지 않았다. 이는 죄가 아직 완전히 뿌리 뽑히지 않았으며 나는 아직 은혜로써 변화될 그 모습이 아니라는 뜻이다. 하나님의 마지막 원수는 아직 메시아의 강한 발아래 밟히지 않았다. 그래서 마음의 전쟁은 여전히 격렬히 진행 중이다.

영적인 전쟁은 지금도 계속되고 있다. 이는 내가 지금 전쟁터에 살고 있음을 깨달아야 한다는 뜻이다. 그리고 또 한 가지 분명히 알아야 할 것

은, 이 엄청난 영적 전쟁이 벌어지는 현장은 내 마음이며, 그 목적은 내 마음을 주장할 권리를 얻는 것이다. 우리는 그 전쟁 한가운데서 하루하루 살아간다. 이는 의심 대 믿음의 전쟁이다. 순종 대 반역의 전쟁이다. 근심 대 신뢰의 전쟁이다. 지혜 대 어리석음의 전쟁이다. 소망 대 절망의 전쟁이다. 충성 대 불충의 전쟁이다. 이는 전쟁이다.

이 전쟁의 핵심은 아마 이 질문일 것이다. "주님은 약속하신 일을 언제 하실까?" 필요한 것을 주님이 마련해 주실까? 주님이 나와 함께하시며 내게 필요한 것을 제때에 마련해 주심을 알고 믿음과 담대함으로 나아갈 수 있을까? 아니, 밀고 당기며 힘든 상황을 헤치고 나가야 할 때, 필요한 도움을 충분히 받지 못할까 봐 염려해야 하는가? 나는 두려워해야 할까? 아니, 하나님은 신뢰할 만한 분이신가?

어려운 시기를 만날 때, 내 약함이 드러날 때, 원수는 언제라도 내 귀에 이렇게 속삭인다. "네 하나님은 지금 어디 계시지?" 그럴 때는 즉각 이렇게 응수하라. "내 하나님은 늘 계시는 곳에 계시고, 앞으로도 그럴 것이다. 하나님은 능력과 영광과 은혜로 나와 함께 계신다." 하나님이 내 가까이 계신다는 사실이 늘 체감되지는 않을 것이다. 하지만 나를 버리시는 일은 절대 없다고 확신하고 안심해도 된다. 하나님은 "볼지어다 내가 세상 끝날까지 너희와 항상 함께 있으리라"(마 28:20)고 말씀하셨고, 자신의 말을 절대 취소하지 않으신다.

더 깊은 묵상과 격려를 위해 시편 22편을 읽으라.

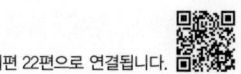

시편 22편으로 연결됩니다.

87

그리스도 안에서 완전히 용납받고, 영원히 용서받고,
풍성히 공급받는데 무엇을 왜 두려워하는가?

누구나 묻는, 그리고 누구에게나 따라다니는 세 가지 질문이 있다.

1. 나는 사랑받을 수 있을까?
2. 내가 실제로 어떤 사람인지 알고도 사람들이 나를 좋아해 줄까?
3. 살아가는 데 필요한 것들을 갖게 될까?

어떤 면에서 사람은 누구나 거부당하는 것, 비판받는 것을 두려워하고 가난을 두려워한다. 어떤 면에서 이 땅에 사는 사람은 누구나 다 사랑을 찾아 헤매며, 혹시라도 사랑을 찾지 못할까 봐 죽을 만큼 두려워한다. 어떤 면에서 사람은 누구나 다 비판받는 것을 두려워한다. 기준에 미치지 못해서 혹시 맹렬히 비판당할까 봐, 평생 그 잘못에 대한 값을 치르며 살게 될까 봐 두려워한다. 우리가 자비와 용서에 얽힌 이야기만 들으면 곧 관심이 가고 그토록 깊이 감동받는 것이 바로 그 때문이다. 어떤 면에서 사람은 누구나 가난을 두려워한다. 우리는 살아가는 데 필요한 것이 마련되지 않을까 봐 두려워한다. 성공이 내 손아귀에서 빠져나가고, 결국 거리에 나앉아 구걸을 하는 신세가 될까 봐 두려워한다.

그런데 주 예수 그리스도의 복음이 인간에게 있는 이 근본적인 두려움을 하나하나 모두 설명해 주고 해법이 된다는 사실이 놀랍지 않은가? 생각해 보자. 첫째, 복음은 세상에서 가장 멋진 사랑 이야기다. 복음은 사랑받을 자격이 없는 사람들에게 사랑을 주신 사랑의 하나님 이야기다. 이 하나님이 사랑하는 아들을 보내사 사랑의 희생 제물이 되게 하셔서 자기 자녀들이 그분의 사랑의 품으로 반가이 맞아들여지게 하시고, 그 사랑을 간절히 필요로 하는 사람들에게 그 사랑을 가지고 가는 사랑의 공동체가 되게 하신다.

둘째, 예수 그리스도의 복음은 세상에서 가장 놀라운 용서 이야기다. 복음은 자기가 저지르지도 않은 범죄를 위해 기꺼이 죽어서 그 범죄를 저지른 사람들이 과거와 현재와 미래의 모든 잘못을 충분하고도 완전하게 용서받게 하신 분의 이야기다. 복음은 자기 아들의 희생을 통해, 자신의 거룩함을 어떤 식으로도 훼손하지 않고 자신의 권위에 반역한 자들을 용서할 방도를 마련하신 의로운 하나님에 관한 놀라운 이야기다.

셋째, 예수 그리스도의 복음은 세상에서 가장 위대한 공급 이야기다. 복음은 만물을 창조하고 주관하고 소유하신 하나님이 그 거대한 창고를 여셔서, 아무것도 받을 자격이 없는 반역자들이 그분 안에서 모든 것을 얻게 하시는 이야기다. 우리에게 필요한 그 무엇도 결코 공급이 보류되지 않으며 우리에게 필요한 은사는 반드시 주어진다. 복음은 우리에게 필요한 모든 것을 공급하면서도 결코 마르지 않는 강 이야기다.

하나님의 자녀는 인생의 이런 심층적 물음에 사로잡혀 괴로워하지 않아도 된다. 이 물음은 우리 구주 예수 그리스도의 위격과 사역으로 모두 답변이 되었다. 그분 덕분에 나는 사랑받는다. 그분 덕분에 나는 사함 받는다. 그분 덕분에 나는 필요한 것을 모두 갖는다. 우리 하나님 외에 과연 누가 이런 이야기를 쓸 수 있겠는가?

더 깊은 묵상과 격려를 위해 빌립보서 4장 10-20절을 읽으라.

빌립보서 4장 10-20절로 연결됩니다.

88

**하나님께 은혜로 용서를 받았으니
자신의 죄를 마주하고 숨거나 변명하거나 책임을 전가하는 것은
아무 의미가 없다.**

도덕적 정직함에 관한 한 핵심은 다음과 같다. 잘못을 부인하는 태도는 두려움에 뿌리를 두고, 잘못을 고백하는 태도는 소망에 뿌리를 둔다는 것이다. 주 예수 그리스도의 위격과 사역이 주는 근본적인 소망을 받아들인다면, 자신을 결핍이 없는 사람으로 보이고픈 충동을 좇지 않을 것이다. 그런데 많은 사람 안에 그런 본능이 펄펄 살아 움직인다. 자기 죄에 직면할 때 우리는 곧장 변명하거나 책임을 전가한다. 양심의 가책이 느껴지면, 아담과 하와가 동산에서 하나님을 피해 숨었던 것처럼 우리가 저지른 잘못을 숨기거나, 내가 저지른 일이 사실은 그렇게 나쁜 일이 아니었다고 자기 자신을 설득하려 한다.

하나님의 세상은 아주 크기 때문에 우리가 숨을 곳이 언제든 있다. 그리고 우리가 사는 세상은 원래 하나님이 뜻하신 대로 돌아가지 않기 때문에 사람들이나 상황에 책임을 전가하기도 쉽다. 하지만 이는 모두 크고, 슬프고, 말도 안 되는 거짓말이다. 이미 충분히, 완전히, 영원히 사함받았다는 사실을 우리는 왜 그렇게 숨기거나 부인하려고 애를 쓰는가? 예수님이 죄인을 사랑하시고 용납하신다는 것이 복음의 메시지인데 우리는 왜 죄인이 아닌 척하려고 그렇게 애를 쓰는가? 예수님이 우리의 죄책을 다 감당하셨는데 왜 죄책감 때문에 몸을 숨기려 하는가? 예수님이 기꺼이 우리의 수치를 다 짊어지셨는데 왜 수치감에 휩싸여 이런저런 행동을 하는가? 예수님이 자신의 의를 우리 계좌로 넣어 주셨는데 왜 의로

운 척하는 거짓된 겉모습을 연출하는가? 우리를 향한 하나님의 진노가 십자가에서 예수님께 다 쏟아부어졌는데 왜 하나님의 진노를 두려워하는가? 우리의 인생을 손에 쥐신 분께서 우리를 마치 한 번도 죄 지은 적이 없는 사람들처럼 받아들이셨는데, 우리가 자신의 죄에 관해 정직하다면 왜 남들이 나를 어떻게 생각할지 염려하는가? 우리에게 필요한 모든 것이 완전히 마련되었는데 왜 우리가 어떤 존재이며 무엇을 필요로 하는지를 부인하는가? 은혜가 우리를 지금 모습 그대로 맞아 주는데 왜 지금의 내가 아닌 다른 어떤 존재인 양 행동하는가? 우리의 모든 연약함에 공감하시는 신실하고 이해심 많은 대제사장이 우리에게 있는데 왜 아무도 나를 이해해 주지 않는다고 하는가? 구주께서 우리를 위해 죄와 사망을 정복하셨는데 왜 우리 같은 사람들에게 아무런 소망이 없다는 듯 행동하는가? 주일에는 교회에 가서 복음의 진리를 노래하면서 왜 일상에서는 자기 잘못을 부인하고 변명하고 책임을 전가하면서 실질적으로 복음을 부인하는가? 사랑하는 사람이 내 잘못을 지적할 때 왜 자신을 방어하려 하며, 잘못을 저지르다 들켰을 때 왜 변명하려 하는가? 내가 저지른 잘못 앞에서, 성령님이 은혜로 이를 깨우쳐 주시는데 왜 이러쿵저러쿵하면서 이를 자각한 아픔을 덜려고 그렇게 애를 쓰는가?

바울은 골로새 신자들에게 "믿음에 거하고 터 위에 굳게 서서 너희 들은 바 복음의 소망에서 흔들리지" 말라고 권면한다(골 1:23). 변명하고 부인하는 태도를 버리라. 자기 죄를 최소화하려고 복음을 불합리한 것으로 만드는 모든 행위를 버리라. 그렇게 해야 예수님 안에서 내게 주어진 놀라운 소망을 절대 잊지 않을 것이다.

더 깊은 묵상과 격려를 위해 빌립보서 3장 1-11절을 읽으라.

빌립보서 3장 1-11절로 연결됩니다.

89

> 은혜는, 우리가 가지지 않은 것을 가진 척하고
> 획득하지 않은 것을 자랑하는 태도에서 벗어나게 한다.

　　날조(faking)는 타락한 인간 문화에서 매우 인기가 좋다. 나와 관련된 어떤 사건을 이야기할 때 사실과 달리 자신을 영웅처럼 묘사한다면 그게 바로 날조일 것이다. 내가 하는 일을 실제보다 더 중요한 일로 보이게 만든다면 그 또한 날조다. 내 재력으로 살 수 없는 집을 속임수를 써서 싼값에 산다면 이것도 날조다. 나로서는 꿈꿀 수 없을 만큼 부유하고 지위 높은 사람과 친분을 맺으려고 꼼수를 쓴다면 이것도 날조다.

　　나의 경우는 실제보다 신학적 지식이 많은 것처럼 행동하거나, 실제보다 헌신적으로 사역하는 듯 행동하는 모습에서 날조가 가장 잘 드러난다. 성숙하고 평화로운 결혼 생활을 해본 적 없으면서 남들 앞에 그렇게 보이려 하는 것도 날조다. 자녀 문제와 관련해 벼랑 끝에 매달린 상태이면서도 손 내밀어 도움을 요청하지 못하는 것도 날조다. 가까운 사람이 방금 어떤 죄를 내게 털어놓았는데 나 자신도 동일한 죄와 씨름하고 있으면서도 이를 그 사람에게 선뜻 고백하지 못하는 것도 날조다. 사람들 앞에서는 품격 있고 세련된 인격으로 살고, 혼자 있을 때는 구석구석 지저분하고 난잡하게 살면서 두 인격 사이에 엄청난 간극을 만들어가는 것도 날조다. 우리는 나 자신을 실제보다 의로운 사람으로 이야기함으로써 늘 나 자신을 날조할 수도 있다.

　　여기, 우리가 붙들고 씨름해야 할 질문이 하나 있다. "나는 삶의 어떤 부분에서, 혹은 어떤 방식으로 날조하며 사는가?" 나는 자신이나 타인에게 실제와 다른 어떤 사람인 척한다든가 사실은 내가 하지 않은 어떤 일을 자랑하지는 않는가? 누구의 삶에든 날조하는 면이 있을 거라고 생각한다. 우리 모두의 마음에는 자신을 실제보다 더 지혜롭고, 의롭고, 강하게 보이고픈 욕망이 자리 잡고 있기 때문이다.

"너희는 그 은혜에 의하여 믿음으로 말미암아 구원을 받았으니 이것은 너희에게서 난 것이 아니요 하나님의 선물이라 행위에서 난 것이 아니니 이는 누구든지 자랑하지 못하게 함이라"(엡 2:8-9). 하나님은 은혜로 그분의 모든 자녀를 날조의 속박에서 자유롭게 하셨다. 하나님을 찬양하라! 그런데 이 일은 어떻게 가능할까? 하나님의 은혜는 내 힘으로 획득하지 않은 것을 내게 주고, 내가 실제로 저지른 잘못들을 용서한다. 하나님의 은혜는 내 정체성과 소망을 근본적으로 변화시킨다. 내 정체성은 내가 성취한 일이나 주변 사람들이 나의 성취로 여기는 일에 있지 않다. 내 정체성은 은혜의 결과로서, 다른 누군가의 성취에 뿌리를 둔다. 내 소망은 내 행실이 얼마나 옳으냐가 아니라 예수님이 나를 위해 이루신 일에 근거를 둔다.

은혜는 나를 불러 진실한 나, 정직한 나가 되게 한다. 은혜 덕분에 나는 인간이 날조한 거짓된 소망과 가짜 정체성에서 영원히 자유로운 삶을 살 수 있다. 은혜 덕분에 나는 예수님과 그분이 나를 위해 이루신 영원한 공로 안에서 정직하고 안정된 정체성을 찾고 안심하며 살 수 있다.

더 깊은 묵상과 격려를 위해 마태복음 6장 1-4절을 읽으라.

마태복음 6장 1-4절로 연결됩니다.

90

우리는 하나님을 예배하도록 지어졌다.
우리가 지음 받은 그 자리, 곧 예배의 자리로 돌아올 때
은혜가 우리를 반갑게 맞이한다.

하나님의 은혜의 궁극적, 최종적 목표가 무엇이냐고 묻는다면 뭐라고 대답하겠는가? 하나님의 은혜가 이루고자 하는 일은 무엇인가?

하나님의 은혜는 내가 좀 더 지혜롭게 재정을 운영하게 한다. 하나님의 은혜는 나를 좀 더 훌륭한 시민이자 이웃으로 만든다. 하나님의 은혜는 내 몸에 대해 좀 더 책임감 있게 행동하고 성적인 면에서 좀 더 정결하게 행동하도록 한다. 하나님의 은혜는 살아가면서 좀 더 훌륭한 결정을 내리게 도와준다. 하나님의 은혜는 타인과 의사소통할 때 좀 덜 이기적이며 좀 더 다정하게 행동하게 도와준다. 하나님의 은혜는 장래에 관해 좀 더 많이 생각하게 하고, 내가 단지 지금 여기만을 위해 살지 않도록 도와준다. 하나님의 은혜는 내게 주어진 것에 감사하고 주어진 것의 청지기 노릇을 더 잘하게 도와준다. 하나님의 은혜는 좀 더 지혜롭고 참을성 있는 부모가 되게 한다. 하나님의 은혜는 좀 더 건강한 결혼 생활을 하도록 도와준다. 하나님의 은혜는 나 자신에게 좀 더 정직하고 타인에게 좀 더 관대하게 대하도록 도와준다. 하나님의 은혜는 걱정을 덜하고 좀 더 담대히 행동하게 한다. 하나님의 은혜는 사는 게 마음 같지 않을 때도 아침 일찍 일어날 이유를 준다. 하나님의 은혜는 실망스러운 상황 한가운데서도 길을 찾아 나가고 고난 중에도 기뻐하게 한다. 하나님의 은혜는 기억할 만한 가치가 있는 일을 기억하며 잊어야 할 일은 얼른 잊게 한다. 하나님의 은혜는 동정심은 더 많이, 원한은 덜 품게 한다. 하나님의 은혜는

내가 혼자일 때도 사랑받고 있음을 깨닫게 하고 약할 때에도 내게 능력이 있음을 알게 한다. 이 모든 것이 다 은혜의 아름다운 수확물이다. 이 모든 것이 다 우리가 영원히 감사해야 할 일들이다. 하지만 이 선한 선물 중 그 무엇도 하나님의 은혜의 궁극적인 목표는 아니다. 로마서 1장 18-23절에 기록된 아래 말씀에 주목하라.

하나님의 진노가 불의로 진리를 막는 사람들의 모든 경건하지 않음과 불의에 대하여 하늘로부터 나타나나니 이는 하나님을 알 만한 것이 그들 속에 보임이라 하나님께서 이를 그들에게 보이셨느니라 창세로부터 그의 보이지 아니하는 것들 곧 그의 영원하신 능력과 신성이 그가 만드신 만물에 분명히 보여 알려졌나니 그러므로 그들이 핑계하지 못할지니라 하나님을 알되 하나님을 영화롭게도 아니하며 감사하지도 아니하고 오히려 그 생각이 허망하여지며 미련한 마음이 어두워졌나니 스스로 지혜 있다 하나 어리석게 되어 썩어지지 아니하는 하나님의 영광을 썩어질 사람과 새와 짐승과 기어다니는 동물 모양의 우상으로 바꾸었느니라.

이것이 핵심이다. 죄가 우리의 예배를 강탈해갔고, 은혜가 예배를 그 합당한 주인에게 돌아가도록 회복시킨다. 바로 하나님께로 말이다. 하나님이 우리 마음에서 합당한 자리를 차지하실 때에라야 비로소 다른 모든 것들도 우리 삶에서 제자리를 찾는다. 그리고 오직 강력한 은혜만이 이 일을 이룰 수 있다.

더 깊은 묵상과 격려를 위해 신명기 10장 12-22절을 읽으라.

신명기 10장 12-22절로 연결됩니다.

91

**우주에서 가장 중요한 회복 프로젝트인 구속을 위해
선택받은 도구가 되는 것보다
더 위대하고 고귀한 영광이 있겠는가?**

열한 제자가 갈릴리에 가서 예수께서 지시하신 산에 이르러 예수를 뵈옵고 경배하나 아직도 의심하는 사람들이 있더라 예수께서 나아와 말씀하여 이르시되 하늘과 땅의 모든 권세를 내게 주셨으니 그러므로 너희는 가서 모든 민족을 제자로 삼아 아버지와 아들과 성령의 이름으로 세례를 베풀고 내가 너희에게 분부한 모든 것을 가르쳐 지키게 하라 볼지어다 내가 세상 끝날까지 너희와 항상 함께 있으리라 하시니라(마 28:16-20).

그리스도께서 제자들에게 주신 사명은 곧 교회에 주시는 사명이요 모든 신자 하나하나의 생명을 위한 그분의 계획이다. 그 누구도 그리스도의 나라의 구속 사역의 수혜자로만 선택되지 않는다. 그렇다. 구속 사역의 수혜자로 선택된 사람은 그 나라의 사역의 도구가 될 사명 또한 받는다. 복음 전도 사역, 교회의 영적 성장을 위한 사역, 세계 선교 운동은 본래 구주께서 사역을 전문직업으로 삼는 소수의 어깨에만 짐을 지우신 일이 아니었다.

그런데 하나님은 교역자를 따로 구별하여 세우시지 않는가? 물론 그렇다! 하지만 이들의 역할은 교회 사역만이 아니다. 하나님의 모든 백성을 동원해 훈련시키고 구비시켜서 어디든 자기가 있는 자리에서 하나님의 놀라운 은혜를 널리 선포하는 큰 영광과 특권을 누리게 하는 것도 이들이 하는 일이다. 우주 역사상 가장 강력한 변화의 사역에 참여할 자로 선택받았는데도 무언가 자기 삶을 바칠 의미 있는 일을 찾아다니느라 인생을 허비하는 하나님의 백성이 많다는 것은 슬픈 일이다.

사역을 비성경적으로 정의한 까닭에 많은 이들이 그리스도인 소비자로 안이하게 살아가는 경향이 있다. 우리는 사역이라고 하면, 자기 몫의 개인적인 삶은 거의 없이, 어떤 공적인 삶을 구분해 섬기는 시간을 갖고, 그렇게 사역이 우선인 시간을 마치면 다시 개인의 삶으로 돌아가는 것이라 생각한다. 그런데 사실, 하나님이 우리를 예수님의 피로 값 주고 사신 이후로 우리 삶은 우리 것이 아니다. 우리 삶은 예수님이 그분의 용도대로 쓸 수 있는 예수님의 소유다. 다시 말해 우리 삶 자체가 사역이고 섬김이 곧 우리 삶이라는 뜻이다.

삶과 섬김은 분리되어 있지 않다. 이 말은 우리가 섬김의 정신으로 살고 일하고 관계 맺고 놀고 휴식해야 한다는 뜻이다. 하나님이 나를 어떤 곳에 두시든 그 자리에서 하나님이 하시는 일에 어떻게 하면 참여할 수 있을지를 늘 생각하며 살아야 한다는 뜻이다. 그리스도의 몸인 교회가 어떤 일을 할 때 단순한 출석자가 아니라 다른 모든 사람과 더불어 그 일에 참여자가 되어야 한다는 뜻이다.

나는 모든 때, 모든 백성을 위한 하나님의 구속 계획의 한 부분이다. 내 삶의 최대 영광은 내가 그 계획의 수혜자인 동시에 그 계획을 이루는 도구로 선택되었다는 사실이다. 이는 내 삶에 깊은 의미를 주며, 나 스스로는 이보다 더 깊은 삶의 의미를 찾을 수 없다. 오직 은혜만이 할 수 있는 일이다.

더 깊은 묵상과 격려를 위해 마태복음 5장 13-16절을 읽으라.

마태복음 5장 13-16절로 연결됩니다.

92

은혜는 다만 우리를 용서할 뿐 아니라,
우리가 자신보다 훨씬 더 큰 무언가를 위해 살게 한다.
그런데 왜 자신만의 작은 왕국으로 돌아가려 하는가?

경건한 삶은 한마디로 관성의 문제다. 내적 동기에 관한 것이고, 어떤 나라를 위해 살 것인가 하는 문제이며, 또한 전투이다. 경건한 삶은 종종 피상적인 기독교로 축소되고는 하는데, 사실은 그보다 훨씬 더 크다. 매일 성경을 읽고 일 년에 한 번씩 성경을 통독하면서도 여전히 나 자신만을 위해 살 수 있다. 교회에서 정한 모든 모임에 성실히 출석하면서도 여전히 나만의 작은 나라를 위해 살 수 있다. 열심히 일해서 번 돈으로 꼬박꼬박 헌금을 하면서도 여전히 하나님 나라를 염두에 두지 않고 살 수 있다. 성경신학 전문가이면서도 여전히 자신이 원하고 스스로 필요하다고 여기는 것만 생각하며 그 수준으로 삶의 규모를 축소시킬 수 있다. 가난하고 곤핍한 사람을 섬기는 일에 참여하면서도 여전히 큰 나라를 위해 살지 않을 수 있다. 이 모든 일을 다 하고 살면서도 내 삶의 궤적은 여전히 하나님 나라보다는 자신의 나라를 향할 수 있다.

참된 경건은 공개적이고 의례적인 신앙 행위 그 이상이라는 사실을 어떻게 입증할까? 바리새인들을 보면 된다. 예수님은 바리새인들의 종교에 관해 주목할 만한 말씀을 하셨다. "내가 너희에게 이르노니 너희 의가 서기관과 바리새인보다 더 낫지 못하면 결코 천국에 들어가지 못하리라"(마 5:20). 바리새인들의 종교는 무언가가 깊이 결여되어 있었고, 무언가가 비극적으로 실종된 상태였으며, 그래서 예수님은 그렇게 강하게 말씀하셔야 했다. 무엇이 문제였는지는 아래의 고발장에 잘 포착되어 있다.

화 있을진저 외식하는 서기관들과 바리새인들이여 너희는 천국 문을 사람들 앞에서 닫고 너희도 들어가지 않고 들어가려 하는 자도 들어가지 못하게 하는도다… 화 있을진저 외식하는 서기관들과 바리새인들이여 너희가 박하와 회향과 근채의 십일조는 드리되 율법의 더 중한 바 정의와 긍휼과 믿음은 버렸도다 그러나 이것도 행하고 저것도 버리지 말아야 할지니라 맹인 된 인도자여 하루살이는 걸러 내고 낙타는 삼키는도다 화 있을진저 외식하는 서기관들과 바리새인들이여 잔과 대접의 겉은 깨끗이 하되 그 안에는 탐욕과 방탕으로 가득하게 하는도다 눈 먼 바리새인이여 너는 먼저 안을 깨끗이 하라 그리하면 겉도 깨끗하리라(마 23:13, 23-26).

바리새인들의 공개적인 신앙 행위는 하나님과 하나님 나라를 향한 헌신의 결과가 아니었다. 그들은 하나님과 그 나라의 일을 명분으로 공개적인 종교활동을 했지만, 이들에게는 진정한 헌신이 없었다. 다시 말해 바리새인들은 하나님과 하나님 나라를 위해 이런 행위를 한 게 전혀 아니었다. 바리새인들의 종교 행위는 개인의 권세와 대중의 환호를 얻으려는, 자신의 나라를 충실히 섬기는 행위였다. 이 행위는 예배하는 마음에서 우러나지 않았기에 의롭지 않은 행위였다. 참된 기독교 신앙은 언제나 마음으로 하나님께 복종하는 문제이다. 그리고 우리를 구원하는 은혜만이 이런 복종을 낳을 수 있다.

더 깊은 묵상과 격려를 위해 마태복음 25장 31-46절을 읽으라.

마태복음 25장 31-46절로 연결됩니다.

93

**신자의 소망은 불확실한 꿈을 꾸는 것이 아니다.
그의 삶을 빚는 한 보장된 결과에 대한 확실한 기대이다.**

우리는 소망한다.

"우리 회사가 잘 되어야 할 텐데."
"그 사람이 나한테 화가 난 게 아니기를."
"하나님이 정말 기도에 응답해 주시기를 소망합니다."
"내일 정말 비가 안 오면 좋겠는데.'
"심각한 병이 아니기를 바랍니다."

인간이라면 누구나 무언가를 소망한다. 우리는 날마다 무언가에 기대어 안전을 도모하고 평안과 안식을 누리고자 한다. 문제는 무엇을 소망하느냐가 아니라 무엇이 내 소망을 좌우하느냐는 것이다. 소망에 관해 잠시 생각해 보자.

1. 나는 무언가를 소망한다. 인간의 삶은 소망을 추진력 삼아 움직인다고 할 수 있다. 어린아이가 먹을 것이나 장난감을 갖기 원하는 작고 순간적인 소망에서부터 청년이 삶의 의미와 목적을 찾기 원하는 심원한 소망에 이르기까지 우리는 모두 무언가를 소망한다. 우리는 모두 어떤 사람이나 어떤 사물에 소망을 두며, 나에게 무언가를 가져다 달라고 그 사물이나 그 사람에게 요구한다. 지금 나는 무엇에 소망을 두고 있는가?

2. 소망은 하나의 삶의 방식이다. 내 소망이 내 삶의 방식을 빚어간다. 내가 어떤 결정을 내리는 것은 소망 때문이다. 소망이 없으면 현실에 붙들려 옴짝달싹할 수 없는 기분이 되고 아무런 의욕도 생기지 않는다. 반면 확신에 가득 찬 소망이 있으면 결단력이 생기고 담대해진다. 소망이 불안정하면 소심해지고 우유부단해진다. 소망은 단순히 머리로 생각하는 어떤 일이 아니다. 우리는 소망을 어떤 식으로든 삶으로 살아낸다.

3. 소망은 대개 우리를 실망시킨다. 누구의 경우든 마찬가지다. 우리는 이 타락한 세상에서 도무지 얻을 수 없는 것들을 소망한다. 배우자는 나를 행복하게 해주지 못한다. 직장도 나를 만족시키지 못한다. 재산은 내 마음을 흡족하게 해줄 수 없다. 건강도 내면의 평안을 주지 못한다. 친구가 삶의 의미와 목적을 줄 수는 없다. 소망이 나를 실망시킨다면, 이는 내가 엉뚱한 것에 소망을 두고 있다는 징후다.

4. 소망의 신학은 아주 단순하다. 우리가 소망을 찾을 수 있는 곳은 오직 두 군데뿐이다. 내 삶의 소망을 창조주의 손에 두든지, 아니면 창조 세상에서 소망을 찾든지.

5. 하나님께 둔 소망은 확실한 소망이다. 주님께 소망을 둔다는 것은 우주를 창조하고 다스리시는 분께 소망을 둔 것일 뿐 아니라, 은혜가 넘치고 사랑이 풍성한 분께 소망을 둔 것이기도 하다. 자, 그것이 바로 자리를 잘 잡은 소망, 결코 우리를 실망시키지 않을 소망이다.

더 깊은 묵상과 격려를 위해 시편 40편을 읽으라.

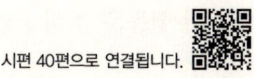

시편 40편으로 연결됩니다.

94

**우리는 연약하고, 너무나 자주 어리석고,
자기 뜻대로 하려고 한다.
하지만 하나님의 구속하시는 은혜는 훨씬 더 크다.**

이사야 53장 6절은 우리 상태를 가장 정확하게 진단하는 성경 구절일 것이다. "우리는 다 양 같아서 그릇 행하여 각기 제 길로 갔거늘 여호와께서는 우리 모두의 죄악을 그에게 담당시키셨도다." 여기서 가장 먼저 눈에 띄는 사실은 이 구절이 두 부분으로, 즉 진단과 치료로 나뉘어졌다는 것이다. 그런데 우리가 앞서 알아야 할 것이 있다. 진단을 받아들이지 않는다면 치료법에 관심이 가지 않을 것이며, 치료법이 효과를 보려면 진단이 정확해야 한다는 점이다.

이 구절은 우리를 이렇게 진단한다. "우리는 다 그릇 행하여 각기 제 길로 갔다."

여기서 가장 인상적인 점은 이 진단이 포괄적인 진단이라는 점이다. 이 진단에는 예외가 없다. 이 진단은 어느 때든 이 땅에 존재한 모든 사람의 마음과 삶을 정확히 묘사한다. "나는 예외"라고 자기 자신과 타인을 설득하려는 시도를 포기해야 한다. 이 구절이 어떤 상황을 묘사하든, 인간이라면 누구에게나 해당된다. 어떤 상황일까? 그렇다. 어떤 면에서 우리는 모두 우리를 위한 창조주의 계획에서 벗어나 멀리 방황한다. 우리는 모두 하나님이 정해 주신 경계 밖으로 나갈 길을 찾는다. 우리는 하나님이 원하시지 않는 일을 행하고, 하나님이 하라고 하신 일을 하지 못한다. 실제로, 우리가 어리석거나 연약하거나 이기적인 순간에 하는 모든 말과 생각과 행동은 늘 하나님의 뜻과 동떨어진 곳을 헤맨다.

이 구절은 우리가 마치 양 같다고 말한다. 이 진단의 중요한 부분이다. 양들이 헤매는 것은 양이기 때문이다. 헤매는 것이 양들의 본성이다. 그러기에 양처럼 헤맨다는 것은 순간적으로 나쁜 선택이나 나쁜 행동을 하는 것보다 더 심각한 문제다. 곧 우리의 본성이 문제라는 것이다. 다시 말해 우리 안에는 무언가가, 태어날 때부터 우리가 지니는 무언가가 있다. 그 무언가 때문에 우리는 큰 목자이신 분의 선하고 지혜로운 뜻에서 멀리 벗어나서 헤매며, 성경은 그 무언가를 가리켜 '죄'라고 한다. 죄는 우리의 행실로 드러나기에 앞서 우리 본성의 문제다. 그러면 그 죄는 우리에게 어떤 짓을 저지르는가? 죄는 내가 온통 자기중심으로 살게 하고, 나 자신의 방식에 지나지 않는 것을 원하게 하고, 스스로를 주권자라 자칭하며 살게 한다.

그렇다면 치료는 무엇일까? 글쎄, 행동 개선 프로그램 같은 것은 별 효과가 없다. 우리의 문제는 단순한 행동의 차원이 아닌 그보다 근원적인 문제이기 때문이다. 나 자체가 나 자신에게 가장 큰 문젯거리이기 때문에 자기 계발 프로그램도 별 효과가 없다. 우리가 도움을 구하러 갈 곳은 단 한 군데뿐이다. 치료제를 찾을 수 있는 곳은 한 군데밖에 없다. 곧 우리는 하나님의 구속의 은혜에서만 도움을 찾을 수 있다. 우리의 죄악을 구주께 담당시키는 은혜, 그리하여 우리가 사함 받고 구원받을 수 있게 하는 은혜는 죄로 가득한 우리의 본성보다 강하다.

우리의 치료제는 어떤 프로그램이 아니다. 우리의 치료제는 한 인격체이며, 그분의 이름은 예수다! 예수님께 달려가라. 우리에게 필요한 것은 사실 그분뿐이다.

더 깊은 묵상과 격려를 위해 에스겔 34장 11-16절을 읽으라.

에스겔 34장 11-16절로 연결됩니다.

95

십자가의 목적은 가장 매혹적이고 강력한 우상,
곧 자아라는 우상에 대한 우리의 충성심을 완전히 소멸하는 것이다.

우리는 이것을 어린아이가 울며 보채는 모습에서도 볼 수 있고, 사춘기 자녀가 부모에게 권리를 주장하는 모습에서도 볼 수 있고, 부부가 사소한 문제를 두고 불필요한 싸움을 하는 모습에서도 볼 수 있고, 노인이 빈정대는 말에서도 볼 수 있다. 누구도 이 고질병을 피할 수 없다. 이 병은 우리 마음을 감염시킨다. 이것이 인간 사회가 그토록 망가진 채 고뇌하며 고통스러워하는 이유다. 이것이 수많은 불행의 출발점이요, 그토록 많은 전쟁이 발생한 근거다.

이는 인격적이고 도덕적인 재앙이지만, 그럼에도 우리 모두를 매혹시키는 힘이 있다. 이 힘이 우리 모두를 끌어당긴다. 우리는 이 문제를 타인에게서만 보고, 자신에게도 이 문제가 있다는 사실을 부인한다. 이 문제는 우리가 서로 시기하고 벅찬 요구를 하게 한다. 이 문제 때문에 감사보다 불평 불만이 더 자연스럽게 터져 나온다. 이것은 휴일을 망치고, 과소비로 빚더미에 앉게 하고, 무력감에 빠져 무언가에 중독되게 한다. 이것 때문에 화평보다 전쟁이 더 당연시된다.

우리 모두를 낚아채는 이것은 무엇인가? 바로 죄의 이기주의다. 우상 중의 우상은 자아라는 우상이다. 우리는 만사를 자기중심으로 생각한다. 자기를 이야기의 중심에 놓는다. 두렵고 비극적인 '나 중심주의' 관점에서 삶을 평가한다. 내가 원하는 것, 내 기분, 내 꿈, 내게 무엇이 필요한지만을 생각하는 편협한 영역으로 내 관심의 범위를 좁힌다. 나에게 유쾌하고 수월한 날은 좋은 날이다. 내 방식이 통하는 환경이면 좋은 환경이다. 배우자가 내 종이 되어 내 인생을 위해 내 꿈을 섬겨 주는 결혼이 좋은 결혼이다. 나를 만족시키는 예배, 프로그램, 설교가 있는 교회가 좋은 교회다. 나를 행복하게 해주고 계속 고용해 주는 회사가 좋은 직장이다. 이 삶은 변변찮은 나 하나의 왕국이 빚어가는 삶이다.

하지만 성경의 첫 문구는 세상이 우리 중심이 아니라는 피할 수 없는 현실을 우리 앞에 들이민다. "태초에 하나님이…"(창 1:1). 이 말은 생명이 나 아닌 다른 누군가에게서 오고, 그 누군가에 의해 제어되고, 그 누군가를 위해 존재한다는 진리를 직시하게 한다. 바로 하나님이 중심이시다. 그러기에 우리는 절대 중심이 될 수 없다. 하나님이 세상의 중심이시기에 우리는 절대 세상의 중심일 수 없다. 하나님의 뜻이 이루어질 것이기에 우리의 뜻대로 되지 않을 것이다. 하나님이 다스리시기에 우리는 다스릴 수 없다. 하나님의 나라가 임할 것이기에 우리의 나라는 임하지 않을 것이다. 궁극적으로 만물이 하나님께 복종하기에 인생은 우리에게 복종하지 않을 것이다.

하나님이 무대 중심에 계신다. 하나님이 바로 스포트라이트를 받는 분이시다. 우리 자신을 중심에 놓아서는 생명을 찾을 수 없다. 그렇게 했다가는 모든 기능에 문제가 생기고, 실망만 하게 되고, 모든 것이 망가질 것이다. 예수님은 우리가 엉뚱한 곳에 충성하지 못하게 하시고, 그래서 스스로에게 예속된 우리를 자유롭게 하셔서 모든 지식을 초월하는 평강을 알게 하려고 오셨다. 우리는 아담과 하와처럼 반역이란 망상을 품는다. 그래서 우리를 우리 자신에게서 건져 내는 은혜가 있는 것이다!

더 깊은 묵상과 격려를 위해 아모스 6장 1-9절을 읽으라.

아모스 6장 1-9절로 연결됩니다.

96

그 무엇도 그 누구도 신실하지 않다 해도, 하나님은 신실하시며
모두 우리를 떠난다 해도, 하나님은 절대 우리를 떠나지 않으신다.
우리는 이 사실을 확신하고 안심할 수 있다.

나는 성경의 정직함이 좋다. 이 타락한 세상에서의 삶을 정확하고 현실적으로 묘사하는 성경의 방식이 좋다. 시편 90편은 가장 정직하고 사실적인 표현이 가장 두드러지는 시편으로 손꼽힌다. "우리의 연수가 칠십이요 강건하면 팔십이라도 그 연수의 자랑은 수고와 슬픔뿐이요 신속히 가니 우리가 날아가나이다"(10절). 시편 기자의 말은 이런 뜻이다. "그대의 인생은 짧고 고생과 수고가 많을 것이다." 그다지 좋은 소식은 아니다. 하지만 이것이 현실이다.

내가 사는 세상은 그 자체가 탄식하며 구속을 기다리는 타락한 세상이다. 나와 함께 사는 사람들은 그릇된 생각을 하고 그릇된 말을 하며 그릇된 일을 행하는 흠 많은 사람들이다. 내가 사는 곳은 부패, 부도덕, 불의, 오염, 질병이 버섯히 살아 움직이며 추악한 일을 행하는 곳이다. 내가 사는 환경은 하나님의 원래 계획에 따라 작동하지 않는 환경이다. 단 하루도 자잘한 말썽이 없는 날이 없고, 감당하기 힘든 사건 사고 또한 내 집 문을 두드린다.

이 모든 상황 가운데서 나는 혼자인 듯한 느낌, 버림받은 듯한 느낌이 들고, 가난하고 무력하다는 느낌이 든다. 이 모든 상황 가운데서 나는 하나님이 내 기도를 들으시는지, 나에게 관심이 있으신지는 차치하고 하나님이 과연 존재하시기는 하는지 의문이 든다. 내가 고생을 하는데도 주변 사람들은 무심하고 냉정하다. 이들은 내가 겪는 어려움을 달갑지 않

은 짐으로 여긴다. 내 아픔을 알아보는 다정한 사람들이 있다 해도 이들에게는 내 고통을 덜어줄 힘이 없다. 이것이 바로 이 시편 도입부가 그렇게 중요한 이유다. 이 정직한 시편은 고통에 대한 이야기로 시작하지 않는다. 이 시편은 고통을 마주한 모든 사람이 들을 수 있는 가장 중요한 선언으로 시작된다. "주여 주는 대대에 우리의 거처가 되셨나이다 산이 생기기 전, 땅과 세계도 주께서 조성하시기 전 곧 영원부터 영원까지 주는 하나님이시니이다"(1–2절).

하나님의 자녀는 혼자가 아니다. 영광스러운 은혜가 시간이 흘러도 변하지 않을 권세와 사랑을 지니신 분께 나를 연결시켜 준다. 우리의 궁극적인 거처요, 우리가 궁극적으로 달려갈 분께 연결시켜 준다. 이 말은 나 홀로 버려진 채 내가 가진 것에만 의지해 문제를 해결하지 않아도 된다는 뜻이다. 나 혼자 힘으로 삶의 문제들을 파악하고 대처해 나갈 일은 절대 없다.

하나님의 자녀는 자신을 가난하거나 버림받은 사람으로 보아서는 절대 안 된다. 내게는 의지도 없고 소망도 없다는 거짓말에 속아서는 안 된다. 삶이 내가 겪는 곤경에 휘둘린다고 생각해서는 절대 안 된다. 낙심이나 절망 앞에 무릎 꿇어서는 절대 안 된다. 은혜는 나를 영원하신 분에게로, 내가 혼자라는 기분이 들게 하는 모든 상황과 관계를 영원히 다스리시는 분에게로 연결시켜 준다. 은혜는 내 앞에 소망과 피난처로 향하는 문을 열어 준다.

더 깊은 묵상과 격려를 위해 시편 86편을 읽으라.

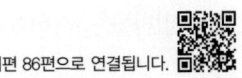

시편 86편으로 연결됩니다.

97

오늘, 자신이 하나님보다 더 똑똑하다고 확신하며
자신만의 규칙을 만들겠는가,
아니면 하나님의 지혜로우신 부르심에 겸손히 순종하겠는가?

이 일은 우리가 거의 알아차리지 못하도록 미묘하게 진행된다. 그러나 우리가 살아가는 방식에 대해 엄청나게 함축적인 의미를 지닌다. 우리가 하나님의 영역에 발을 들여 놓는 이유는 내가 하나님보다 똑똑하다고 스스로를 설득하는 순간이 있기 때문이다. 우리는 하나님이 나쁘다고 말씀하신 것이 사실은 그렇게 나쁘지 않다고 자신에게 말한다. 하나님께 불순종해도 된다고, 결국 다 잘될 거라고 자신을 설득한다. 우리 방식이 하나님의 방식보다 낫다고 스스로에게 말한다. 이 모든 행태에 기름을 붓는 가장 큰 거짓말은, 모든 것을 아시고 전적으로 지혜로우신 하나님이 우리를 위해 정하신 이 경계 밖에 생명이, 진짜 생명이 있다는 것이다. 바로 에덴동산에서의 그 끔찍한 순간에 인간이 듣고 받아들여서 행동에 옮긴 바로 그 거짓말이다. 인간은 그 이후 줄곧 이 거짓말에 속아 넘어가 이를 믿어 왔다.

시편 기자는 말한다. "내가 주의 법도들을 영원히 잊지 아니하오니 주께서 이것들 때문에 나를 살게 하심이니이다… 내가 주의 증거들을 늘 읊조리므로 나의 명철함이 나의 모든 스승보다 나으며… 주의 말씀을 열면 빛이 비치어 우둔한 사람들을 깨닫게 하나이다"(시 119:93, 99, 130). 바로 그것이다. 하나님의 법도가 생명을 준다. 세상에는 사사건건 아내를 흠 잡기 좋아하고 아내에게 요구가 많으면서도 자신들의 결혼 생활이 별 문제 없다고 생각하는 남편이 있다. 버는 것보다 많이 쓰면서도 재정에 아무 문제가 없을 거라고 생각하는 사람이 있다. 방탕하게 육욕을 좇으면서도 심장에 무리가 가지 않을 거라고 생각하는 사람이 있다. 수많은 면에서 우리는 어쨌든, 어떤 식으로든, 혹은 이 순간만은 하나님의 법칙에서 예외라고 자기 자신에게 말한다. 이 모든 태도는 우리 마음이 여전히 하나님과 멀리 떨어져 헤매고 다닌다는 사실을 드러낸다. 이런 마음은 원수의 거짓말에 아주 취약하다.

  방황하는 우리 마음은 하나님이 좋다, 옳다, 참이다, 사랑스럽다, 정결하다고 말씀하신 것을 늘 사랑하지는 않는다. 하나님이 최선이라고 말씀하신 것이 우리 눈에는 최선이 아닐 때도 있고, 하나님이 악하다 말씀하신 것이 우리에게는 악하게 보이지 않을 때도 있다. 그럴 때 우리는 우리 자신에게 위험한 존재가 된다. 전적으로 불가능한 일, 즉 우리가 하나님보다 더 많이 알고 하나님보다 더 지혜롭다고 하는 거짓말을 믿고 있으니 말이다. 이것은 죄의 기만의 극치다. 이것은 우리를 그 어떤 선한 결말로도 인도하지 않는다. 결코 우리가 추구하는 삶을 낳지 않는다. 잠언 16장 25절은 짧지만 힘 있는 말로 이렇게 전한다. "어떤 길은 사람이 보기에 바르나 필경은 사망의 길이니라." 내가 하나님보다 더 똑똑하다고 생각하고 싶은 이 유혹은 우리에게 날마다 은혜가 필요하다는 사실을 입증한다. 그리고 이것은 우리가 우리 자신에게서 구출되어야 할 한 영역이다. 또 항상 존재하시며 우리를 항상 구원하고자 하시는 구속주의 구원의 은혜가 필요하다는 현실에서 벗어날 수 있는 사람은 아무도 없음을 우리에게 일깨운다. 그러니 오늘 그 은혜를 향해 다시 한 번 달려가라.

  더 깊은 묵상과 격려를 위해 잠언 6장 20-23절을 읽으라.

잠언 6장 20-23절로 연결됩니다.

98

**진리는 우리에게 사랑하라고 말하고,
사랑은 우리에게 진실하라고 말한다.**

사람들이 흔히 하는 말과 달리 사랑과 진리(진실)는 서로 대립하지 않는다. 사실, 사랑 없이 진리 없고 진리 없이 사랑 없다. 진리를 사랑하려면 사랑에 헌신해야 하고, 사랑을 사랑하려면 진리에 헌신해야 한다.

세상에서 가장 사랑이 많은 분, 얼마나 사랑이 많은지 자신이 저지르지도 않은 죄 때문에 많은 사람 앞에서 참혹하게 피 흘리며 죽임 당하신 그분은 그렇게 사랑이 많은 동시에 세상에서 가장 솔직하고 정직하게 진리를 말씀하신 분이기도 했다. 이는 단순히 예수님의 사랑이 예수님의 진실함과 상충되지 않으며, 예수님의 진실함이 결코 예수님의 사랑을 억압하지 않았다는 뜻이 아니다. 여기에는 더욱 뜻깊은 어떤 일이 진행되고 있었다. 예수님이 진리를 전하는 일에 헌신할 수 있던 것은 사랑으로 추신력을 받으셨기 때문이나.

성경이 명하는 사랑은, 진리를 적당히 잘라내서 다듬거나 부인하거나 왜곡하는 것이 아니다. 진리에 대한 성경의 부름은 이웃을 사랑하라는 하나님의 말씀을 버리라는 뜻이 절대 아니다. 이 사실은 누가복음 18장 18-30절에서 아주 생생하게 드러난다. 한 부자 관원이 예수님을 찾아와 영생에 관해 물었다. 아주 어렵고도 정직한 답변을 얻은 아주 좋은 질문이었다. 그 관원과 예수님의 대화를 읽다 보면, 우리 시대 기준으로 볼 때 예수님이 복음 전도를 그다지 성공적으로 해내신 것 같지 않다. 예수님은 철저히 정직하게 말씀하실 뿐, 복음을 매력적으로 제시하려고 애쓰지 않으셨다. 그보다 예수님은 그 사람 마음속의 주된 우상에 관심을 집중하며 이를 폭로하셨다. 이 사람은 좋은 소식을 간절히 필요로 하고, 그 좋은 소식을 들으려면 어쨌든 나쁜 소식을 먼저 들어야 했는데, 예수님은 바로 그 나쁜 소식을 이 사람에게 전하셨다. 이렇게 누가는 무언가 우리에게 아주 중요한 일을 기록하고 있다. 예수님의 정직함을 대면한 이 남자는 멀리 가버렸고, 예수님은 슬픈 얼굴로 그 사람을 바라보셨다. 알다시피 예수님은 냉정하고 무관심한 분이 아니시다. 예수님은 사랑이 없는 분이 아니시다. 그 사람에게 냉정한 말씀을 하신 동기는 바로 사랑이며, 대화를 끝내며 예수님이 슬퍼하셨다는 것은 지금까지 하신 말씀이 사랑 때문이었음을 보여 준다. 그리스도의 말씀에는 관대하지 못한 정죄의 말씀이 없다. 그 관원에게 하신 냉정한 말씀은 사랑의 구주께서 그 사람을 구속하려고 하신 은혜의 말씀이다.

　진리는 심술궂지 않으며, 사랑은 부정직하지 않다. 진리와 사랑은 타인의 영적인 행복을 갈망하는 의로운 계획의 양면이다. 사랑으로 말하지 않는 진리는 인간의 다른 계획에 의해 굴절되고 뒤틀리기에 더는 진리가 아니며, 진리를 버린 사랑은 다른 행동 동기로 오염되어 상대에게 최선이 될 만한 것을 포기하기에 더는 사랑이 아니다.

　오늘 나는 사랑으로 정직하라고, 정직하게 사랑하라고 부름 받는다. 사랑이나 정직 둘 중 하나를 슬쩍 포기하고픈 마음이 들 수도 있다. 그럴 때는 사랑과 정직을 끝까지 고수하신 분, 심지어 죽기까지 사랑과 정직에 헌신하신 분께 도움을 구하는 기도를 하라. 그분의 은혜만이 내가 그분의 의로운 계획에 끝까지 성실할 수 있는 유일한 소망이다.

　더 깊은 묵상과 격려를 위해 고린도전서 13장을 읽으라.

고린도전서 13장으로 연결됩니다.

99

은혜를 받은 우리는 은혜를 베푼다.
그리스도께서 우리를 위해 고난 받으셨듯이
우리는 형제자매와 함께 고난 받아야 한다.

어쩌면 이 실패는 우리 삶에서 가장 전형적이고 빈번한 도덕적 모순이다. 어쩌면 우리 모두가 가장 많이 걸려 넘어지는 부분이다. 어쩌면 우리가 타인에게 주지 못하는 그것을 우리가 얼마나 필요로 하는지 보여 주는 증거다. 우리는 감히 내 힘으로 획득하리라고 바랄 수 없는 영원한 사랑을 받고도 주변 사람들에게 얼마나 냉정한가? 우리 자신은 아침마다 새로운 자비를 받으면서 어째서 타인에게는 자비로 화답하지 못할까? 타인의 죄, 연약함, 실패를 볼 때, 내가 받은 그 은혜를 베풀지 않고 어째서 자연스레 비판하고 정죄하는 태도를 보이는가? 하나님의 인내는 우리 삶을 지탱하는 구원의 기적 중 하나인데 우리는 왜 그리 참을성이 없는가? 우리는 예수님의 고난과 죽음을 대가로 죄 사함 받았으면서 왜 다른 사람을 용서하기가 그리 힘들까? 우리 삶은 구주의 애정 어린 긍휼로 구원받았는데 어떻게 우리는 고난 받는 사람을 무정하게 그냥 지나치는가? 만유의 주님이 기꺼이 이 땅에 오셔서 죽기까지 우리를 섬기셨는데 우리는 왜 서로 섬기지 않을까? 하늘에 계신 우리 아버지의 변함없는 신실함 앞에서 우리가 그렇게 불성실하고 불충할 수 있다니 어찌된 일인가?

이 각각의 질문에 대한 답변은 우리를 겸손하게 한다. 우리가 구주께서 우리를 대하시듯 타인을 대하지 못하는 이유는 우리가 구주와 같은 마음을 갖지 못했기 때문이다. 구주의 마음을 다스린 것이 우리의 마음을 다스리고, 구주의 삶을 움직인 것이 우리의 삶 또한 움직여야 할 텐데 항상 그렇지만은 않다. 구주께서 기뻐하시는 일을 우리 또한 기뻐해야 할 텐데 늘 그렇지는 못하다. 이렇게 우리에게는 구주의 삶을 움직이고 빚어 간 자비가 부족하다.

우리의 이기적인 마음은 주님 나라보다는 나 자신이 왕인 나라의 목적에 몰두할 때가 많다. 나 자신을 위해 은혜가 차고 넘치기를 바랄 뿐 타인을 위해 은혜를 희생하기를 원하지 않는다. 독선적인 태도로 자녀에게 화를 내는 부모에게서, 배우자를 용서할 줄 모르는 가차 없는 태도에서, 한 동네에 살면서 다툼을 일삼는 이웃에게서, 그리스도의 몸이 분열되는 상황에서, 인간관계에 불성실한 우리 자신에게서 그런 모습을 확인할 수 있다. 우리 마음속에서 나의 나라와 하나님 나라가 전쟁을 치르고 이때 가장 먼저 희생되는 하나가 바로 자비다. 슬프지만 사실이다. 타인에게 은혜를 베풀지 않는 우리의 모습은 우리 자신에게 은혜가 얼마나 많이 필요한지 드러낸다. 타인을 용서하지 못하는 우리 모습은 우리에게 하나님의 용서가 순간순간 얼마나 많이 필요한지 보여 준다. 우리의 허약한 사랑은 우리가 최악의 모습을 보이는 날에도 여전히 우리를 사랑하시는 하나님께 우리의 소망이 있다는 사실을 입증한다. 타인과의 관계에서 복음을 삶으로 구현하지 못해 애쓰는 우리의 몸부림은 우리 스스로 풍성한 복음을 얼마나 많이 필요로 하는지를 생생히 보여 준다. 그리고 이 모든 광경은 우리가 여전히 은총을 받을 자격이 없다는 사실을 단적으로 말해 준다. 우리에게 날마다 주어지는 그 은총, 우리와 같이 아무 자격이 없는 사람들에게 우리가 베풀어야 할 그 은총을 말이다.

더 깊은 묵상과 격려를 위해 야고보서 2장 1-13절을 읽으라.

야고보서 2장 1-13절로 연결됩니다.

100

**신자에게 순종은 고통이 아니라 기쁨이다.
우리의 순종 하나하나는
순종의 동기가 되며 동력이 되는 은혜를 찬양한다.**

형이 이렇게 말했다. "순종 자체가 순종의 상급이다." 하지만 그때는 형의 말이 얼마나 옳은지 잘 알지 못했다. 우리 삶에서 매번 순종의 행위를 일으키는 은혜의 가치는 아무리 높이 평가해도 지나치지 않다.

- 죄인들은 권위를 존중하지 않는 경향이 있다.
- 죄인들은 자기 규칙을 자기가 정하기를 좋아한다.
- 죄인들은 잘못을 저질러 놓고도 그게 그다지 큰 잘못은 아니라고 자기를 설득하는 데 능숙하다.
- 죄인들은 자신의 자율성을 믿는 경향이 있다.
- 죄인들은 자기를 실제보다 더 지혜롭게 생각하는 경향이 있다.
- 죄인들은 하나님의 율법보다는 자기 욕망에 따라 만들어낸 도덕률을 갖는 경향이 있다.
- 죄인들은 자신이 욕망하지 않는 것은 필요 없는 것이라 생각하는 경향이 있다.
- 죄인들은 자기중심적이고 자기에게 너그러운 경향이 있다.
- 죄인들은 하나님이 금하신 것을 갈망하는 경향이 있다.
- 죄인들은 장기적 관점의 유익보다 눈앞의 쾌락을 선택하는 경향이 있다.
- 죄인들은 순종하기보다 반항하는 경향이 있다.

앞의 진술들은 모두 사실이다. 우리 중 누구 하나라도 하나님께 순종하기로 결심한다면 이는 놀라운 은혜가 일으키는 기적이다. 볼 수도 없고, 들을 수도 없고, 만질 수도 없는 어떤 존재에게 순종하는 데서 기쁨을 누릴 수 있다면 이는 더욱 크고 놀라운 기적이다. 자기중심적인 인간의 마음이 변변찮은 자기 자신의 나라를 추구하기를 포기하고, 다른 어떤 나라의 대의를 섬기는 데 헌신한다면, 이는 우리를 변화시키는 놀라운 은혜다.

언제든 말이나 생각이나 행동으로 하나님을 기쁘시게 하고자 할 때마다 우리는 하나님의 은혜로 나 자신에게서 건짐 받아 변화되고 능력을 부여받는다. 알다시피, 순종할 때 우리는 은혜를 찬양하는 것이다. 무의식적으로 그렇게 할 때에도 말이다. 하나님의 뜻에 복종하는 매순간이 이 현실을 찬미한다. "죄가 너희를 주장하지 못하리니 이는 너희가 법 아래에 있지 아니하고 은혜 아래에 있음이라"(롬 6:14).

그러므로 순종할 때 미소를 지으라. 순종할 때 우리는 은혜의 부요함을 체험하는 것이다. 복종할 때 감사하라. 복종할 때 우리는 은혜로써 나 자신에게서 건짐 받는 것이다. 올바른 선택을 할 때 그 순간을 찬미하라. 그때 은혜로써 변화되는 것이니 말이다. 하나님의 목적을 위해 일할 때는 기쁨으로 노래하라. 속량하는 은혜가 존재한다는 것을 방금 증명했으니 말이다!

더 깊은 묵상과 격려를 위해 고린도전서 6장 1-11절을 읽으라.

고린도전서 6장 1-11절로 연결됩니다.

101

사랑은 단순히 친절을 베푸는 것이 아니다.
사랑이란, 다른 무엇보다 하나님을 가장 사랑하기에
하나님이 명하신 대로 사람들을 사랑하는 것이다.

나 자신의 인간관계를 살펴볼 때마다, 그리고 다른 사람들은 어떻게 인간관계를 맺고 있는지 살펴볼 때마다 나는 관계란 먼저 수직적 차원에서 올바로 자리잡아야 수평적으로도 올바를 수 있다고 날마다 더 확신하게 된다. 바울은 갈라디아서 5장에서 이 원리를 놀라운 말로 포착한다. "온 율법은 네 이웃 사랑하기를 네 자신 같이 하라 하신 한 말씀에서 이루어졌나니"(14절). 자, 나와 함께 이 원리를 깊이 생각해 보자. "하나님의 모든 율법은 한 가지 명령으로 요약된다."는 문장을 방금 썼다고 하자. 그러면 이어서 무엇이 그 한 가지 명령이라고 쓰겠는가? 글쎄, 나라면 "하나님을 다른 무엇보다 사랑하라."고 쓸 것 같다. 그게 옳아 보인다. 하나님의 모든 계명 중 가장 큰 계명 아닌가(막 12:28-30)? 이는 우리 마음속에서 늘 첫 번째이자 가장 중요한 계명이어야 하지 않는가? 건전한 신학이라면 이것을 바울이 말하는 "한 말씀"으로 삼을 것 같다. 하지만 바울은 그렇게 말하지 않는다. 바울은 온 율법이 한 말씀으로 성취된다고 말하고, 그런 다음 "네 이웃 사랑하기를 네 자신 같이 하라."고 말한다. 뭐라고? 그게 어떻게 하나님이 그분의 자녀인 우리에게 주신 모든 명령을 다 성취한다는 말인가?

바울은 여기서 무언가 매우 중요한 이야기를 하고 있다. 바울은 두 가지를 알고 있다. 첫째, 바울은 하나님을 다른 무엇보다 사랑하는 사람들만이 이웃을 자기 자신처럼 사랑하리라는 것을 알고 있다. 하나님이 내 마음에서 합당한 자리를 차지하셔야 비로소 나도 내 삶에서 합당한 자리에 있게 된다. 왜냐고? 하나님이 합당한 자리에 계시지 않으면 내가 그 자리에 누구를 밀어 넣겠는가? 대답은 간단하다. 나 자신이다. 결혼 생활과 관련해서도 나는 이 고백을 해야 했다. 내 문제는 내가 아내를 마땅히 사랑해야 할 만큼 사랑하지 못한다는 것이 아니다. 그보다 더 깊은 문제는 내가 하나님을 마땅히 사랑해야 할 만큼 사랑하지 않는다는 것이며, 그렇기 때문에 나 자신을 하나님 자리에 놓는다는 것이다. 나는 모든 것을 내 중심으로 생각하고, 그래서 아내를 올바른 방식으로 사랑하지 못한다.

둘째, 바울은 하나님을 향한 사랑이 부족하면 다른 사람을 향한 능동적인 사랑이 부족해진다는 것을 알았다. 요한은 이 사실을 이렇게 표현한다. "누구든지 하나님을 사랑하노라 하고 그 형제를 미워하면 이는 거짓말하는 자니 보는 바 그 형제를 사랑하지 아니하는 자는 보지 못하는 바 하나님을 사랑할 수 없느니라"(요일 4:20). 타인에 대한 사랑은 사실 하나님을 향한 사랑으로 시작되고, 지속되고, 날마다 동기를 부여받는다. 하나님의 목적이 내 욕망보다 중요할 때, 하나님의 영광이 나의 덧없는 영광보다 소중할 때, 나를 위한 내 계획보다 하나님의 계획에 따라 더 활발히 움직일 때 나는 자기 사랑의 속박에서 자유로워지고 무엇에도 매이지 않고 타인을 사랑하게 될 것이다. 정말로 그러하다. 관계가 수평적 차원에서만 바로잡혀서는 안 된다. 수직적 차원에서의 구원이 필요하다. 그리고 바로 이를 위해 오래 참으시는 구주의 자발적이고도 언제나 충분한 은혜가 있다.

더 깊은 묵상과 격려를 위해 요한복음 13장 1-17절을 읽으라.

요한복음 13장 1-17절로 연결됩니다.

102

하나님은 세상의 처음과 마지막을 초월해 모든 것을 아신다.
우리는 자기 나이만큼 죄로 얼룩진 인생 경험을 가졌다.
그런데 왜 하나님과 논쟁하는가? 하나님이 훨씬 더 똑똑하시다!

내가 얼마나 모르는 게 많은지 정말 놀라울 정도다.

- 동일한 유전자 풀에서 나온 아이들이 서로 얼마나 다를 수 있는지 나는 모른다.
- 벌이 어떻게 날 수 있는지 나는 모른다.
- 내가 하는 모든 일을 내가 왜 하는지 나는 모른다.
- 내일 어떤 일이 있을지 나는 모른다.
- 내가 얼마나 오래 살지 나는 모른다.
- 다른 사람의 마음은 차치하고 나는 내 마음의 동기도 잘 모른다.
- 예술, 과학, 정치에 관한 수많은 일들을 나는 잘 모른다.
- 잠에서 깼을 때 왜 어떤 날은 기분이 좋고 어떤 날은 언짢은지 나는 잘 모른다.
- 나는 세상의 시작에 관해서도 잘 모르고 그 끝에 관해서도 잘 모른다.
- 내 몸이 작동하는 원리에 관해 나는 잘 모른다.
- 내 두뇌의 기능에 관해 나는 잘 모른다.
- 왜 잡초가 꽃보다 더 잘 자라는지 나는 모른다.
- 어떻게 해서 비가 내리는 것인지 사실 나는 모른다.
- 나는 하나님의 계획과 목적이 이해 안 될 때가 많다.
- 하나님께서 왜 내 인생에 어떤 특정한 일을 일으키셨는지 나는 모른다.

내가 모르는 일들을 즉석에서 몇 가지만 짤막하게 목록을 만들어도 이 정도다. 시간을 좀 더 들여 내가 모르는 일 목록을 만들면 아마 수백 장 분량은 될 것이다. 또 모른다는 사실 자체를 모르기 때문에 일일이 목록에 적을 수 없는 일도 수없이 많을 것이다. 이 사실에 비추어 볼 때, 하나님이 만사를 절대적으로 다 아신다는 것을 알면 정말 할 말을 잃게 된다.

그렇다. 제대로 봤다. 하나님은 만사를 모두 아신다. 하나님의 지식은 헤아릴 수 없다. 만사에 대한 하나님의 이해는 시작도 없고 끝도 없다. 하나님은 절대 혼동하지 않으신다. 하나님은 절대 무언가를 오해하지 않으신다. 하나님께는 놀랄 일이 없고, 어떤 일도 하나님을 당혹스럽게 하지 못한다. 하나님은 어렵지 않게 한 가지 진리를 다른 진리와 조화시키실 수 있다. 하나님이 자기 지식의 불일치를 해결해야 하는 경우는 절대 없다.

하나님은 다른 누군가의 지혜를 부러워하는 입장인 적이 없다. 하나님은 무언가를 다시 배울 일이 전혀 없다. 자신의 생각이 틀렸다고 인정하실 일도 없다. 누구도 하나님께 통달의 도를 보인 적이 없고 지식을 가르친 적도 없다(사 40:14).

그러므로 어떤 식으로든 내가 더 똑똑하다는 생각에서 벗어나라. 하나님의 지혜를 활용하라. 우리를 자신의 어리석음에서 건져내서 지혜가 무엇인지 정의하시는 분과 이어 주는 은혜에 감사하라.

더 깊은 묵상과 격려를 위해 이사야 40장을 읽으라.

이사야 40장으로 연결됩니다.

103

우리가 하나님께 불순종하는 이유는,
하나님께 순종할 은혜를 부족하게 받아서가 아니다.
그 은혜를 주시는 하나님보다 다른 것을 더 사랑하기 때문이다.

우리의 불순종은 절대 하나님의 실책이 아니다. "물론 아니지요, 폴. 설마 내가 그렇게 생각할 거라고 생각하는 건 아니지요?"라고 할지 모르겠다. 우리는 하나님이 우리 행실에 책임이 없으신 것을 잘 알기에 교묘한 방식으로 하나님을 탓한다. 예를 들어 이렇게 말한다.

"그때 목사님이 시간을 좀 더 내주셨다면 내가 ~했을 텐데."
"그때 내가 좀 더 번듯한 직장에 다녔더라면 ~하지 않았을 텐데."
"부모님이 좀 더 좋은 본을 보여 주셨더라면 내가 ~할 수 있었을 텐데."
"내가 그리스도를 좀 더 일찍 믿었더라면 확실히 ~했을 텐데."
"내가 그때 몸이 아프지만 않았다면 ~였을 텐데."
"남편이 조금만 더 낭만적인 사람이었다면 내가 ~하지 않았을 텐데."
"우리 아이들이 그렇게 반항적이지만 않다면 나도 ~할 텐데."
"인터넷에 음란물이 그렇게 많지만 않다면 ~하고픈 마음이 없을 텐데."
"내가 그렇게 바쁘지만 않다면 ~에 시간을 좀 더 낼 수 있을 텐데."

어디를 가든 하나님이 나와 함께 계시다면(실제로 그러하시다), 하나님이 내 삶의 모든 형편과 관계와 장소를 주장하는 주권자시라면(실제로 그러하시다), 내 상황이나 내가 저지른 잘못에 대해 다른 사람에게 책임을 돌리는 것은 사실상 하나님을 비난하는 것과 마찬가지다. 우리는 하나님이 나더러 이러저러한 사람이 되라, 이러저러한 일을 하라고 말씀하셔 놓고 거기에 필요한 것을 주시지 않는다고 말한다. 그런데 이는 본질적으로 이런 말이다. "내 문제는 마음의 문제가 아니다. 내 문제는 은혜가 빈곤하기 때문이다. 하나님이 ~만 주셨다면 내가 그렇게 하지 않아도 되었을 것이다." 이는 자기를 변명하는 삶의 방식을 지닌 자의 궁극적인 논거다. 이 논거는 에덴동산에서 아담과 하와가 반역한 후 처음 등장했다. 아담이 말했다. "하나님이 내게 주신 여자 때문에 내가 그렇게 했습니다." 하와가 말했다. "마귀가 시켜서 한 짓이에요." 예로부터 이는 자기 마음에 여전히 존재하는 죄의 추악함을 대면하기 싫은 사람의 입에서 나오는 자기 변명적 거짓말이다.

내 말과 행실이 내 외부가 아니라 내면에 있는 무엇 때문에 초래되었다는 사실을 우리는 받아들이기 힘들어한다(눅 6:43-45를 보라). 하지만 성경은 우리가 저지르는 모든 잘못은 마음의 생각과 욕망에서 흘러나온다고 분명히 한다. 이 사실을 인정하고 고백해야만 비로소 하나님의 은혜가 필요함을 절감하고 그 은혜에 감격하기 시작한다. 내가 문제가 아니라 내 주변 사람들과 상황이 문제라고 나 자신을 설득하면, 하나님이 용서와 변화의 강력한 은혜를 마련해 주셔도 감동이 없다. 왜냐하면, 솔직히 그 은혜가 필요하다고 생각하지 않기 때문이다. 교묘하게 하나님께 책임을 돌리는 패턴 때문에, 하나님의 은혜가 필요하지 않다고 자기 자신을 설득하려 애쓰는 바로 그 순간 우리에게 필요한 은혜를 받지 못하는 사람들이 많다.

더 깊은 묵상과 격려를 위해 신명기 30장을 읽으라.

신명기 30장으로 연결됩니다.

104

**통제 불가능한 상황에 처했는가? 그렇다면 기억하라,
당신은 지금 모든 것을 아시고 전적으로 지혜롭고 선하신 분의
세심한 통제 아래 있는 것이다.**

걱정 때문에 우리의 정신적 에너지가 너무 많이 소모된다. 낙심에 사로잡힌 사람들이 너무 많다. 걱정 때문에 밤잠을 못 이루는 이들이 너무 많다. 산다는 게 뜻대로 안 된다고 생각하는 이들이 너무 많다. 인간이 결코 가질 수 없는 능력을 갖고 싶어 하는 이들이 너무 많다. 후회 때문에 무력해지는 이들이 너무 많다. 하나님이 존재하시는지, 존재하신다면 도대체 무얼 하고 계시는지 모르겠다고 말하는 이들이 너무 많다. 외롭다고, 사람들이 자신을 오해한다고 생각하는 이들이 너무 많다. 타인의 삶을 부러워하는 이들이 너무 많다. 세상이 우리를 적대시한다고 생각하는 이들이 너무 많다. 자기 삶을 평가할 때 이를 설명해 주는 궁극적 사실, 즉 하나님의 존재와 성품과 계획을 빼먹는 이들이 너무 많다.

내가 확신하기에 우리들 중에는 다니엘서에서 제기되는 세계관을 받아들여야 할 사람, 그 세계관으로 돌아가야 할 사람이 많다. 다니엘이 살던 세상은 말썽 많은 세상이었다. 그 세상은 불의, 압제, 우상숭배, 위험, 정치적 부패, 전쟁, 그 밖의 다양한 문제가 있던 세상이었지만, 그렇다고 해서 통제를 벗어난 세상은 아니었다. 실제로, 이 모든 문제 앞에서 다니엘은 우리가 그의 세상을 평가할 때 내리게 될 법한 결론과는 정반대되는 것을 우리 앞에 제시한다.

다니엘은 모든 면에서, 그리고 어느 모로 보나 권세 있고 지혜로운 분, 인간 역사의 모든 사건들을 좌지우지하시는 분의 통제 아래 있는 세상을

우리에게 제시한다. 모든 사건들은 그분의 계획에 따라 일어난다. 역사는 그분의 뜻에 따라 움직인다. 개인의 삶은 그분의 목적에 따라 구체화된다. 이는 일정한 규칙 아래 있는 세상이다. 이 말씀을 생각해 보라. "그는 살아 계시는 하나님이시요 영원히 변하지 않으실 이시며 그의 나라는 멸망하지 아니할 것이요 그의 권세는 무궁할 것이며 그는 구원도 하시며 건져내기도 하시며 하늘에서든지 땅에서든지 이적과 기사를 행하시는 이로서"(단 6:26-27).

내 삶에는 내가 통제할 수 없는 일들이 많다. 수많은 일들 앞에서 나는 준비가 안 된 것 같고, 스스로가 참으로 작고 무력하게 느껴진다. 하지만 내 삶이 통제를 벗어났다는 생각에 길을 내주어서는 안 된다. 다니엘이 우리 모두 앞에 제시한 진실을 기억할 필요가 있다. 우리를 좌절시키고 낙담시키는 모든 문제, 모든 상황, 모든 순간을 다스리시는 영광스러운 지혜와 권능과 은혜의 하나님이 계시다는 진실 말이다.

맞다, 하나님의 손길이 늘 눈에 보이지는 않을 것이다. 하나님이 지금 무얼 하고 계시는지 이해가 안 될 때도 많을 것이다. 어느 시점에서는 삶이 도무지 납득이 안 되기도 할 것이다. 때로 지금과 다른 삶을 살 수 있으면 좋겠다는 생각이 들기도 할 것이다. 할 일을 앞에 두고 아무 준비도 안 된 것 같은 기분이 드는 순간도 있을 것이다. 이런 순간에는 고개를 들어 하늘을 보라. 그리고 이 모든 일 위에 한 보좌가 있으며, 그 보좌에는 상상할 수 없을 만큼 엄위로우시며 자신의 영광과 우리의 유익을 위해 모든 것을 다스리시는 하나님이 좌정해 계시다는 사실을 기억하라.

더 깊은 묵상과 격려를 위해 다니엘 6장을 읽으라.

다니엘 6장으로 연결됩니다.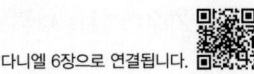

105

**우리는 스스로를 의롭다 여길 때,
자기 죄보다 다른 사람의 죄를 아는 일에
점점 더 주목하고 점점 더 동기를 얻는다.**

이는 "닭이 먼저냐, 달걀이 먼저냐?" 같은 오래된 질문의 영적인 버전이다. 우리는 자신을 의롭게 여기기 때문에 영적으로 눈먼 상태가 되는가, 아니면 영적으로 눈먼 상태이기에 자기를 의롭게 여기는가? 무엇이 진실이든 이 두 가지는 서로에게 동기를 부여하고 서로를 강화시키며, 그러기에 내면에 여전히 죄를 지니고 살아가는 사람들(즉, 우리 모두)에게 심각한 위험이 된다.

나는 많은 부부들을 상담하며 이 사실이 아주 강력하게 작용한 나머지 결혼 생활에 대해 어떤 소망도 전혀 품을 수 없이 완전히 무기력해진 경우를 다수 목격했다. 대개 배우자의 죄, 약점, 부족함을 빼곡히 적은 목록을 가지고 찾아오지만 정작 자신의 죄나 약점, 부족함에 대해서는 별 인식이 없었다. 결혼 생활에 어떤 문제가 있느냐고 남편에게 물으면 남편은 자기 이야기는 하지 않고 아내에 대해서만 말하며, 아내에게 무엇이 문제냐고 물으면 역시 자기 이야기는 하지 않고 남편에 대해서만 말한다. 이렇게 철저히 의로운 두 사람이 만났는데 어떻게 결혼 생활이 제 기능을 하지 못하고 파탄 지경에 이를 수 있을까?

자, 스스로에게 정직하게 대답해 보자. 누구의 죄가 나를 더 괴롭히는가? 나 자신의 죄인가, 아니면 내 가까이에 있는 누군가의 죄인가? 누가 변화하는 모습을 간절히 보고 싶은가? 내가 변화하는 모습인가, 아니면 내 삶 가운데 있는 다른 누군가가 변화하는 모습인가? 스스로 의롭다 여기는 태도, 영적으로 눈먼 상태, 타인을 비판하는 자세로 이어지는 이 원리는 '이미'와 '아직' 사이를 사는 우리에게 인간관계 면에서나 영적인 면에서 엄청난 손해를 끼친다. 예수님은 마태복음 7장 1-5절에서 이 사실을 직접 설명하셨다.

비판을 받지 아니하려거든 비판하지 말라 너희가 비판하는 그 비판으로 너희가 비판을 받을 것이요 너희가 헤아리는 그 헤아림으로 너희가 헤아림을 받을 것이니라 어찌하여 형제의 눈 속에 있는 티는 보고 네 눈 속에 있는 들보는 깨닫지 못하느냐 보라 네 눈 속에 들보가 있는데 어찌하여 형제에게 말하기를 나로 네 눈 속에 있는 티를 빼게 하라 하겠느냐 외식하는 자여 먼저 네 눈 속에서 들보를 빼어라 그 후에야 밝히 보고 형제의 눈 속에서 티를 빼리라.

자기를 의롭게 여긴다는 것은 자기 자신이나 타인을 정확히 보지 못한다는 뜻이다. 그 사람의 티는 들보로 보고 내 들보는 티로 본다는 뜻이다. 그래서 그 사람은 정죄하면서 나 자신에 대해서는 너그럽다. 타인은 비판하면서 나 자신에게는 인내를 보인다. 이 터무니없는 원리는 우리에게 구원의 은혜가 절박하게 필요하다는 또 하나의 강력한 논거다. 우리 눈을 열어 죄를 깨닫게 하시는 성령님의 역사 가운데 이 은혜가 우리에게 임하여야만 우리 자신을 정확하게 볼 수 있고 타인을 명쾌히 볼 수 있다. 나에게 여전히 은혜가 얼마나 많이 필요한지 깨닫는 데에도 은혜가 필요하다.

더 깊은 묵상과 격려를 위해 마태복음 18장 21-33절을 읽으라.

마태복음 18장 21-33절로 연결됩니다.

106

"주의 자비는 아침마다 새롭다."
이 한마디보다 더
사람에게 위안을 주는 것이 또 있을까?

매일 아침 들여다보는 거울에 이 문장을 써 붙여 놓으라. 냉장고 문에도 붙여 놓으라. 자동차 운전석 앞에도 붙여 놓으라. 어디든 날마다 눈길이 가는 곳에는 다 붙여 놓으라. 나 자신을 볼 때나 타인을 볼 때, 삶의 형편을 볼 때, 일상에서 기쁜 일을 겪을 때나 힘든 일과 싸울 때, 하나님을 생각할 때, 삶의 의미와 목적을 생각할 때 이 찬란한 구속의 현실을 놓치지 않도록 하라. 바로 주님의 자비를 말이다.

자비는 하나님이 들려주시는 이야기의 주제다. 자비는 성경 전체를 관통하는 줄거리다. 자비는 예수님이 이 땅에 오신 이유다. 내 마음이 간절히 필요로 하는 것이 바로 이 자비다. 자비는 내 인간관계에 필요한 치료제다. 자비는 내가 연약할 때 위로를 주고 시련을 겪을 때 소망을 준다. 자비는 율법이 무력해서 하지 못하는 일을 할 수 있다. 자비는 내가 힘들게 버둥거릴 때 나를 맞아줄 뿐만 아니라 언젠가는 그 발버둥질이 끝나리라고 보증한다.

죄로 망가진 이 세상이 탄식하며 구하는 것이 바로 자비다. 공의로써는 못 이겨도 자비로써는 이길 수 있다. 하나님이 우리에게 공의만 제안하신다면 누구도 하나님께 달려가지 않을 것이다. 하나님의 자비를 알기에 우리는 우리 자신을 정직하게 마주하고 기꺼이 하나님께 달려갈 수 있다. 우리가 영원한 세상에서 무수한 날 노래하고 찬미할 것이 바로 자비다. 나는 예레미야애가 3장 22-23절 말씀을 좋아한다. "여호와의 인자와 긍휼이 무궁하시므로 우리가 진멸되지 아니함이니이다 이것들이 아침마다 새로우니 주의 성실하심이 크시도소이다." 이 놀라운 말씀을 마음에 새기라. 하나님의 자녀라면 이 말씀이 그 사람의 정체성과 소망을 나타낼 것이다. 이 말씀은 아침에 일어나 또 하루를 시작할 이유가 된다. 이 말씀은 내가 사실 얼마나 엉망진창인지 직시하고 인정할 수 있게 한다. 이 말씀은 내 주변에서 나와 똑같이 실패하고 넘어지는 사람들에게 자비를 보이게 한다. 이 말씀은 하나님이 가까이 계시다는 생각에 겁을 내기보다는 하나님의 임재에 위로를 받게 한다.

하나님은 내게 그치지 않는 사랑과 끝나지 않을 은혜를 아낌없이 부어 주신다. 하나님의 성실하심이 크다. 뿐만 아니라, 하나님이 우리에게 베푸시는 자비는 아침마다 새롭다. 지치고, 김빠지고, 상황에 안 맞고, 진부하고, 어제 주어졌으면 딱일 그런 자비가 아니다. 그렇다. 이 자비는 오늘 나의 필요에 딱 들어맞는다. 하나님의 자녀 한 사람 한 사람의 약점과 상황, 그 사람 고유의 싸움에 딱 들어맞게 조각된 자비다. 우리는 모두 동일한 자비를 받지만, 모든 자비가 우리 모두에게 한 가지 크기와 한 가지 모양으로 주어지지는 않는다. 하나님은 내가 어떤 사람인지, 어떤 상황인지, 어떤 일을 마주하고 있는지 다 아시며, 거룩한 지식과 권능과 긍휼히 여기심이 장엄하게 어우러져, 그 순간의 나에게 가장 적합하게 빚어진 자비로써 나를 맞이하신다.

그러므로 아침마다 새로운 자비에 대한 인식 없이 자신의 삶을 판단하지 말라. 그 자비를 빼고 자신의 삶을 살핀다면 비극적이게도 진실을 놓치는 것이다.

더 깊은 묵상과 격려를 위해 다니엘 9장 4-19절을 읽으라.

다니엘 9장 4-19절로 연결됩니다.

107

**사람에게 불평하지 말고 하나님께 부르짖으라.
하나님은 자기 백성의 부르짖음에
결코 귀를 막지 않으신다.**

내 삶은 사실 내가 누구에게 부르짖느냐에 따라 구체화된다. 내 부르짖음이 불평뿐이라면 내 옆에는 불평꾼밖에 없을 것이다. 비슷한 사람끼리 어울리기 때문이다. 그 결과 내 마음은 더 낙심되고 강퍅해질 것이다. 하나님이 아니라 사람에게 부르짖으면, 하나님만이 하실 수 있는 일을 그들에게 요구하게 될 것이다. 그런 일이 거듭되면 이 사람들은 당황스러워하며 무력감을 느끼고, 나는 점점 자포자기 상태가 될 것이다. 부르짖음이 터져 나오는 입을 틀어막고 혼자 울부짖다가 점점 외로워지고, 나를 염려하고 이해하는 이가 아무도 없다는 느낌이 들 것이다.

복음의 반가운 소식은, 부르짖음이 터져나올 때 입을 틀어막을 필요가 없다는 것이다. 우리는 울부짖을 이유가 있다는 사실을 부끄러워하지 않아도 된다. 내가 작은 소리로 변변찮게 부르짖으며 도움을 구하는 소리를 들으시기에는 하나님이 너무 위엄 있고 너무 멀리 계시고 좀 더 중요한 일로 너무 바쁘실 거라는 생각을 하지 않아도 된다.

내가 생각하기에 성경에 시편이 기록된 한 가지 이유는, 우리에게 울부짖을 용기를 주고 울부짖을 때가 언제인지 가르쳐 주기 위해서다.

여호와여 나의 대적이 어찌 그리 많은지요 일어나 나를 치는 자가 많으니이다 많은 사람이 나를 대적하여 말하기를 그는 하나님께 구원을 받지 못한다 하나이다 (시 3:1-2).

내 의의 하나님이여 내가 부를 때에 응답하소서 곤란 중에 나를 너그럽게 하셨사오니 내게 은혜를 베푸사 나의 기도를 들으소서(시 4:1).

여호와여 어찌하여 멀리 서시며 어찌하여 환난 때에 숨으시나이까(시 10:1).

여호와여 어느 때까지니이까 나를 영원히 잊으시나이까 주의 얼굴을 나에게서 어느 때까지 숨기시겠나이까(시 13:1).

내 하나님이여 내 하나님이여 어찌 나를 버리셨나이까 어찌 나를 멀리하여 돕지 아니하시오며 내 신음 소리를 듣지 아니하시나이까(시 22:1).

여호와여 나와 다투는 자와 다투시고 나와 싸우는 자와 싸우소서(시 35:1).

사람들이 종일 내게 하는 말이 네 하나님이 어디 있느뇨 하오니 내 눈물이 주야로 내 음식 되었도다(시 42:3).

시편에는 이와 같은 구절이 이 외에도 많다. 시편에 이런 말씀들이 많은 이유는 내 부르짖음에 귀를 막지 않으시며 도움을 필요로 하는 나를 반갑게 맞이할 권능을 지니신 분께 부르짖으라고 용기를 북돋아 주기 위해서다.

더 깊은 묵상과 격려를 위해 시편 46편을 읽으라.

시편 46편으로 연결됩니다.

108

**어쨌든 우리의 작은 왕국은
오늘 우리에게 매우 매력적으로 보일 것이다.
그런데 은혜는 바로 이 왕국에서 우리를 구하고자 쉬지 않고 일한다.**

성경은 사실 전쟁 중인 두 나라 이야기다. 이 전쟁은 내 마음이라는 들판에서 벌어지고, 내 영혼의 주도권을 놓고 싸운다. 전쟁 중인 두 나라는 서로 화평하며 살 수 없다. 휴전 협정도 있을 수 없다. 안전하게 지낼 수 있는 비무장지대도 없다. 두 나라가 저마다 내게 충성과 예배를 요구한다. 두 나라가 저마다 내게 생명을 약속한다. 한 나라는 나를 왕의 왕 되신 분께 인도하고, 또 한 나라는 나 자신을 왕으로 추대한다. 큰 나라는 내가 왕이자 백성인 작은 나라를 멸하려는 반면, 작은 나라는 지키지 못할 약속으로 나를 유혹한다.

영광과 은혜의 큰 나라는 어느 모로 보든 찬란하고 눈부시지만, 내 눈에 늘 그렇게 보이지는 않는다. 작은 나라는 기만적이고 음울하지만, 어떤 부분에서는 아름답기도 하고 생명을 줄 것처럼 보이기도 한다. 오늘 나는 하나님 나라가 임하며 하나님의 뜻이 이루어지기를 기도하든지, 아니면 내 뜻과 내 방식을 관철하려 애쓰든지 둘 중 하나다.

그래서 예수님이 왕으로 이 땅에 오셔서 자신의 나라를 세우고자 하신 것도 납득이 된다. 예수님은 영웅적 군주처럼 죽으셔서, 자신의 나라가 영원히 지속되게 하셨다. 하지만 예수님은 눈에 보이는 정치적인 왕국을 세우려고 지상의 왕으로 오신 것이 아니었다. 예수님은 특정한 시공간에민 존재하는 나라보다 더 좋고, 더 위대하고, 훨씬 더 확장되는 나라를 세우려고 오셨다.

예수님은 내 마음에서 다른 모든 통치를 폐하고 그분의 은혜를 불어 넣는, 생명을 주는 다스림을 확고히 세우려고 오셨다. 예수님은 자기 자신을 섬기는 나라에 매인 우리를 자유롭게 하려고 오셨다. 예수님의 은혜가 주어진 것은 변변찮은 우리 각자의 나라의 목적을 이루기 위해서가 아니다. 그보다 훨씬, 훨씬 더 큰 나라로 우리를 부르기 위해서이다. 예수님은 우리가 이것을 깨닫도록 돕고자 오셨다.

그러므로 오늘, 자신에게 다시 한 번 말하라. 오직 한 왕만이 계시며 그 왕이 나는 아니라고 말이다. 나를 보호하고 내 마음을 충족시킬 한 나라가 존재하는데, 그 나라는 내 나라가 아니라고 말이다.

예수님이 말씀하셨듯, 우리가 구해야 할 나라가 있지만 우리 자신은 절대 그 나라의 왕이 아니다. 내가 어떤 일을 성취할 수 있고 내 힘으로 무엇을 획득할 수 있든, 혹은 내게 어떤 자격이 있든 이와 전혀 상관없이 한 나라가 내게 주어졌다. 그 선물을 우리에게 주시기 위해 왕께서 치르신 대가는 고난과 죽음이었다. 하지만 왕께서는 죽음을 정복하셨고, 그리하여 은혜로써 내 마음에 자신의 통치를 굳게 세우실 수 있었다.

바로 지금 그 왕께서 나를 위해 다스리시며 (고전 15장을 보라), 그 나라와 내 영혼의 마지막 원수를 물리칠 때까지 그 다스림을 계속하실 것이다. 그런 후 왕께서는 나를 최종적 나라로 초대하실 것인데, 그 나라에서는 평강과 의가 영원히 다스릴 것이다. 이것이 내 믿음의 이야기이다. 구주이자 왕이신 분의 이야기가 이제 우리의 이야기가 되었다. 그런데 한 사람으로 이루어진 나의 왕국이라는 기만적인 망상으로 돌아갈 이유가 무엇이겠는가?

더 깊은 묵상과 격려를 위해 출애굽기 32장을 읽으라.

출애굽기 32장으로 연결됩니다.

109

**우리가 인간관계에서 짓기 쉬운 가장 기본적인 죄 하나는 무관심이다.
우리는 우리가 사랑한다고 하는 사람보다
자기 집 정원을 가꾸는 데 더 몰두한다.**

온갖 관계가 나빠지는 가장 큰 이유가 무관심이라는 말은 정말 맞는 말이다. 이 세상에서 우리가 맺는 모든 관계는 다음과 같은 구조를 갖고 있다. 타락한 세상에서 결함 많은 한 사람이 신실하신 하나님과 함께 또 다른 결함 많은 한 사람과 관계를 맺는다. 결함 많은 사람이 결함 많은 사람과 관계를 맺는 것이기에, 아무 노력 없이 그 관계가 순항할 수 없고 그 관계가 잘 되기를 기대할 수도 없다.

이는 정원을 가꾸는 것과 비슷하다. 땅을 깨끗이 치우고, 흙을 갈아엎은 뒤, 식물을 심고, 물을 주고, 꽃에 영양분을 공급해야 한다. 그런데 그 시점에 이르면 이 작업을 그만둘 자유가 없다. 할 일이 끝나지 않는다. 사실 이제 시작일 뿐이다. 깨끗하지 않은 토양, 완전하지 않은 환경에 꽃을 심었기 때문이다. 땅에서는 곧 잡초가 자라기 시작할 것이며, 잡초에 신경을 쓰지 않으면 곧 꽃밭을 뒤덮어, 애써 심은 예쁜 꽃들이 생기를 잃고 말라버릴 것이다.

인간관계도 마찬가지다. 일단 관계를 심으면 순식간에 잡초가 싹튼다. 갈등, 지배, 원한, 용서하지 못하는 마음, 분노, 이기심, 교만, 탐욕, 시기, 조급함, 불친절, 독선 등의 잡초가 자라서 그 관계에서 생기를 모두 앗아간다. 이런 일이 벌어지지 않게 하려면 날마다 관심을 쏟을 필요가 있다. 사람은 다른 누군가와 관계를 맺을 때 그 관계 안으로 무언가 위험하고 파괴적인 것을 갖고 들어오기 때문이다. 그 무언가의 핵심적인 특성은 반사회성이다. 성경은 이것을 일컬어 죄라고 한다. 우리 안에 사는 죄에는 우리의 관계를 황폐하게 하는 위력이 있다. 따라서 우리는 날마다 그 관계가 필요로 하는 자양분을 공급하는 일을 소홀히 할 수 없다. 좋은 관계가 좋은 관계인 이유는 당사자들이 그 관계를 정성 들여 가꾸는 노력을 중단하지 않기 때문이다.

어려운 일 같은가? 왠지 관계를 피해 달아나고 싶은 마음이 드는가? 글쎄, 두려워하지 말자. 하나님의 자녀는 누군가와 관계를 맺을 때 반드시 그 관계에 소망을 줄 무언가를 가지고 들어가기 때문이다. 베드로전서 3장 7절에서 베드로는 부부란 생명의 은혜를 공동으로 상속받는 사람들이라는 사실을 일깨운다. 우리에게는 인간관계를 위한 소망이 있다. 우리가 분투할 자원이 있다. 우리는 크고, 뻗어 나가고, 강력하고, 구제하는 힘이 있고, 변화시키는 능력이 있는 은혜를 상속받았기 때문이다. 심히 크고 강력해서 인간의 언어로는 다 이해할 길이 없는 은혜다. 이 은혜는 모든 인간관계가 요구하는 힘든 노력에 동기를 부여하고 힘을 준다. 관계가 힘들어질 때면, 이와 같은 날을 위해 내게 주어진 유산이 있다는 사실을 떠올리며 상대방에게 다가갈 수 있다.

내게 주어진 은혜를 기억하며, 내가 맺는 관계에서 날마다 이기심과 죄의 잡초를 뽑아내서 평강과 사랑의 꽃이 자라게 하라. 그렇다고 나중에 내가 그 관계를 훌륭하게 가꿨다고 자화자찬하지는 말라. 그보다는, 그런 은혜를 주신 분을 찬미해야 한다. 이 은혜가 날마다 나를 나 자신에게 속박된 상태에서 구해내고 참으로 타인을 사랑하는 사람으로 살 수 있는 자원을 제공한다.

더 깊은 묵상과 격려를 위해 에베소서 5장 22절-6장 9절을 읽으라.

에베소서 5장 22절-6장 9절로 연결됩니다.

110

> 하나님의 자녀에게 복음은
> 삶의 한 부분이 아니라 삶 그 자체다.
> 우리는 복음이라는 창으로 세상을 본다.

이 인식은 내 사역의 주제이기도 한데, 다음과 같은 슬픈 현실이 내가 이런 글을 쓰게 만들었다. 수천수만의 신자들이 믿는 복음 한복판에는 커다란 구멍이 뚫려 있다.

이들은 복음을 과거의 일과 미래의 일로만 보는 경향이 있다. 이들에게 복음은 일종의 입구요 출구다. 물론 신자들은 죄 사함을 받고 하나님의 가족으로 환영받은 것을 기념하며, 영원히 주님과 함께하게 될 미래를 소망으로 바라본다. 그런데 많은 이들이 마음을 변화시키고 삶을 개조하는 주 예수 그리스도의 복음의 철저한 '현재'를 이해하지 못한다. 그리스도께 나왔을 때 변화된 것은 우리의 과거와 미래만이 아니다. 그렇다. 신자의 삶의 모든 것이 '바로 지금', '바로 여기서' 변화되었다.

신자의 삶에서 복음으로 변화되지 않는 부분은 하나도 없다. 주 예수 그리스도의 위격, 사역, 임재, 약속의 관점에서 삶을 바라보면, 삶의 어떤 부분도 전과 같아 보이지 않는다. 베드로는 "생명과 경건에 속한 모든 것을"(벧후 1:3) 받았으니 근본적으로 새로운 삶의 방식으로 살라고 권면한다. 이렇게 우리는 자신의 성숙도, 성품, 재주, 의로움, 지혜, 능력에만 의지해 살도록 방치되지 않는다.

뿐만 아니라 복음은 우리의 인생 전체를 어떻게 이해해야 할지, 삶의 의미에 관해 어떻게 생각해야 할지, 인간의 분투를 어떻게 보아야 할지, 우리의 정체성을 어디에서 찾아야 할지, 어디에서 평강과 안전을 구해야 할지, 인생에서 위험하게 여겨야 할 것이 무엇인지, 어떤 삶을 성공적인 삶으로 보아야 할지 등을 다시 규정한다. 예수님이 우리 안에 거처를 잡으시면 우리 삶의 모든 것이 변하는 것이 사실이다. 그 무엇과도 전과 같지 않다.

이 사실을 모른다면, 내가 구원받은 사실은 기념하지만, 결혼 생활이나 자녀 양육, 성, 돈, 친구 관계, 두려움, 중독, 의사결정 등에 도움을 받아야 할 때 복음을 바라보지 않을 수 있다. 그보다는 지금 이 시점의 내 관심사와 관련된 주제를 다루는 최신 자기계발 서적을 검색할 것이다. 내가 이렇게 말하는 이유는 우리가 복음에 관해 실질적으로 기억상실증에 걸려 있기 때문이다. 나는 내가 하나님의 자녀라는 것을 잊었다. 내게 영광스러운 영적 지혜의 보고(寶庫)가 주어졌다는 것을 잊었다. 사실은 부자인데 거지라고 생각한다. 지혜이신 분과 은혜로써 연합되었는데 지혜가 부족하다고 생각한다. 구주께서 내게 정해 주신 위치에서 내가 하기로 부름 받은 일을 하며 내가 되어야 할 존재로 사는 데 필요한 것을 이미 모두 받았는데, 아직도 내게 필요한 무언가를 찾아야 한다고 생각한다.

복음은 내게 모든 것을 주고 내 삶의 모든 것을 변화시킨다. 정말로 이를 믿으며 살고 있는가?

더 깊은 묵상과 격려를 위해 고린도전서 2장 1-5절을 읽으라.

고린도전서 2장 1-5절로 연결됩니다.

111

**하나님의 돌보심은 여러 모양으로 나타난다.
교제는 하나님이 우리 삶에 허락하신 사람들을 통해
우리를 넉넉히 격려하고 권면하고 위로하시는 한 방법이다.**

아래 말씀을 꼼꼼히 읽은 후 다시 한 번 읽어 보라.

그러므로 너희는 하나님이 택하사 거룩하고 사랑 받는 자처럼 긍휼과 자비와 겸손과 온유와 오래 참음을 옷 입고 누가 누구에게 불만이 있거든 서로 용납하여 피차 용서하되 주께서 너희를 용서하신 것 같이 너희도 그리하고 이 모든 것 위에 사랑을 더하라 이는 온전하게 매는 띠니라(골 3:12-14).

이 구절을 읽으면 우리의 인간관계가 우리의 것이 아니라는 사실을 직시하게 된다. 우리의 인간관계는 하나님이 그분의 목적을 위해 사용하는 하나님의 것이다. 우리의 인간관계가 마치 우리의 행복이라는 목적만을 위해 존재하는 양 주인의 시선으로 관계를 보아서는 안 된다. 이 구절은 우리와 우리의 인간관계에 관해 크고 중요하며 변화의 힘을 지닌 어떤 내용을, 우리가 알고 이해하고 삶으로 살아내야 할 무엇을 말하고 있다. 모든 신자에게 무엇이 필요하고, 신자의 정체성은 무엇이며, 어떤 부르심이 주어졌는지를 말이다.

첫째, 이 구절은 우리에게 무엇이 필요한지 규정한다. 창조 때는 물론이고 재창조 때도 우리는 혼자 힘으로 살도록 지어지지 않았다. 독자적이고 자기중심적인 삶은 그 어떤 선한 결과에도 이르지 못한다. 하나님과 동행하는 삶은 공동체에 속한 삶이라는 진리를 받아들여야 한다. 우리는 혼자 힘으로 그리스도인의 삶을 살도록 지어지지 않았다. 하나님이 이렇게 수준 높은 관계 중심의 삶으로 부르시는 이유는, 관계는 하나님의 손에 들려 구속의 역사를 이루는 대체 불가능한 도구이기 때문이다.

둘째, 이 구절은 우리의 정체성을 규정한다. 생각해 보자. 바울은 그리스도인의 성품에 대한 이 목록을 어디에서 얻었는가? 대답은, 이 성품들이 그리스도의 특성이라는 것이다. 바울은 그리스도로 옷 입으라고 상징적으로 말하고 있으며, 그럼으로써 우리의 정체성이 바로 여기서 바로 지금 이루어지는 하나님의 역사에 있다고 규정한다. 우리의 정체성을 나타내는 최적의 단어는 '대사'이다. 모든 신자는 구주이자 왕이신 분의 대사가 되어야 한다. 알다시피, 대사의 직무는 자신을 보낸 사람을 대표하는 것이다. 곧 보이지 않는 하나님의 임재를 우리를 통해 눈에 보이게 만드는 것이며, 그래서 우리는 서로의 삶에서 예수님을 대표한다. 나는 그리스도의 표정이다. 나는 그리스도의 목소리다. 나는 그리스도의 손이다. 나는 그리스도의 은혜를 물리적으로 나타내 보이는 역할을 한다. 이것이 살면서 맺는 모든 인간관계에서 내가 이행할 사명이다. 보이지 않는 왕의 은혜를 보이게 만드는 것 말이다.

셋째, 이 구절은 우리의 소명을 규정한다. 우리의 소명은 "나와 관계를 맺고 있는 이 사람은 이 특정한 순간에 나를 통해서 예수님의 위격과 사역의 어떤 측면을 보아야 할까?"를 묻고 또 묻는 것이다. 누구도 혼자 힘으로 이 일을 수행할 수 없다. 그러기에 우리를 보내신 구주께서 친히 우리와 동행하시며 그분을 잘 대표하는 데 필요한 은혜를 주신다.

더 깊은 묵상과 격려를 위해 에베소서 4장 1-16절을 읽으라.

에베소서 4장 1-16절로 연결됩니다.

112

**공동 예배는 하나님의 은혜로 우리를 사로잡아
우리가 다른 이들의 삶에서
은혜의 도구가 되기를 바라게 한다.**

타락한 세상에서의 삶은 힘들다. 타락한 사람들을 섬기기도 힘들다. 사람들은 한결같이 나를 기진맥진하게 만들고 낙심시키고 냉소적인 태도를 부추긴다. 죄인들과 어우러져 살면 사람들이 내게 죄 짓는 모습을 보아야 한다. 사람들과 어우러져 살다 보면 이들의 속셈이 드러나는 순간을 목격하지 않을 수 없다.

인간관계에서 상처 입고 낙심한 사람들이 관계를 멀리하고 고립되어 살려고 한다거나, 마음 쓸 일 없이 피상적으로 이 사람 저 사람과 건성으로 관계를 맺으며 살려고 하는 것도 이해가 간다. "한 번은 당했지만 두 번은 안 당하겠어."라고 혼잣말을 하는 사람도 이해가 간다. 부부가 왜 친밀한 우정과 연합이 없는 장기적 냉전 상태의 삶을 선택하는지도 이해가 산다. 사역자들이 왜 종종 그리스도의 몸인 교회와 실질적 단절 상태에서 사는 쪽을 택하는지도 이해가 간다. 성인 아이(adult children)가 부모와 거리를 두고 사는 것도 이해가 간다. 많은 이들이 왜 명절에 온 가족이 모이는 것을 두려워하는지 이해가 간다. 상처를 감추고, 고통스러운 화제에 관해 서로 이야기하기를 거부하는 사람들의 마음이 이해가 간다. 사람들이 왜 도움 청하기를 싫어하고 도움을 요청받았을 때 돕기를 싫어하는지 이해가 간다. 세상에 사는 사람치고 어떤 관계에서든 단 한 번도 실망하지 않은 사람은 없다는 사실이 이해가 간다. 관계가 어렵다는 것이 나는 모두 이해가 간다.

내가 납득하는 것이 한 가지 더 있다. 신자의 삶에서 관계는 선택사항이 아니라는 사실이다. 그렇다. 관계는 구원과 최종적 부활 사이에 주어진 하나님의 부르심의 본질적 부분이다. 성경적인 믿음은 본질적으로 관계적이다. 이 믿음은 두 가지 중요한 교제에 의해 형성되고 작동한다. 첫째이자 가장 중요한 것은 하나님과의 교제로, 이 교제는 우리 실존의 이유다. 생명은 창조주와의 교제에서 찾을 수 있다. 다른 하나는 자기희생적으로 이웃을 사랑하며 살 뿐 아니라, 이웃의 마음과 삶에서 하나님이 하시는 일의 도구가 되라는 부르심이다. 우리에게는 선택권이 없다. 우리는 평생 하나님 및 타인과 교제하며 사는 삶으로 부름 받은, 관계 중심적 존재들이다.

관계를 맺으며 살라는 이 부르심은 대체로 너무 엄청나서 달아나고 싶은 마음이 들기도 한다. 그런 마음에 무릎 꿇지 않고 하나님의 높은 기준에 따라 이 부르심을 마주하려면 도움이 필요하다. 공동 예배에는 그런 관계에 관한 우리의 시각을 교정하려는 목적도 있다. 하나님의 놀라운 은혜를 통해 우리의 갖가지 관계를 바라보지 않으면 그 관계를 정확히 보지 못한다. 그래서 우리가 모이고 또 모이기를 거듭하는 것은 하나님의 은혜의 광대함에 사로잡혀 타인의 삶에서 그 은혜의 도구가 되는 것보다 더 좋은 일은 없음을 깨닫게 하기 위해서다.

더 깊은 묵상과 격려를 위해 로마서 13장 8-14절을 읽으라.

로마서 13장 8-14절로 연결됩니다.

113

**우리는 하나님께 용납받도록 일하라고 부르심 받지 않았다.
우리를 대신해 그 일을 완성하신 분을
신뢰하라고 부르심 받았다.**

그건 불가능한 일이라는 말을 듣고 또 들으면서도 우리는 자꾸 그 일을 하려 한다. 그 일은 우리를 망상에 빠뜨려 교만하게 하거나 혹은 터무니없는 두려움에 사로잡히게 한다. 그 일은 우리를 도우실 수 있는 유일한 분을 두려워하며 죄책감과 수치감으로 몸을 숨기게 만든다.

두려움에 사로잡힌 우리는 이미 받은 것을 위해 헛되이 애쓴다. 소망이 흔들리면서 우리는 이미 소유한 것을 헛되이 추구한다. 구원에 대한 망상으로 어떤 이는 자기 힘으로 획득하지 않은 것, 성취하지 않은 것을 자랑한다. 오해에 빠진 우리는 내게는 없고 다른 사람에게는 있는 듯 보이는 무언가를 부러워하고 다른 사람이 성취한 일을 나도 이룰 수 있으면 좋겠다고 생각한다. 우리는 기준에 미치지 못했을 뿐 아니라 앞으로도 미지지 못할 것이라 생각하며 인생을 허비한다. 하나님이 자신을 정말 어떻게 생각하시는지 궁금해하며 말이다. 하나님의 임재를 생각할 때 마음에 위로보다는 두려움을 더 많이 낳는다. 이 모든 현상은 복음의 참된 핵심에 닿는다.

예수님은 우리로서는 절대 살 수 없는 완벽한 삶을 사셨다. 이제 예수님의 의가 우리의 의로 인정된다. 예수님은 우리가 죽어야 할 죽음을 죽으셨다. 예수님의 죽음은 우리의 죄에 대한 아버지의 진노를 가라앉혔다. 예수님은 죄와 사망을 이기고 부활하셔서, 우리도 예수님처럼 영생을 알 수 있게 하셨다.

이 모든 일이 이루어진 것은 우리와 하나님 사이의 틈을 메우기 위해서다. 우리가 하나님의 가족으로 완전하고도 영원히 받아들여져, 하나님의 거절을 마주하는 일이 절대 다시 없고 우리 죄에 대한 값을 치를 일이 절대 다시 없으며, 하나님의 사랑을 모으기 위해 하나님의 기준을 충족시키려는 노력에서 해방시키기 위해서다. 이렇게 되는 데 필요한 일은 예수님이 다 하셨다. 모든 일이 완료되었다.

자, 이렇게 말하기는 했지만, 사실 우리는 부름 받은 일이 있다. 나는 하나님 나라의 일에 헌신하라고, 왕의 명령에 날마다 순종하라고 부름 받았다. 하나님이 예수님의 피로 값 주고 나를 사셨으므로 나는 이제 나 자신의 것이 아님을 알고 인정하라고 부름 받았다. 하지만 우리는 무언가를 획득하기 위해 이런 일을 하지 않는다. 무언가를 축하하고 찬미하기 위해 우리가 부름 받은 일을 한다. 나는 하나님의 은총을 획득하려고 일하지 않는다. 내가 하는 일은 그리스도께서 나를 대신해 성취하신 은총에 대한 감사의 찬송이다. 내 수고가 충분한지 궁금해하지 않아도 된다. 내가 일을 엉망으로 만들어서 하나님의 가정에서 쫓겨나지 않을까 두려워할 필요가 없다. 하나님이 등을 돌리시지 않을까 염려하지 않아도 된다. 내가 하나님의 인정을 받을 만큼 오래, 많이 수고했을까 하는 의문에 사로잡힐 필요가 없다.

그리스도께서 불가능이라는 다리를 건너셨다. 할 일은 완수되었다. 나와 하나님의 관계는 영원히 안전하다. 이제, 감사하는 마음으로 세상에 나아가 하나님의 일을 하라.

더 깊은 묵상과 격려를 위해 누가복음 1장 67-79절을 읽으라.

누가복음 1장 67-79절로 연결됩니다.

114

**하나님의 큰 능력의 은혜가
우리 안에, 우리를 통해 이루시는 일보다
못한 것에 만족하지 말라.**

알고 있다. 이것이 바로 내 문제라는 것을. 짐작컨대 이는 우리 모두의 문제이기도 할 것이다. 우리는 너무 쉽게 만족한다. 이 말이 하나님께 더 많이 원해야 한다는 뜻은 아니다. 그렇다. 문제는 우리가 대체로 너무 작은 것에 그냥 쉽게 안주해 버린다는 것이다. 우리는 작은 변화, 조금의 성장, 약간의 성숙에 만족한다. 우리는 얼마 안 되는 성경 이해와 변변찮은 신학 지식에 안주한다. 구속을 사랑하며 하나님의 은혜에 감사한다고 말하지만, 은혜가 은혜의 일을 완료하기 훨씬 전부터 우리는 영적으로 만족한 상태다.

자녀 교육이 좀 효과 있어 보이면, 결혼 생활이 좀 할 만하면, 직장 일이 힘들지 않으면, 재정 상황이 참사 수준만 아니면, 좋은 집에 살며 좋은 교회에 다니면, 건강이 좋으면 우리는 대개 만족한다. 하지만 하나님은 만족하지 않으신다. 죄가 더는 없을 때까지 우리를 변화시키는 하나님의 은혜가 우리에게 계속 필요하다는 것을 하나님은 아신다. 우리가 완전히 그리스도의 형상으로 변화할 때까지 우리에게는 하나님의 간섭이 계속 필요하다. 우리 마음의 모든 생각과 욕망이 하나님 보시기에 흡족할 때까지 우리에게는 우리를 용서하고 우리에게 능력을 주며, 우리를 변화시키는 하나님의 은혜의 권능이 계속 필요하다. 이 타락한 세상에 에워싸여 유혹의 속삭임에 여전히 흔들리는 한, 우리를 건져내고 보호하시는 하나님의 역사가 계속 필요하다.

우리 구주께서는 우리가 더할 나위 없이 만족하는 순간에도 여전히 만족하지 못하실 만큼 우리를 사랑하신다. 구주께서는 자기 손으로 하는 일을 포기하지 않으신다. 은혜 주기를 그만두지 않으신다. 구원 사역에 대한 열심을 포기하지 않으신다. 그분의 은혜가 우리 한 사람 한 사람에게 할 수 있는 모든 일을 마칠 때까지 고삐를 늦추지 않으신다.

그래서 우리는 간혹 마음에 들지 않는 상황에 처할 수도 있다. 계획하지 않은 일을 처리해야 할 때도 있다. 내 인생에 이런 일이 있을 거라고 생각하지 못했던 걱정거리를 해결해야 할 때도 있다. 계획에 없고, 예기치 못하고, 원하지 않은 일을 마주하기도 할 것이다. 그런 일을 겪는 이유는 내 주님이 그 모든 힘들고 불편한 순간들을 사용해 나를 그 만족 상태에서 비틀어 빼내셔서 나로 주님의 구속을 존중하게 만들고 다른 어떤 방식으로는 불가능했을 변화를 내 마음과 삶에 이루시려 하기 때문이다. 주님은 내가 쥔 내 버팀목, 내 정신을 산만하게 하는 것을 빼앗아 없애실 것이다. 주님은 내 약점을 폭로하실 것이며, 그래서 주님 보시기에는 내게 필요한데 정작 나 자신은 없어도 살 수 있다고 생각하는 것을 결국 주님께 부르짖으며 구하게 하실 것이다.

그러므로 은혜가 나를 위해 이룬 모든 일에 감사하되, 섣불리 만족하지 말라. 은혜가 은혜의 일을 완료하기까지 포기하지 말라. 주님이 나를 나 자신에게서 더 건져내 주시기를, 더 변화시켜 주시기를, 더 자유롭게 하시기를 부르짖으라. 내게 그토록 간절히 필요한 주님의 일을 내가 소중히 여기지 않는 순간에도 내 구주께서는 여전히 일하고 계시다는 사실에 감사하라.

더 깊은 묵상과 격려를 위해 빌립보서 1장 3-11절을 읽으라.

빌립보서 1장 3-11절로 연결됩니다.

115

> 질투하느라 시간을 허비하지 말라.
> 하나님의 신실함은 절대 편파적이지 않다.
> 언제나 우리는 필요한 모든 것을 갖고 있다.

정의가 썩어버린 세상에서는
날마다 불의가
고통을 안깁니다.

정부는 부패했고
사람들에게서는
신의를 찾을 수 없습니다.

가진 자는 더 많이 갖게 되고
가지지 못한 자는
그 이유가 궁금합니다.

울타리 너머
다른 누군가의 삶을 엿보며
저 사람은 왜 저리 복이 많은지 묻고 싶지만,
주님은 편파적인 분이 아니심을
알고 있으니 심히 좋습니다.

주께서는 풍성한 은혜를

모든 자녀 한 사람 한 사람에게
아낌없이 부어 주십니다.

모든 자녀의 모든 필요를
다 채워 주시며
그치지 않는 성실함으로
그리 하십니다.

그래서 저는 이제 계산을 멈춥니다.
주님의 선함을 판단하지 않겠습니다.

네, 주님이 넉넉히 베푸시는
자비 가운데
편히 쉬겠습니다.

더 깊은 묵상과 격려를 위해 시편 84편을 읽으라.

시편 84편으로 연결됩니다.

116

그렇다. 우리가 사는 이 세상에는 여전히 악이 존재한다.
그러나 죄와 사망을 이기신 분이 늘 우리와 함께하신다.

우리 외부의 악과, 우리 내부에 남은 악은 재앙을 부르는 한 쌍이다. 우리가 사는 세상은 단순히 악이 여전히 존재하는 세상이 아니다. 우리의 문제가 그것뿐이라면 삶은 훨씬 수월하고 단순할 것이다. 그런데 그렇지가 않다. 우리가 날마다 대면하는 외부의 악은 우리 안에 거하는 악 때문에 믿을 수 없이 더 흉포해진다. 내가 자석에 끌리듯 외부의 악으로 끌리는 이유는 오직 내 안에 있는 악 때문이다.

죄는 죄인에게 그저 늘 매력적으로만 보인다. "깨끗한 자들에게는 모든 것이 깨끗"하다(딛 1:15). 문제는 우리 중에 완전히 깨끗한 사람이 하나도 없다는 것이다. 그렇다. 강력한 은혜의 역사 덕분에 우리는 과거의 자신보다 깨끗하다. 하지만 여기에 우리의 딜레마가 있다. 우리가 죄에서 깨끗케 되는 일은, 우리 마음 세포 하나하나에 있는 죄의 입자가 마지막 하나까지 박멸되도록 끝나지 않는다. 이는 평생 지속되는 과정이며 단일한 한 사건이 아니다. 마음이 깨끗케 되는 과정은, 심각하게 망가져 하나님이 원래 계획하신 대로 움직이지 않는 이 세상에서, 모퉁이마다 악이 잠복한 이 환경에서 진행된다. 그리고 우리 삶에는 내부의 악과 외부의 악이 어떤 식으로든 만나지 않는 날이 단 하루도 없다.

이 글을 읽노라니 낙심이 되는가? 타락한 세상에서 살아간다는 것이 마치 끝까지 풀 수 없는 고약한 속임수 같아서 하나님의 뜻이 불합리하고 불가능해 보이는가? 그럴 때 기억해야 할 것은 내가 내 힘으로 살라고 이 세상에 보냄 받은 것이 아니라는 사실이다. 하나님은 불가능한 일을 나 자신의 능력만으로 하라고 하지 않으셨다. 이 어두운 세상을 통과하는 여정을 나 혼자 겪으라고 하지 않으셨다. 또 내가 날마다 대면해야 하는 안팎의 악의 존재와 그 위력을 간단히 부인하고 위로를 얻으라고 하지 않으셨다. 예수님은 제자들을 이 어두운 세상에 보내시며, 외부의 악에 둘러싸였을 뿐 아니라 내면의 악에 휘둘리는 사람들에게 복음의 메시지를 전하라고 하셨는데, 그때 예수님은 사실상 모든 것을 변화시키는 어떤 말씀을 하셨다. "볼지어다 내가 세상 끝날까지 너희와 항상 함께 있으리라"(마 28:20).

예수님은 원칙과 약속만 한보따리 들려서 우리를 세상으로 보내지 않으신다. 우리에게 가이드북만 주시고는 잘 따라가 보라고 하지 않으신다. 그렇다. 예수님은 훨씬 더 많은 일을 하신다. 예수님은 우리와 함께 가신다! 모든 상황, 모든 장소, 모든 관계, 모든 순간마다 주님이 우리와 함께하지 않으신다면 우리는 절대 해낼 수 없음을 예수님은 알고 계신다. 예수님은 우리가 곤경에 처한 순간 행동에 돌입하는 구조대가 아니시다. 우리가 곤경에 처한 그 순간에 예수님이 함께하시는 것은 그때까지 계속 우리와 함께하셨기 때문이다. 예수님은 우리가 악과 분투할 때 우리에게 도움이 될 유일한 선물을 주신다. 바로 예수님 자신이다. 왜냐하면 예수님은 우리의 여정이 끝나기까지 우리에게 필요한 모든 것이 그분 안에 있음을 아시기 때문이다. 예수님 그분 자신이 곧 예수님이 은혜로써 주시는 최고의 선물이다.

더 깊은 묵상과 격려를 위해 이사야 7장 10–17절을 읽으라.

이사야 7장 10–17절로 연결됩니다.

117

진정한 믿음은 현실을 실제보다
더 좋게 생각하도록 스스로를 속이지 않는다.
성경적인 믿음은 놀랍도록 정직하고 소망이 넘친다.

　실제 삶으로는 신앙을 부인하면서 겉으로만 달콤한 미소를 짓는 것은 성경적 믿음이 아니다. 타락한 세상의 냉혹하고 암담한 현실을 진부한 거짓 복음으로 포장하는 것도 성경적 믿음이 아니다. 하나님의 법을 지킬 능력이 있다고 자랑하거나, 올해 성경을 또 한 번 통독했으니 조금 더 성화되었다고 생각하는 것도 성경적 믿음이 아니다. 영적인 삶의 실상은 덮어 가린 채 주일마다 말끔하게 차려입고 점잔을 빼는 것도 성경적 믿음이 아니다. 성경적 믿음은 내가 얼마나 오랜 세월 예배를 빼먹지 않았는지 점수를 매기는 문제도 아니다. 성경적 믿음은 내 의를 반짝반짝 윤나게 닦아서 나 자신과 타인에게 더 좋은 사람으로 보이게 만드는 것도 아니다. 성경적 믿음은 삶의 증거가 내 현실이 전혀 괜찮지 않다고 증명하는데 자꾸 괜찮다고 말하는 것도 아니다. 행동이나 말이나 생각이 경건하다 해도 자신을 현실에서 보호하려는 의도로 그러는 것이라면 성경적인 기독교 신앙을 살아내는 것이 아니다. 그럴 때 기분은 좋을지 모르지만, 마음은 성경적 믿음으로 평온한 상태가 아니다. 성경에서 말하는 믿음은 어떤 식으로든 현실을 부인하라고 하지 않는다. 성경적 믿음은 하나님의 위엄과 영광을 지극히 경외하기에 삶의 가장 어두운 현실을 바라보면서도 두려워하지 않는 것이다.
　아브라함은 하나님이 자신을 어디로 데려가실지 확실히 알지 못한 상태에서 집을 떠났지만, 그러기 위해 현실을 부인할 필요는 없었다. 노아는 120년 걸려 방주를 지었지만, 그러기 위해 현실을 부인할 필요는 없었다. 이스라엘 백성이 7일 동안 여리고성을 돌기 위해 현실을 부인할 필요는 없었다. 다윗이 현실을 부인한 후에야 전장에서 골리앗과 맞설 수 있던 것은 아니다. 사드락, 메삭, 아벳느고가 현실을 부인하고서야 극렬히 타는 풀무불로 걸어 들어간 것이 아니다. 베드로는 현실을 부인하지 않고도 복음 설교를 하지 말라는 명령을 거부할 수 있었다. 알다시피 이들이 그렇게 행동할 수 있었던 것은 믿음이 순수해서가 아니었다. 명확한 믿음이 이들을 그렇게 행동하게 했다.

우리는 만왕의 왕이며 만주의 주이신 분의 실존, 권능, 권위, 지혜, 신실함, 사랑, 은혜라는 렌즈를 통해 이 어두운 세상을 볼 때에만 현실을 명확히 볼 수 있다. 사실 중의 사실, 즉 하나님의 실재(實在)를 빼놓고는 우리 앞에 놓인 현실을 판단하고 이해할 수 없다. 실제로 그것이 바로 히브리서 기자가 믿음이 무엇인지를 정의하는 방식이다. "믿음이 없이는 하나님을 기쁘시게 하지 못하나니 하나님께 나아가는 자는 반드시 그가 계신 것과 또한 그가 자기를 찾는 자들에게 상 주시는 이심을 믿어야 할지니라"(히 11:6). 믿음이 부족한가? 그렇다면 은혜의 선물로 값없이 믿음을 주시는 분께 달려가라.

더 깊은 묵상과 격려를 위해 다니엘 3장 8-30절을 읽으라.

다니엘 3장 8-30절로 연결됩니다.

118

우리가 하나님이 기대하시는 사람이 되고,
그분께 부름 받은 일을 하는 데 필요한 모든 것을
이미 그리스도 안에서 받았는데 왜 두려워하는가?

그리스도의 교회로 부름 받은 우리의 불편한 비밀 중 하나는 우리가 사실은 많은 일을 믿음이 아닌 두려움 때문에 한다는 것이다. 두려움은 나 자신을 바라보고 내가 가진 자원을 따져본 뒤 하나님이 명하시는 일을 하거나, 내 눈 앞에 닥친 일을 해결하는 데 필요한 것이 내게 없다고 결론지을 때 생긴다. 신자 내면의 두려움은 망각을 부른다. 하나님이 어떤 분이시고 그분의 자녀로서 내가 어떤 존재인지, 또한 하나님의 은혜로써 내게 무엇이 주어졌는지 망각하면 우리 감정은 두려움부터 느낀다.

나는 두려움의 유일한 해법은 두려움이라고 확고히 믿는다. 다시 말해, 두려움은 그보다 더 크고 더 강한 두려움으로 격퇴된다. 이 말이 무슨 뜻인지 설명해 보겠다. 하나님께 대한 두려움이 내 마음을 압도하여 지배할 때, 이 두려움은 나를 무력하게 하고 약하게 하는 다른 두려움에서 나를 보호한다. 하나님이 이 타락한 세상에서 내가 마주하는 그 어떤 일보다 크게 보일 때 비로소 내 마음은 지금이 무슨 상황인지 알 수 없을 때에도(알지만 이를 해결할 능력이 없을 때에도) 평강을 누릴 수 있다. 다음 구절을 묵상하라.

내가 사망의 음침한 골짜기로 다닐지라도 해를 두려워하지 않을 것은 주께서 나와 함께 하심이라(시 23:4).

여호와는 나의 빛이요 나의 구원이시니 내가 누구를 두려워하리요(시 27:1).

여호와를 경외하는 것은 사람으로 생명에 이르게 하는 것이라 경외하는 자는 족하게 지내고(잠 19:23).

두려워하지 말라 내가 너와 함께 함이라 놀라지 말라 나는 네 하나님이 됨이라 내가 너를 굳세게 하리라 참으로 너를 도와 주리라 참으로 나의 의로운 오른손으로 너를 붙들리라(사 41:10).

내가 여호와께 간구하매 내게 응답하시고 내 모든 두려움에서 나를 건지셨도다(시 34:4).

그렇다면 어떻게 수직적 차원의 두려움(하나님께 대한 두려움)이 수평적 차원의 두려움(하나님 아닌 다른 것에 대한 두려움)을 압도해 가라앉힐 수 있을까? 먼저 하나님께 달려가서 하나님의 경외스러운 영광을 볼 수 있는 눈과 기억할 수 있는 마음을 주시기를 기도하라. 다음으로, 내가 겪는 어려움만을 곰곰이 생각하기를 멈추고, 내 아버지가 되셔서 늘 나와 함께 계시는 하나님의 영광을 묵상하라고 자신에게 말하라. 그렇다고 문제를 부인해서는 안 된다. 다만, 그 문제를 묵상의 주제로 삼으면 갈수록 문제가 더 크게 보이고 나는 점점 더 두려워질 것이다. 오늘, 현실을 직시하되 하나님의 영광을 묵상하라.

더 깊은 묵상과 격려를 위해 시편 111편을 읽으라.

시편 111편으로 연결됩니다.

119

**지혜롭고 의로운 삶을 살도록 우리를 부르신 하나님은
지혜롭고 의로우신 분,
곧 예수 그리스도와 우리를 이어 주신다.**

자기 자신을 어떤 존재로 생각하는가? 사뭇 진지한 질문이다. 혹은 자기 자신에게 어떤 정체성(혹은 정체성들)을 부여하는가? 그리고 그 정체성은 내가 어떤 사람이며 내가 할 일이 무엇이라고 규정하는가? 좀 더 중요한 질문을 하자면, 나는 나 자신에게 하나님을 어떤 분으로 말하며, 이는 매일 접하는 갖가지 기회와 책임과 유혹에 대해 어떻게 생각하고 대응하게 하는가? 그 진정한 길은 하나의 거대한 정체성 이야기인 예수 그리스도의 복음 안에 있다.

성경은 드리워진 커튼을 걷어 모든 것의 중심에 좌정하신 분을 우리에게 드러내고자 기록되었다. 성경은 그분의 지위, 그분의 권능, 그분의 계획만을 보여 주지 않는다. 성경은 그분의 성품 또한 우리에게 보여 준다. 성경은 하나님이 만물의 창조주, 주권자, 왕이시라고 말한다. 성경은 하나님의 권한, 지혜, 권능이 무한하다고 말한다. 또한 성경은 이 높고 강하신 분이 노하기를 더디 하시며 사랑이 풍성하시다고도 말한다. 하나님은 자비로우시고, 다정하시고, 친절하시고, 너그러우시다고 말이다. 성경은 하나님이 오래 참으시며 놀라운 은혜를 주시는 분이라고 말한다.

뿐만 아니라 성경은 내 정체성을 보여 주기도 한다. 성경은 내가 경외스러운 하나님의 창조물이라고 알려 줄 뿐 아니라, 죄 때문에 타락한 피조물이라고도 알려 준다. 나는 하나님을 의지하는 존재로 창조되었는데, 죄가 나를 하나님께 반역하는 자로 만든다. 죄는 독립적인 삶, 나 혼자로

도 충분한 삶을 추구하게 한다. 죄 때문에 나는 어리석은 것을 좋아하면서도 스스로 지혜롭다고 생각한다. 죄는 내가 할 수 없는 일을 할 수 있다고 생각하게 한다. 죄는 내 마음이 사실은 부패했는데도 스스로를 의롭게 생각하게 한다. 죄는 내가 실제로는 재앙을 향해 가고 있는데도 아무 문제없다고 나를 설득한다. 그러나 성경은 나와 관련해 사실이 아닌 모든 것을 충성스럽게 들이민다. 성경이 그렇게 하는 이유는 내가 어떤 존재가 될 수 있는지 알려 주고 이를 추구하게 하기 위해서다. 성경은 내 어리석음과 부족함을 직시하게 만들어, 지혜와 의이신 분께 달려가 그분에게서 소망을 찾게 한다.

그렇다. 성경은 나로서는 할 수 없는 일을 하라고 부르지만, 그냥 거기에서 그치지 않는다. 성경은 내게 필요한 모든 것을 무조건 다 주시는 분을 내게 소개한다. 복음이란 바로 이런 것을 말한다. 십자가는, 내게 없는 모든 것을 가지셨고 내가 할 수 없는 모든 일을 하시는 분이 나를 위해, 그리고 내 안에서 내가 필요로 하는 모든 것이 되는 길을 열어 준다. "너희는 하나님으로부터 나서 그리스도 예수 안에 있고 예수는 하나님으로부터 나와서 우리에게 지혜와 의로움과 거룩함과 구원함이 되셨으니"(고전 1:30).

더 깊은 묵상과 격려를 위해 요한복음 15장 1-8절을 읽으라.

요한복음 15장 1-8절로 연결됩니다.

120

**순종하라고 우리를 부르는 하나님의 은혜는
이전에는 결코 몰랐던 진정한 자유를 우리에게 준다.**

내가 생각하기에 우리는 참 자유와 속박을 오해하고 있다. 내 마음을 충만케 하고 충족시키는 자유는 나를 나 자신의 권위자로 세우는 데서는 절대 찾을 수 없다. 참 자유는 무엇이든 내가 하고 싶은 일을 아무 때나 내가 하고 싶을 때 하는 데서는 찾을 수 없다. 참 자유는 나 자신을 세상 한가운데 놓고 만사를 나 중심으로 만드는 데에서는 찾을 수 없다. 참 자유는 나 자신의 권위가 아닌 다른 어떤 권위에 순종하라는 부름에 저항하는 데서는 찾을 수 없다. 참 자유는 내가 자신만의 도덕적 기준을 만드는 데서는 찾을 수 없다. 참 자유는 마침내 내 방식을 관철한 결과로 얻는 것이 아니다. 이런 일들로는 절대 자유를 누릴 수 없다. 또 다른 형태의 속박으로 끝날 뿐이다.

왜 그럴까? 우리가 태어난 세상은 사실 권위를 존중해야 하는 세상이기 때문이다. 첫째, 세상에는 무엇보다 중요한 하나님의 권위가 있다. 하나님의 주권적이며 흔들리지 않는 다스림을 벗어나 존재하는 것은 없다. 하나님이 이 세상을 창조하셨다면(실제로 창조하셨다), 그리고 자기 피조물의 주인이시라면(실제로 주인이시다), 우리에게는 자율권(하나님의 다스림을 받지 않는 독립적 권한)이 없다. 이는 우리가 하나님의 피조물로서 우리를 위한 하나님의 뜻에 복종하며 사는 존재로 창조되었다는 뜻이다. 따라서 자유는 하나님의 권위를 벗어나는 데에서는 찾을 수 없다. 그렇다. 자유는 하나님의 권위에 기꺼이 마음으로 복종하는 데서 찾을 수 있다.

둘째, 보이지 않는 하나님의 권위를 우리 눈에 보여 주시려고 하나님이 인간에게 허락하신 크고 작은 권위가 있다. 개인의 자유는 인간의 권위에 저항하는 데서도 찾을 수 없다. 자유와 권위는 서로 적이 아니다.

요점을 말하자면 이렇다. 우리는 언제나 어떤 권위 아래 있다. 우리는 하나님의 다스림과 하나님이 우리 삶에 정해 두신 권위들에 기꺼이 복종하든지, 아니면 나를 자신의 권위자로 세우고 내가 보기에 적당한 대로 내 삶을 다스리며 살든지 둘 중 하나다. 그러나 자기 자신을 잘 다스릴 수 있을 만큼 지혜롭거나, 강하거나, 성실하거나, 의로운 사람은 세상에 없다. 우리가 원래 자기 삶을 스스로 다스리며 살 존재로 지어지지 않은 것은 사냥개가 물이 가득한 수족관에서 살 존재로 지어지지 않은 것과 마찬가지다. 자기를 다스린다는 망상은 그 어떤 선한 결과도 낳지 못한다.

그래서 은혜의 목표는 우리 안에 독립적으로 살 수 있는 능력을 낳는 것이 아니다. 우리를 변화시켜 권위의 필요성을 겸손히 인정하며 거룩하고 다감하고 너그러운 하나님의 권위를 찬미하게 만드는 것이 목표다. "그러나 이제는 너희가 죄로부터 해방되고 하나님께 종이 되어 거룩함에 이르는 열매를 맺었으니 그 마지막은 영생이라"(롬 6:22). 죄는 나만이 나를 다스려야 한다고 말한다. 은혜는 나를 세상에서 가장 좋은 종의 신분으로 이끌어간다. 우리에게 생명을 주는 종의 신분, 무엇이 최선인지를 아시고 언제나 그 최선을 우리에게 주시는 창조주이자 구주이며 왕이신 분의 종으로 사는 것, 은혜는 우리를 그런 종의 신분으로 이끈다.

더 깊은 묵상과 격려를 위해 로마서 13장 1-7절을 읽으라.

로마서 13장 1-7절로 연결됩니다.

121

영원이라는 최종적 집에 도착했을 때
우리는 하나님의 기이한 일 가운데 하나인
은혜의 변화시키는 능력을 영원히 찬양할 것이다.

성경은 인간 영웅들의 이야기를 모아 놓은 책이 아니다. 그렇다. 성경은 그분의 효력 있는 은혜로써 약하고 평범한 사람들을 변화시키시는 영웅 구주의 이야기다. 성경에 등장하는 인물들을 함께 생각해 보자.

- 모세는 타고난 지도자는 아니었다. 그는 자기 말고 다른 사람을 애굽으로 보내시라고 하나님께 애걸했다. 하지만 사람을 변화시키는 은혜 덕분에 모세는 이스라엘 전체를 통틀어 두 번 다시 없을 선지자가 되었다.
- 여호수아는 하나님이 자신에게 맡기신 일을 죽을 만큼 겁냈다. 그러나 하나님의 권능으로 이스라엘 백성들을 약속의 땅으로 이끌고 들어갔다.
- 기드온은 하나님이 번지수를 잘못 짚으신 거라고, 하나님이 미디안에 맞서 이스라엘 군대를 지휘하는 일을 정말로 자신에게 맡기실 생각은 아니실 거라고 확신했다. 하지만 기드온은 정말로 그 일을 해내서 자신을 부르신 하나님의 경외스러운 권능을 입증했다.
- 삼손은 자신을 속이는 여인에 대한 사랑 때문에 소명을 버렸지만, 하나님의 능력으로 다곤 신전을 무너뜨렸다.
- 다윗은 이새의 아들 중 이스라엘의 보좌에 오를 가능성이 가장 적어 보였지만, 하나님의 은혜는 그에게 담대한 마음을 주었다.
- 혼자 남아 낙심에 빠진 엘리야는 하나님께 자신의 목숨을 거둬가 달라고 요청했다. 하지만 엘리야는 하나님의 권능으로 큰일들을 행했다.

- 베드로는 너무도 두려운 나머지 예수님을 안다는 사실을 부인했지만, 훗날 산헤드린 앞에서 사실상 이렇게 말하는 사람이 되었다. "너희가 나를 죽이겠다고 위협할 수는 있지만, 나는 복음 전하는 일을 멈추지 않겠다"(행 4:19-20을 보라).
- 바울은 가장 사도가 될 법하지 않은 사람이었다. 한때 그는 예수님을 따르는 사람들에게 살인적인 증오를 품었지만, 은혜에 의해 가장 유창하게 복음을 대변하는 사람이 되었다.

성경은 한 무리 영웅적 인물들의 강철 같은 기백을 찬미하지 않는다. 그렇다. 성경은 우리와 전혀 다를 바 없는 사람들을 보여 준다. 이들은 연약하고 겁이 많다. 쉽게 속아 넘어가고 불성실하다. 이들은 하나님을 신뢰하지만, 그만큼 하나님을 의심하기도 한다. 이들은 때로는 하나님의 방식을 따르고 때로는 자기 방식을 요구한다. 이들은 타고난 영웅들이 아니었다. 하나하나 놓고 보면 칭송받을 만한 사람들이 아니었다. 하지만 모두 큰일을 성취했는데, 하나님의 목적을 진전시키는 데 없어서는 안 될 중요한 일들이었다. 무엇이 이들을 그렇게 만들었을까? 한 단어로 대답할 수 있다. 은혜다. 은혜가 이들에게 혼자 힘으로는 할 수 없었을 일을 하려는 열망과 능력과 지혜를 주어서 이들의 마음을 변화시켰다. 은혜란, 하나님이 나를 부르시며 내게 주신 과제를 이행하는 데 필요한 모든 것을 공급하면서 나와 동행하신다는 뜻이다. 성경 인물들은 타고난 사람들이 아니었다. 그렇다. 이들은 변화된 사람들이었다!

　더 깊은 묵상과 격려를 위해 요한계시록 19장을 읽으라(천국에서 찬미하는 목소리들에 귀 기울이라).

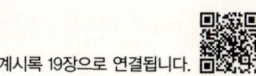

요한계시록 19장으로 연결됩니다.

122

**은혜는 우리의 교만을 박살내고는,
우리가 이전보다 더욱 자신감을 가질 이유를 준다.**

 이것은 그동안의 교만이 막 산산조각난 한 사람의 입에서 나온 완전한 확신과 신뢰의 선언이다.

 느부갓네살은 정복국 바벨론의 오만한 왕이었다. 그는 유다 땅을 짓밟고 유다 백성을 포로로 잡아가 종으로 삼았을 뿐만 아니라 성전 기물들을 약탈해 우상을 섬기는 예배 도구로 썼다. 그뿐 아니라 왕국의 모든 사람들에게 우상에게 절할 것을 명령하고는 이 명령을 따르지 않을 경우 죽음을 맞게 될 것이라고 위협했다. 그의 교만이 어느 정도였는지 다음과 같은 발언에서 잘 포착된다. "이 큰 바벨론은 내가 능력과 권세로 건설하여 나의 도성으로 삼고 이것으로 내 위엄의 영광을 나타낸 것이 아니냐"(단 4:30).

 그러나 이 말이 느부갓네살의 입에서 채 마치기도 전에 그는 홀로 참 영광이시며 위엄이신 분에게 극적으로 수모를 당했다. 하나님의 권능에 의해 느부갓네살은 "사람에게 쫓겨나서 소처럼 풀을 먹으며 몸이 하늘 이슬에 젖고 머리털이 독수리 털과 같이 자랐고 손톱은 새 발톱과 같이 되었"다(33절).

 왕의 교만은 하나님의 손가락에 의해 박살났다. 느부갓네살이 얼마나 오래 그런 짐승 같은 상태로 굴욕을 겪었는지는 확실히 알 수 없다. 다만 그가 이 상태에서 벗어나 제정신으로 돌아왔을 때, 넌더리나던 그의 교만이 신뢰로 바뀌어 있었다는 것은 확실하다. 이런 대비가 혼란스러운가? 그렇다면 아래 성경 구절을 읽고 느부갓네살이 전에 한 말과 비교해 보라.

> 그 때에 내 총명이 내게로 돌아왔고 또 내 나라의 영광에 대하여도 내 위엄과 광명이 내게로 돌아왔고 또 나의 모사들과 관원들이 내게 찾아오니 내가 내 나라에서 다시 세움을 받고 또 지극한 위세가 내게 더하였느니라 그러므로 지금 나 느부갓네살은 하늘의 왕을 찬양하며 칭송하며 경배하노니 그의 일이 다 진실하고 그의 행하심이 의로우시므로 교만하게 행하는 자를 그가 능히 낮추심이라(36-37절).

느부갓네살은 자신에게 주어진 지위와 권세로 자신감에 찼지만, 과거의 교만은 꺾였다. 한때 자신이 건설했다고 자랑하던 것을 이제는 하나님이 세우셨다고 찬양한다는 사실에서 확인할 수 있다. 느부갓네살은 자신의 치세의 권세와 광휘를 경시하거나 부인하지는 않았지만, 전처럼 "이 모든 것은 나에게서 비롯된, 나 중심의, 나를 위한 것"이라고 말하지 않았다. 알다시피 교만은 혼자 힘으로는 이루지 못했을 것을 자기 공로로 삼는다. 반면, 자신감이 힘을 가질 수 있는 이유는 자기보다 크신 분의 권능과 임재를 인식하기 때문이다. 오직 하나님의 은혜만이 나를 교만에서 자신감으로 인도해 갈 수 있다.

더 깊은 묵상과 격려를 위해 에베소서 3장 7-8절을 읽으라.

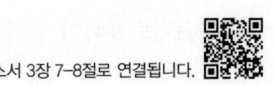

에베소서 3장 7-8절로 연결됩니다.

123

**하나님의 자녀는 모두
죄를 깨닫게 하시는 성령님의 복을 받는다.
문제는, 거기에 귀를 기울이느냐는 것이다.**

주 예수 그리스도를 믿으며 그분의 피로 구원을 받은 신자가 여전히 완악한 마음을 지니고 있을 수 있다. 그래서 히브리서 3장 12-13절의 경고가 우리 모두에게 대단히 필요하다. "형제들아 너희는 삼가 혹 너희 중에 누가 믿지 아니하는 악한 마음을 품고 살아 계신 하나님에게서 떨어질까 조심할 것이요 오직 오늘이라 일컫는 동안에 매일 피차 권면하여 너희 중에 누구든지 죄의 유혹으로 완고하게 되지 않도록 하라."

성령님이 나를 보호하려고 내 죄를 깨우치실 때 이에 귀 기울이고 싶지 않은 마음이 드는 것은, 사실은 나 자신을 정확한 시각으로 바라본 적이 한 번도 없으면서 누구보다도 내가 나를 잘 안다고 생각하기 때문이다. 죄는 기만적이기에, 그리고 죄가 여전히 우리 모두 안에 남아 있기에, 우리는 죄에 속아 넘어가 자신을 영적으로 실제보다 훌륭하게 생각하는 경향이 있다.

내 죄를 깨우치시는 성령님의 사역에 저항하는 마음이 드는 것은, 내 삶에 허락된 다른 이들을 통해 올바른 시각을 갖는 일이 필요하다고 생각하지 않기 때문이다. 그런 필요를 믿지 않기에 성령님이 우리 죄를 깨우치실 때 주요 도구로 사용하시는 복음 공동체에 마음을 열지 않는다.

그 밖에도 나의 죄와 연약함과 부족함이 드러나는데도 내 의로움을 강하게 변호함으로써, 죄를 깨우치시는 성령님의 사역에 맞서 마음을 강퍅하게 하려는 유혹이 생길 수 있다.

나 자신을 다른 신자와 비교해 보고 내가 확실히 그 사람들보다 의롭다고 주장함으로써, 죄를 깨닫게 하는 성령님의 음성에 귀 기울이기를 거부하려는 유혹이 생길 수 있다.

성경을 읽고 이해하는 능력과 신학 지식을, 변화되어 하나님을 기쁘시게 하는 삶의 증거와 혼동함으로써 개인적 통찰력을 주시는 성령님의 사역에 저항하려는 유혹이 생길 수 있다.

내가 저지른 잘못들이 사실은 그다지 큰 잘못이 아니었다고 나 자신을 속임으로써, 회복시키고 보호하시는 성령님의 역사에서 도망치고픈 유혹이 생길 수 있다.

사역 역량, 경험, 성취를 개인의 영적 성숙도와 혼동함으로써, 죄를 깨우쳐 주시는 성령님의 사랑의 역사에 저항하려는 유혹이 생길 수 있다.

내가 보기에 자격 미달이거나 나보다 미숙하게 여겨지는 사람을 성령님이 도구로 쓰실 때 죄를 깨우쳐 주시는 성령님의 사역을 거부하고 싶은 유혹이 들 수 있다.

하지만 여기 위로가 되는 사실이 있다. 내가 섬기는 구주는 내가 그분의 은혜의 사역을 존중하지 못하고 그 사역을 거부하려 애쓸 때에도 이 일을 중단하지 않으신다. 내 그런 태도가 불만일지라도 오래 참으시는 은혜로써 다시 한 번 나를 부르사 귀 기울이게 하신다. 그러니 오늘 성령님께 귀를 기울이라.

더 깊은 묵상과 격려를 위해 요한복음 16장 1-15절을 읽으라.

요한복음 16장 1-15절로 연결됩니다.

New Morning Mercies
A Daily Gospel Devotional

폴 트립의
은혜 묵상

사명선언문

너희가 흠이 없고 순전하여……세상에서 그들 가운데 빛들로
나타내며 생명의 말씀을 밝혀 _ 빌 2:15-16

1. 생명을 담겠습니다
만드는 책에 주님 주신 생명을 담겠습니다.
그 책으로 복음을 선포하겠습니다.

2. 말씀을 밝히겠습니다
생명의 근본은 말씀입니다.
말씀을 밝혀 성도와 교회의 성장을 돕겠습니다.

3. 빛이 되겠습니다
시대와 영혼의 어두움을 밝혀 주님 앞으로 이끄는
빛이 되는 책을 만들겠습니다.

4. 순전히 행하겠습니다
책을 만들고 전하는 일과 경영하는 일에 부끄러움이 없는
정직함으로 행하겠습니다.

5. 끝까지 전파하겠습니다
모든 사람에게, 땅 끝까지, 주님 오시는 그날까지
복음을 전하는 사명을 다하겠습니다.

서점 안내

광화문점 서울시 종로구 새문안로 69 구세군회관 1층
02)737-2288 / 02)737-4623(F)

강남점 서울시 서초구 신반포로 177 반포쇼핑타운 3동 2층
02)595-1211 / 02)595-3549(F)

구로점 서울시 동작구 시흥대로 602, 3층 302호
02)858-8744 / 02)838-0653(F)

노원점 서울시 노원구 동일로 1366 삼봉빌딩 지하 1층
02)938-7979 / 02)3391-6169(F)

분당점 경기도 성남시 분당구 황새울로 315 대현빌딩 3층
031)707-5566 / 031)707-4999(F)

일산점 경기도 고양시 일산서구 중앙로 1391 레이크타운 지하 1층
031)916-8787 / 031)916-8788(F)

의정부점 경기도 의정부시 청사로47번길 12 성산타워 3층
031)845-0600 / 031)852-6930(F)

인터넷서점 www.lifebook.co.kr